子どもが生み出す絵と造形

子ども文化は美術文化

子ども美術文化研究会 編

目次

子ども文化は美術文化 4

遊び＝造形活動 7

　①水との遊び 9
　②砂との遊び 16
　③土との遊び 26
　④木との遊び 41
　⑤石との遊び 55
　⑥動植物との遊び 65
　⑦粘土との遊び 80

子どもの絵 88

造形活動と絵 112

一人ひとりの絵を見る 127

　①1回の取り組みで描かれた絵 127
　②絵で見る子どもの育ち 131

今日までの歩みと取り組み 138

　①創造美育協会の活動
　　創美活動の経緯―事務局長としての活動（山田 星史） 138
　　徳島での創美活動と私（富田 喜代子） 141
　　愛媛での創美活動と私（田中 美紀） 144
　　かごしま創造美育15年の実践（俵積田 恵美子） 146
　　創美と大矢野あゆみ保育園（千原 嘉介） 148

　②福井での活動
　　旧上中町立保育所での取り組み（小川 豊子） 150
　　大野市公立保育園の取り組み（西 比佐子） 155
　　岡保保育園の取り組み（齊藤 準子） 163

　③出会い
　　福井・岐阜から全国へ「保育ルネッサンス」（後藤 優） 168
　　福井の活動と熊本創美の出会い（山田 温子） 173
　　ふるさと再発見―肥後古代の森（佐々木 法音） 176

　④保育の充実を求めて
　　もぐし保育園の取り組み（福岡 得史） 178
　　ひまわり保育園の取り組み（阿部 浩紀） 185
　　済生会松山乳児保育園の取り組み（武智 孝子） 189
　　まくらざき保育園の取り組み（俵積田 恵美子） 193
　　緑川保育園の取り組み（嵯峨 淳心） 197

　⑤創造的な自由画を求めて
　　光輪保育園での取り組み（山田 温子） 199
　　大矢野あゆみ保育園での取り組み（千原 とも子） 202
　　もぐし保育園での取り組み（福岡 桂子） 203
　　かもと乳児保育園での取り組み（佐々木 珠美） 206
　　ひまわり保育園での取り組み（阿部 和美） 209
　　別府福祉会合同絵画展までの回顧録（俵積田 修治） 213

あとがき 216

子ども文化は美術文化

■美術文化と文字文化

　人類が直立二足歩行をするようになって、前足は手となりました。その手が自然の素材に関わりながら、変化させる行為が造形活動へと発展してきました。人間は早くから美術文化と話し言葉を獲得し、その後に文字文化（書き言葉）を獲得してきました。

　造形とは、生み出されるべき形にいたることを意味しますが、形が生み出され、形が整えられて、美しい形が意識され始めます。旧石器時代の骨、石、木などを加工してつくられている役に立つ道具などでもすでに美しい形が意識されています。現存する美術は紀元前３万年のアルタミラなどの洞窟画や石のビーナスなど旧石器時代のものですが、その当時にはまだ文字文化はありません。絵画をもとに絵文字をつくり、絵文字から文字が誕生しています。古代エジプトで今から4500～5000年前にアルファベットのもとになるエジプト文字が誕生しました。

　乳幼児においても話し言葉の獲得は生後２～３ヶ月頃から喃語と呼ばれるつぶやきにみられます。これが話し言葉の母体となって、１歳頃からは意味のある一語文の喃語を話し、２歳頃に主部と述部の二語文に発達し400語程度の言葉を使うようになります。３～４歳頃になると約1000語を獲得し他人と考え方をぶつけ合い、友達関係が拡がってきます。

　言葉にはイメージを高める力があります。しかし、豊かな遊び・造形活動がなく話し言葉のみが先行すれば、概念画を生み出し、テレビなどの借りもののイメージで描くことになります。また、４～５歳以前に大人の絵や文字を教えられると、話し言葉のイメージ力が発揮できず絵の内容が貧弱になります。大人たちは自分の考えを確かめるために文字を書き文章にします。書き言葉としての文字を手にしていない子どもたちは絵を描いて認識を確かめるのです。子どもたちは絵や造形活動と話し言葉で美術文化をつくりだし、その後に文字文化を獲得するのです。

■乳幼児の育つ姿と自発的原理

　乳幼児の育ちは４ヶ月までの静的な時期とそれ以後の動的な時期に分けられます。動的な時期は当然として静的な時期でも自らが育つ力を秘めています。授乳による母子相互の愛着とともに皮膚が重要な役割を果たしていきます。２ヶ月ともなれば聞くことや見ることもできるようになります。３ヶ月で笑い（微笑）、言葉の母体となる喃語（つぶやき）も出始めます。４ヶ月になれば寝返りもできるようになり、頭で移動し始めます。

　５ヶ月以降になれば活発な探索活動が始まります。その探索活動に何１つ無駄なことはありません。１歳前後になれば自発的原理（秘めている力リキュラム）を発揮して２足歩行ができるようになります。２足歩行ができるようになれば、前足が手となって水や土にかかわり変化させることを楽しみます。造形活動のスタートです。米国で生まれ英国で活躍した教育学者、ホーマー・レインは「人間の精神はその発達の最初から２つの異なった欲求を持っている。ひとつは所有すること、…もう１つは創造すること。…」と語っているように、創造欲望に基づいて探索活動や造形活動が展開されていきます。子どもの美術を真に発見したのはフランツ・チィゼックですが、彼の友人であったオーストリアのウイルヘルム・ヴィオラは「子どもは何かをつくり出したいのだ。もし子どもがつくることの機会が与えられないと、その子どもは破壊する。…この何かをつくらなければいられない欲望即ち創造力は、子どもに初めから具わっているのだ。…」（『子供の美術』）と述べています。

　子どもたちは生まれながらにして、育つために必要なカリキュラムを各々が持っています。創造

欲望が発揮できれば、自ずと自発的原理のもとに育っていくのです。子どもたちは何も持って生まれないし、何も知らないのだから、すべてを１から教えなければならないと考える大人が多いのには驚きです。子どもたちの教育や保育にあたる者は、ソクラテスのいったように産婆役に徹するべきでしょう。子どもたちは自ら育とうとするものです。子どもたち自身が苦しみうまくいかない時には、手をさしのべ援助し指導すべきでしょう。

　また、子どもたち一人ひとりの顔かたちが異なるように、人間として同じように育つにしても、持って生まれたものに違いがあり、その子その子の育ち方があります。子どもとはこのように育つべきだ、このような姿になるべきだと考えがちですが、そのような考え方こそを改めるべきでしょう。

　子どもとはこのように育つべきだ、このような姿になるべきだとする像を描くことを止め、その子その子をよく観てしっかりと理解することが大事です。今日までの像派の子育てから新しい観派の子育てへと保育姿勢を転換すべきでしょう。

■乳幼児に大切な身体的感覚（触覚）
　精神分析の創始者で精神医のフロイトは「自我は究極的には身体的な感覚、主として身体の表面に由来する感覚から生まれてくる」と述べています。身体的感覚のなかでも皮膚や肌感覚が重要です。皮膚は最大の内臓であり、露出した脳ともいわれます。まず感覚が働いて感情（心）をつくり、安定した感情が知性を求めて獲得していきます。また、皮膚に覆われた手は第二の脳とも言われます。ロダンが手を大事に考え、手だけによる作品を人間像のように造っています。子どもたちが水や土などに手でかかわり、心地よい触感のなかで造形活動に取り組めば、ものの客観化が進み、認識が深まります。体（感覚・感性）から心（感情）へ、そして頭（知性）へと深まるのです。

　母子関係でのスキンシップをはじめとして、子どもたちが求める愛は手を握る、愛撫する、抱きしめるなど皮膚感覚を主とするものです。皮膚・肌による母子関係や人との関係はいうに及ばず、水や土など自然素材とのふれあい、触感もとても大事です。このようなことが十分に満たされない、抑圧された状態ならば、子どもたちは愛や知性を求めなくなります。体が求める欲求や愛が与えられないと、自らの欲求や愛を不要なものと考え、その影響は感情一般にまでおよびます。このような乳幼児期の体験は思春期や青年期に種々の問題を抱えることになります。

■子ども時代は原始時代
　フランスの精神科医・発達心理学者のワロンは「行動の出現の順序は進化の出現の順序」と述べています。また、ドイツの生物学者で自然哲学者のヘッケルは「個体発生は系統発生を繰り返す」と述べています。人類の何百万年もの歴史を一人の人間が体験しながら成長していくとの考え方です。胎内にいる十月十日の成長は数十億年にわたる生物の進化の姿を彷彿させますし、この世に誕生してから24歳前後にまで成長する歩みは人類の歴史500万年を追体験するように仕組まれています。とするなら、子ども時代はまさしく原始時代に相当します。子どもを小さな原始人と呼ぶ所以です。ですから、子どもは野性的な存在でなければならないのです。しかしながら現代社会は子ども本来の姿を奪ってきています。

　また、人格の基礎となる幼児脳は感情の成熟とともに幼児期に完成するといわれています。子ども時代を終える９歳頃までに、感情とともに手の働きの基礎もできあがります。子どもたちが遊びとして展開する美術造形活動は破壊と創造です。そのような美術造形活動には人間のエネルギー源となる強い感情を必要とします。創造欲望のかたまりとして好奇心が充溢し感情の成熟に向かう幼児期はまさしく芸術適齢期といえるのです。ですから、子どもたちは生まれながらにしてアーティストとしての能力を持っているのです。小さな原始人として、アーティストとして、水や土や木など自然素材を用いて造形活動に集中し持続した取り組みができれば豊かな感情が育まれていきます。

　私たちは子どもの遊びを大人同様にとらえてはなりません。ロジェ・カイヨウは大人の遊びを日常の生産活動や社会生活から脇道にそれてもう一つの現実へ足を踏み入れることだとして、「競争」「運」「模擬」「めまい」などを挙げ、文化的形態や制度的形態を論じています。しかし、幼児の遊びは大人の遊びプラス生活そのものなのです。子どもたちは自分自身で遊びを発見し、遊びを拡め、遊びを深め、友達と共に遊び、ものや人との関係を経験し実験し、人間としての基本的な能力を獲得していくのです。遊び＝生活といわれる所以です。

■子ども時代はふるさと体験期（個の独立期）

　人類の歴史の99％は自然の中で自然を相手にする狩猟の時代でした。ですから、私たち人間が生まれながらにして持っている脳は、自然の豊かな情報をもとに育まれてきました。その脳の回路を開こうとすれば脳が育まれた自然体験、生活体験の追体験を豊かに行うことが求められます。しかし、現代社会は物が豊かで、とてもスマートな生活へと大きく変化してきました。飢えるかもしれないと思う緊迫感もなく、自然体験、生活体験とも十分にできないほどに便利になってきています。また、ITが過度に発達した世界は人々の現実感を喪失させ、希薄な人間関係をもたらしてコミュニケーション能力を低下させています。

　子ども時代を個の独立期ともふるさと体験期とも呼びます。ふるさととは、命や脳のふるさとのことです。命や脳のふるさとは自然です。子ども時代は自然のなかで自然物と十分に遊ぶ時期なのです。一昔前は外で十分に遊び、自然体験も生活体験も豊かでした。また、家庭は生産活動の基本単位を形成して、その上家事労働も大へんでした。日々の生活のためには一家の協力体制が必要でした。家庭の一員としての手伝いなど奉仕精神や帰属意識も育っていきました。

　しかし、現代生活は子どもたちから脳の回路を開く自然体験や生活体験を奪い、奉仕精神や帰属意識を弱め、がまんする力や道徳心までも低下させてきています。農村社会から工業社会、産業化社会への発展は、循環の論理から直線の論理に変わり、豊かな時間を失い、今いまの幸せのみを求める刹那的な生き方へと変えてきました。

■保育園の新しい役割

　このような状況をうけて、保育園にも新しい役割が加わりました。それは、子どもが成長するために必要な自然体験、生活体験を豊かな遊びとして保障し、脳の回路を開いていくことです。

　子どもたちが、自然に抱かれ、自然の素材が豊かに準備されたなかで自由に遊ばせることです。

　そうすれば、遊びを発見し遊びを深めて、遊びのなかで今の生活に至るプロセスを体験していきます。生活体験とは今の生活と今の生活に至ったプロセスの体験の2つを意味します。タオルが土で汚れれば、水に浸し、土が溶けるようになることを、水のなかでタオルを動かせば土がより落ちていくことを、このように洗濯という行為に至るまでの段階を遊びとして楽しむのです。子どもの遊びは、豊かな自然体験、生活体験となって脳の回路を開きます。

　よく見てみれば、それらの遊びのすべてが美術造形活動と呼ばれるものです。このような美術造形活動こそ人間として生きていく基本となる力、意欲（創造性）や社会性を育んでいくのです。

■子ども文化は美術文化

　教育や保育制度が論じられ、きめ細かく教え鍛える教育や幼小連携等の議論も盛んです。しかし、子どもの教育や保育を論じるなかに子どもの姿が見えてこないのはさびしいことです。保育園においても、保護者の要望やサービスに応えていくことに追われ、本来の保育としてつくりあげてきた子ども主体の保育が忘れ去られようとしています。

　そのようななかで、子どもが子どもとして生きて、子ども自身が生み出す子ども文化＝美術文化も大事にされなくなっています。子ども文化のなかでも、子どもによかれと大人が子どものためにつくった文化、遊具などを与えることには熱心ですが、子ども自身が生み出す子ども文化の存在は小さくなってきています。

　乳幼児の育ちにとって、創造性（意欲）と社会性（人間関係構築能力）はいつの時代にも求められる不易のことです。自らの力で遊びを発見し、拡げ、深めて、友達同士で豊かな自然体験や生活体験を重ねれば、表裏一体のものとして創造性と社会性を身につけていくことができます。

　先にも述べましたが、心したいことは、こうあらねばならないとする像を描く像派から、一人ひとりをよく観て指導・支援ができる観派の指導者になることです。

　保育では当然設定されることも多くありますが、園生活の中で自由度がどれだけ高いか、子どもが主体的に遊ぶことができるための人的・物的環境がどれだけ整えられているか。これらのことが、真の子ども美術文化の形成、高まりに大きく影響するのです。生まれながらにして天才アーティストである子どもたちが、その力量を十分に発揮できるか否かが問われているのです。

　子どもが子どもとして取り組む造形活動は、生きる基礎・基本の力を育むもので、生活＝遊びのすべてです。

遊び＝造形活動

■自然素材と遊び

　子どもにとって、自然に抱かれながら自然素材（水、砂、土、粘土、木、火、石、昆虫、動物、植物など）とかかわる遊びは、子どもたちの脳の回路を開き、指と手の働きの基礎を育て、創造性（意欲）を育みます。

　このような自然素材は子どもたちにとって、自らの心を開き、語り合えるものです。これらの素材が準備され子どもを主体とした保育が展開されるならば、子どもたちは自ら遊びを発見し、拡げ、深め、友達と一緒になってスケールの大きな遊びを創り出していきます。そしてそれらの遊びはすべて造形活動として見ることができます。

　本書では、自然素材とかかわる遊び＝造形活動を、現代美術の諸活動を参考に以下の7つに分類して紹介します。

- ☐ 行為としての造形活動
- ☐ 状態としての造形活動
- ☐ 配置・配列としての造形活動
- ☐ 構成としての造形活動
- ☐ 場としての造形活動
- ☐ つくられた抽象的立体作品
- ☐ つくられた具象的立体作品

　当然ながら、子どもたちの遊びは多岐にわたります。分類することが目的ではなく、子どもたちの遊びをしっかり見ていくことがねらいです。

　現代美術は、過去の美術が着込んだ着物を順次脱いでいくように美術の原点を追求してきています。そこで展開されている造形活動や立体作品、平面作品は大人の作品から児童の作品へ、そして乳幼児の造形活動や立体作品、平面作品へと遡る感じで追求されてきています。

■造形活動の種類

①行為としての造形活動

　子どもたちによる「行為としての造形活動」とは、遊びのなかでの基本的な行為、創造的な行為そのものを指します。行為する子ども自身を造形作品のひとつとして見るのです。座る、立つ、寝る、転がる、見るなどの生活的なものから、木登り、バランスをとるなどの運動的な行為や冒険的な行為のすべてです。また、ものを運ぶ、持ちあげる、土を動かす、皮をむくなどものとかかわる行為なども含みます。

　現代美術においては、ハプニング、イベント、パフォーマンスなどと呼ばれる、行為による身体的芸術が多く展開されてきています。

②状態としての造形活動

　「状態としての造形活動」とは、行為が継続される状態です。砂をまく、土を投げる、水を飛ばすなどの破壊的行為の継続から、波うつ水面をつくったり、木を遊具として遊んだり、木を引きずったり、水で絵を描いたりする行為が継続されている創造的な状態です。また、火を燃やして炭をつくるなど、独創的な行為や植物の生長などとかかわる継続的な行為も含みます。

　行為のところでも述べたように、現代美術ではパフォーマンスやイベント、アースワークと呼ばれるものなどです。クラウス・リンケの水をガラスに吹きつけている作品、イヴ・クラインの火が燃えている作品などが有名です。

③配置・配列としての造形活動

子どもたちにとって、ものを配置したり、ものを並べたりする遊び＝造形活動はよく見られます。基本的には土団子や石、木片や丸太などを並べる造形活動です。木片などを家の床のように敷き並べ遊びの拠点にします。また板をつなぎ縦に並べ長い道をつくったり、石を円環状に並べたりする遊びを「配置・配列としての造形活動」としてまとめました。これらの活動は遊びを集中させ、遊びを拡げます。

現代美術においても反復や配置、配列される造形作品が多く見られます。カール・アンドレのマグネシウム板や鉛板をただ単に床に敷き詰めた「無題」と題された作品、リチャード・ロングの建物の部屋や廊下の形にあわせて小さい石を延々と線状につないで並べた「石彫」などの作品です。

④構成としての造形活動

子どもたちは、土を掘りその土を盛りあげた凹凸の関係が見える作品や、小さい木片を拡げ積みあげて構成した作品、大きい木片で何らかの構造を感じさせる作品などを多く生み出します。これらの活動を「構成としての造形活動」としてまとめました。また、子どもたちは土と木の実、木片と砂、土と小枝、丸太と木片、大きい木片と小さな木片など２つ以上の異なったものを関係させる作品も多く生み出します。これらの活動も「構成としての造形活動」のなかにいれました。

故中原祐介氏は現代美術における立体作品を「つくられた立体」と「構成された立体」とに分けています。「構成された立体」と聞けばイメージするのは、1910年代の「ロシア構成主義」のタトリンなどのレリーフ（半立体作品）です。日本では、1960年代後半の関根伸夫の大地を円形に掘り、その土を円筒形に積みあげた「位相・大地」や、田中信太郎の二つの形が異なる直方体で体積が同じものを並べた「リレイション」などの立体作品です。

⑤場としての造形活動

子どもは遊びを拡げ深め、自分に自信を得ると、共に力を合わせ大きな造形活動に取り組みます。特に、共同で砂場や土山に挑む時、土山や地面へと大きく働きかける造形活動を展開します。その活動を「場としての造形活動」として分類しました。

家づくりも最初は居場所づくりとしての配置・配列としての造形活動ですが、柱を地面に建てようとする活動から「場としての造形活動」へと発展していきます。できあがった家を見れば、構成的な作品になることもたびたびです。

園庭に棒などで絵画を描く活動も、地面に働きかけていますので「場としての造形活動」に入れています。

関根伸夫の「位相・大地」は「構成された立体」ですが、大地に働きかけています。このように大地・地面へ働きかけた作品を「場としての造形活動」として分類しました。ですから「場としての造形活動」は基本的には「構成としての造形活動」です。

⑥つくられた抽象的立体作品

子どもたちは成長するほどに抽象から具象へと進んでいきます。大きな土団子づくりや、その土団子を積みあげるなどの立体作品が、「つくられた抽象的立体作品」のスタートとなります。そして、素材と格闘するなかで夢と空想が働きかけ、大きな抽象的立体作品を生み出していきます。年齢があがれば具象的立体作品を生み出すことになります。

美術作家の場合は幼児とは逆で、最初は具象的作品から抽象化に挑み抽象的作品に行き着くのが普通です。美術史から見ても具象から抽象に進んできています。そして、抽象を当たり前とする現代の美術は、幼児期とリンクしています。

代表的なものとしては、ジャン・アルプやコンスタンチン・ブランクーシなどのシンプルな抽象彫刻作品です。

⑦つくられた具象的立体作品

「つくられた具象的立体作品」とは主として粘土でつくられる人間や動物その住居、あるいは怪獣などの立体作品です。器など日常的な具体物も具象的立体作品です。粘土以外でも石や木などを使って積みあげ、乗り物など具象的なイメージでつくられたものは、当然「つくられた具象的立体」です。

■遊び＝造形活動の深まりを見る

次頁から、①水（9頁〜）、②砂（16頁〜）、③土（26頁〜）、④木（41頁〜）、⑤石（55頁〜）、⑥動植物（65頁〜）、⑦粘土（80頁〜）の素材別に、子どもの遊び＝造形活動の写真を見ていただきます。

それぞれの素材とのかかわりを前述した造形活動の種類別にまとめました。造形活動の深まりを見ることができるでしょう。

▼遊び＝造形活動

① 水との遊び

　水は命と深くかかわり、自由自在に変化します。海から誕生し、羊水のなかで育った私たちの命は水とのかかわりを本能的に喜び、心が開かれ自由を獲得し心にやすらぎを感じます。

　子どもたちは水と出会うと、水たまりや雨（大雨、弱い雨）のなかを好んで歩いたり、水面をたたいたりして楽しみます。水道では蛇口を開閉し、水の勢いを楽しんで口に含んで吹いたりします。散歩に行けば川（小川、川）の流れを見て、音を聞き、足を水の中に入れます。

　そして、水を手に汲んで飲んだり、水で草花を流したり、土山に水をかけ滑り降りたり、土を水でやわらかくするなど水の特性を活かして遊びを拡げていきます。次いで水圧で土を砕きトンネルをつくったり、水の流れを土や石で止めたりして楽しい川や大きな池づくりと遊びを深めていきます。このように水と土の遊びは、子どもたちの意のままに思いのままになります。定まった形がなく可塑性があり、いろいろな試みができるのです。常に失敗が許されるということは、形を簡単に消すことができ、いろいろな試みが緊張感なく気持ちよく取り組めるのです。

■ 行為としての造形活動

0・1歳児クラスの頃

水面の泡を観察する

水たまりに座る

水をバケツに入れて運ぶ

2歳児クラスの頃

泥水をすくう

水を口に入れる

水をかぶる

全身で水たまりに入る

3歳児クラスの頃

手ですくい竹筒へ入れる

水の中で手足の力を抜き、浮力を感じる

大きな水たまりをつくり、みんなで歩いて渡る

4歳児クラスの頃

冷たい川の水を感じながら歩く

石を落として水しぶきをあげる

石を投げて水切りをする

5歳児クラスの頃

水に浮く

友達と水に潜る

■状態としての造形活動

0・1歳児クラスの頃

水面をたたいて波紋をつくる

枝に水をつけて壁に描く

水圧で土を崩す

2歳児クラスの頃

目的の場所まで水を飛ばす

お尻で跡をつける

繰り返し壁に水を吹きかける

3歳児クラスの頃

手に水をつけ、ジャンプして家の天井に手形をつける

土山の上から、水たまりに飛び込む

水で石を動かす

板を使って波紋をたてる

4歳児クラスの頃

砂で囲い、水を流しこむ

板で水を受けて水しぶきを立てる

降ってくる雨を全身で受け止める

13

5歳児クラスの頃

竹筒に水を流して偶然できた水の形に感動し、何度もする

泥水を体にぬる

水に木を浮かべて船に見立てる

葉っぱをもんで、色水をつくる

構成としての造形活動

2歳児クラスの頃

水に葉っぱを浮かべる

3歳児クラスの頃

水に木と石を置く

■ 場としての造形活動

3歳児クラスの頃

水を流して水路にする

4歳児クラスの頃

水を流し、せきとめて水をためる

ダムづくり

5歳児クラスの頃

水を土でせき止めてダムをつくる

池をつくる

▼遊び＝造形活動

② 砂との遊び

　水のようには濡れない、土のようには汚れないもので心地よい戸外での遊びといえば砂場です。砂場に入った小さな子どもたちは砂を手で握りしめ、辺りに撒きます。また、握りしめて固くなった砂のかたまりを並べます。そして、体全体を使って砂を押し拡げたり、盛ったりします。
　子どもたちにとって砂は、扱いやすく、大きな遊びへと拡がり、共同で何かをつくりあげることに向かわせます。砂場に水が入り、水や石なども使いだすと砂の遊びが深められ、大きな場の造形活動が展開します。砂には可塑性があって形をつくることが気楽に容易にできるからです。
　砂も、川砂、海砂など細かい砂から荒い砂まで様々ですが、小さい子には海砂の細かい砂が向いています。そのような配慮があれば砂は小さい子から大きい子までがそれぞれに遊び込める素材です。砂で十分に遊んだ子は自信を持って土などの遊びに挑んでいきます。

■行為としての造形活動

0・1歳児クラスの頃

砂をつかむ

砂を押す

2歳児クラスの頃

砂を持ちあげる

3歳児クラスの頃

砂の上に寝転ぶ

■ 状態としての造形活動

0・1歳児クラスの頃

砂の流れを見る

砂に指で跡をつける

2歳児クラスの頃

水を含む砂を木につける

板で跡をつける

小山をつくる

砂に線をひく

3歳児クラスの頃

割った竹で砂山を掘る

砂に指で穴をあける

水を含んだ砂を手で
ピタピタする

4歳児クラスの頃

水を含んだ砂をなぞる

体を砂で埋める

砂団子を板で潰す

5歳児クラスの頃

山をつくる

太い線をひく

石を積みあげたところに「セメント」と言って砂と水を混ぜたものを塗る

■ 配置・配列としての造形活動

0・1歳児クラスの頃

砂を盛って並べる

2歳児クラスの頃

砂山を並べる

ブロックと砂を並べる

3歳児クラスの頃

砂団子を円状に並べる

砂団子を並べる

両手で砂を挟み、山を連ねる

4歳児クラスの頃

丸めた砂を並べる

団子を板に並べる

5歳児クラスの頃

砂、土、さら砂をきれいに並べる

■ 構成としての造形活動

0・1歳児クラスの頃

丸太に砂をのせる

2歳児クラスの頃

砂の上に、ワラを植える

砂に大小の木材を埋める

木と砂を交互に重ねる

3歳児クラスの頃

竹筒で型どりして穴をあける

穴を掘りその周りをふちどる

4歳児クラスの頃

穴を二つつくる

二つの大きな山をつくり、間に溝を掘り、山と山を溝でつなぐ

ごちそうをつくる

5歳児クラスの頃

トンネルの中も水が通るようにして崩れないように固める

場としての造形活動

3歳児クラスの頃

砂で板を固定して場所をつくる

穴を掘る

砂場全体を使い、水路をつくる

4歳児クラスの頃

ダムづくり

穴を掘る

友達と一緒に砂に描いていく

5歳児クラスの頃

竹を砂に埋めて固定し、立てる

砂地に木で線を描く

複雑な水路をめぐらせる

■ つくられた抽象的立体作品

4歳児クラスの頃

5歳児クラスの頃

■ つくられた具象的立体作品

5歳児クラスの頃

砂でつくった町

▼遊び＝造形活動

③土との遊び

　土（粘土）との遊びは、それらを使って形をつくりだす前に、つかむ、ちぎる、たたく、固める、踏んでみるなど直接的に感触の心地よさを味わうことができます。また、土は園庭、田畑、山などどこにでもあります。ですから、園でも家庭でも土にまみれて遊ぶことができます。土とのかかわりは、土の触感や重量感の気持ちよさを肌に伝えますので、心の抑圧や葛藤、欲求不満、恐れなどを解消することにもなります。

　土の可塑性と粘りは、しっかりとした形をつくることができます。その上、土の色があっても色彩がないために、具体的にイメージが拡がりやすく、表現が深められます。このようなことから子どもの造形活動の柱となるのが土（粘土）です。

　園庭での土との遊びは、土山に登る、降りる、滑る、転ぶ、寝転ぶなど、土に触れることから始まります。そして、土をつかむ、投げる、まく、たたく、集めるなどいろいろと遊びを拡げていきます。次いでトロトロした軟らかい土をつくり、肌に塗って体温で乾かしたり、泥水のなかで布を染めるなど、どろんこ遊びを十分に楽しみます。それらをもとにして穴を掘る彫刻的活動や塀に壁のように塗りつけたりする絵画的活動に拡がります。少し土が硬くなれば土団子づくりです。たくさんつくって並べたり転がしたりします。また、硬い土から粉をつくりまぶして硬い土団子をつくったり、土団子を光らしたり、色の違う粉をまぶすなど、多種多様な土団子をつくります。

　大きな遊びとしては、友達と力を合わせ、穴を掘り、盛土をして、トンネルなどをつくり、水を流し、大きな水路・迷路をつくります。そのなかで土を補強材料としながら石を積むなどの創意工夫がみられます。粘土は別に⑦（80頁〜）にまとめました。

■ 行為としての造形活動

0・1歳児クラスの頃

赤土のトロトロを見つけて遊ぶ

寝転ぶ

築山に登る

2歳児クラスの頃

足で踏む

土を手で掘る

土を投げる

3歳児クラスの頃

トロトロの中に寝転がる

滑る

滑る泥山を登る

4歳児クラスの頃

足でとろとろの土をこねる

乾いた土をはぐ

■ 状態としての造形活動

0・1歳児クラスの頃

トロトロの土に手で跡をつける

竹で広げる

丸太に土を塗りつける

2歳児クラスの頃

土を板でたたいてのばす

土の塊に指で穴をあける

木に土をはり付ける

3歳児クラスの頃

土を壁に投げつける

土を重ねて、大きな土の塊にする

土を壁に塗りつける

4歳児クラスの頃

どろを集めて、きれいにのばす

のばした土に手で穴をあける

板にやわらかい土を敷き詰めて、乾いたさら粉で磨きあげる

5歳児クラスの頃

体についた泥に乾いた砂をかける

テーブルに土を塗り指で絵を描く

竹筒にドロドロの黒土を入れ、手を出し入れする時の音を楽しむ

■ 配置・配列としての造形活動

0・1歳児クラスの頃

団子を並べる

2歳児クラスの頃

泥だんごを並べる

30

3歳児クラスの頃

土で棒状のものをつくる

板から丸太につなげて並べる

4歳児クラスの頃

泥団子の上に棒状の土を重ねて並べる

泥団子を縁に並べる

泥をひも状に並べる

5歳児クラスの頃

ドーナツ型を並べる

ドーナツ型を貼り付ける

31

■構成としての造形活動

0・1歳児クラスの頃

高く積みあげる

2歳児クラスの頃

カップに土を詰めて団子を積みあげる

泥にイチョウの葉を貼る

体の跡をつける

3歳児クラスの頃

土で土台をつくり、木の棒を立てる

土と木の板を積み、木の棒を合わせる

壁の穴に木片を入れ団子をつなげる

4歳児クラスの頃

石の土台の上に筒状の泥団子の壁をつくり、中にトロトロの土を溜める

アーチ状の土の上にドングリをのせる

大きくつくった団子に葉っぱを一枚ずつ飾る

木片を埋めて、土山をつくり、木片を抜く

5歳児クラスの頃

大小二つの塔

土の塔と囲みの温泉をつくる

4つの団子をつくり、それぞれに違う植物で飾る

小さな泥団子を立体的に重ね4種類の木の葉を放射状にさして飾る

凸球体と凹円

泥で縁をつくり、その中に水を溜めて周りを葉のついた枝で飾る

■ 場としての造形活動

2歳児クラスの頃

穴の中へ入る

3歳児クラスの頃

土山を掘り水路をつくる

友達と一緒に、地面に木を立てる

4歳児クラスの頃

地面からいくつもの丸い塊を浮きあがらせる

水が流れ出さないように、土をこねて堰き止める

スケールの大きいダムづくり

5歳児クラスの頃

地面を盛りあげて波模様をつくる

土の家をつくる

水路をつくり水を流す

■ つくられた抽象的立体作品

2歳児クラスの頃

3歳児クラスの頃

4歳児クラスの頃

5歳児クラスの頃

■ **つくられた具象的立体作品**

2歳児クラスの頃

顔

お寿司

3歳児クラスの頃

人形

チョコレートケーキ

おに

4歳児クラスの頃

犬

ドーナツ→眼鏡

塔

大きなケーキ

39

5歳児クラスの頃

城

キャラクター

顔

船

ブランコ

カブトムシ

恐竜

▼遊び＝造形活動

④木との遊び

　木は草花とともに、命を感じ、軟らかすぎない硬すぎない、親しみやすい素材です。木肌の感触、匂い、樹液、年輪などから命を感じるのでしょう。私たち日本人は、このような木を大事にして「木の文化」をつくりあげてきました。「木の文化」は住宅を始め、家具など創造的なものを多くつくってきました。また、木や石による庭園、鎮守の森、並木、林、森林など、木々の緑をこよなく愛してきています。

　子どもたちは、まず木にぶらさがり、次いで木登りに挑み、木の上から眺める風景を楽しみます。そして、木の枝、木の皮、棒、丸太、板などの木の素材が準備されれば、子どもたちは、大きな構成的作品から工作的な作品まで、多種多様で創造的な造形活動を展開します。よく考えられたものであっても、既製のおもちゃでは遊びを発展させることには限界があります。

　木の枝や棒を手にした子どもたちは、刀などに見立てて遊びます。板を手にすれば並べてつないで長い道をつくります。また、敷き詰めて自分たちの活動拠点（基地）づくりを進めます。木のコロタも同じで、並べたり積みあげたりして自分たちの活動拠点（基地）をつくり、合わせて構成的な立体もつくります。5歳児ともなればノコギリも使いこなし、最後には角材や板などを駆使して家づくりに挑みます。

　今日では難しくなってきていますが、できれば使った木々を燃やして火の体験もさせたいものです。燃える火に手をかざし、物を焼く、煮るなどして食し、立ち上る煙が目にしみる体験を通して、火の恐ろしさも学ばせたいものです。

■ 行為としての造形活動

0・1歳児クラスの頃

角材を運ぶ

木材を引きずる

転がす

2歳児クラスの頃

木を打つ

木で砂をおす

3歳児クラスの頃

木の皮をはぐ

角材の穴に板を打ち込む

■ 状態としての造形活動

0・1歳児クラスの頃

橋を渡る

板の上を滑らせる

シーソーをする

2歳児クラスの頃

丸太と板を並べてつくった道の上を歩く

てこの原理で木を飛ばす

板を広げる

3歳児クラスの頃

木の板を組み合わせて足で左右にこぐ

板の端に乗ってしなりを楽しむ

4歳児クラスの頃

柱を枝でたたいて音を楽しむ

バランスをとって歩く

朽ちた木で壁に色を塗る

木にぶら下がる

5歳児クラスの頃

天秤をつくってバランスを楽しむ

木を切ろうとする

友達と木に板を立てかける

■配置・配列としての造形活動

0・1歳児クラスの頃

木を並べる

2歳児クラスの頃

木を長く並べる

角材を立てて並べる

地面に並べる

3歳児クラスの頃

コンクリートの壁に板を立て高くしていく

細い丸太を並べる

4歳児クラスの頃

丸太と角材を交互に並べる

角材で外枠をつくり、中に板を敷きつめる

木の板を並べて道をつくる

5歳児クラスの頃

板を並べて放射状の道をつくる

板を縦横に並べて斜めに面をつくる

迷路づくり

■ 構成としての造形活動

0・1歳児クラスの頃

積む

角材を立て砂を置く

2歳児クラスの頃

角材を横に並べその上に縦に積む

丸太を立てて並べ、その上に石をのせる

3歳児クラスの頃

木の板と土を交互に積みあげて高くする

板を置き、家づくり

木

板を立てつなげていく

4歳児クラスの頃

木の板を並べて家をつくる

木を組み立てていく

木の棒を土でつないで上に伸ばす

5歳児クラスの頃

バランスよく木を立てる

石で固定して木を立たせる

板と石を使ってできた作品

■ 場としての造形活動

3歳児クラスの頃

地面の上に、竹筒や角材を円状に立てる

角材を組み合わせる

49

4歳児クラスの頃

木を立てかけ、細い木材を石で打ち付けていく

板を並べて家をつくる

細い丸太の町づくり

5歳児クラスの頃

木を立てかけあってバランスをとる

家

砂に木を打ち付け、立てて並べている

組みあげた板の上に土の造形物を並べて店屋をする

■ つくられた抽象的立体作品

0・1歳児クラスの頃

2歳児クラスの頃

3歳児クラスの頃

4歳児クラスの頃

5歳児クラスの頃

■ つくられた具象的立体作品

2歳児クラスの頃

バイク

3歳児クラスの頃

乗り物

車

ヘリコプター

4歳児クラスの頃

バイク

車

5歳児クラスの頃

虫

トンカチ

木片の町

家

54

▼遊び＝造形活動

⑤石との遊び

　石は自然の長い風雪によってつくられた素材です。ひとつとして同じ形はなく、多様な色を持つ石、軟らかい石や硬い石、大きい石から小さな石まで、いろいろな石が私たちの周りにはあります。

　子どもたちは、小さい石を手にすると投げたり、並べたりしながら、道具としての役割を与えます。大きい石は運んだり他の石の上に落して割ったりして楽しみます。また、石をこすりできた粉に水を混ぜ合わせての色水づくりや、粉をまぶしての硬い土団子づくりなど、遊びを拡げていきます。

　その他、石をものに見立ててのごっこ遊びや、石と土による二物の造形活動、石を並べ積みあげての昆虫の家づくりなど、遊びを深めていきます。

　一見、無味乾燥で冷たいもののように思える石ですが、子どもたちの手にかかると自然の営みのように石に命をよみがえらせます。それは石器時代の古代人が石で道具や武器をつくり生活に欠かせないものとして大事にした姿に似ています。子どもたちにとっては、石は遊ぶ素材であると同時に宝物にもなるのです。

行為としての造形活動

0・1歳児クラスの頃

石を落とす

石の上を歩く

2歳児クラスの頃

水たまりに石を投げる

大きな石を動かす

3歳児クラスの頃

石を抱えて運ぶ

石を砕いて粉にする

石を転がす

4歳児クラスの頃

石でたたいて割る

キラキラ光る石を観察する

■ 状態としての造形活動

0・1歳児クラスの頃

石と石をこすり合わせる

石で木でたたいて音を楽しむ

2歳児クラスの頃

石で木の皮を削る

葉っぱをつぶす

3歳児クラスの頃

レンガを石で砕く

粉状に砕いた石を顔に塗る

たたいて音を確かめる

4歳児クラスの頃

並べた石をてこの原理で宙に飛ばす

石で壁を塗る

水と石粉を混ぜ、粘土をつくる

5歳児クラスの頃

日に焼けた石を冷えた体に当てて温まる

石で釘を打つ

石で葉っぱを切る

石をこすっていろいろな色の粉をつくる

■配置・配列としての造形活動

0・1歳児クラスの頃

石を並べる

2歳児クラスの頃

板の上に並べる

石を並べる

3歳児クラスの頃

木を石で囲む

4 歳児クラスの頃

園庭一面に並べる

5 歳児クラスの頃

石を円状に並べ大きな渦巻をつくる

石を並べて道をつくる

■ 構成としての造形活動

0・1歳児クラスの頃

大小の石を積んで見立てる

2歳児クラスの頃

石と土を交互に積む

石を土でくっつける

3歳児クラスの頃

石と土を合わせ積む

石を並べて装飾する

大きな土のかたまりに石をつける

色の違う土と小石を置く

4歳児クラスの頃

石と土で壁をつくり、中に水をためる

石を積み重ねる

石を並べ団子と花で飾り付けをする

5歳児クラスの頃

石を積みあげる

協力しながら並べて積む

板の両端に石を置く

■ 場としての造形活動

3歳児クラスの頃

釣堀りをつくって釣りを楽しむ

4歳児クラスの頃

穴を掘って石を埋め込む

石の壁をつくる

5歳児クラスの頃

石を積みあげ木で囲う

石を積み重ねて囲い、中に木の板を敷き詰める

■ つくられた抽象的立体作品

3歳児クラスの頃

4歳児クラスの頃

5歳児クラスの頃

■ つくられた具象的立体作品

3歳児クラスの頃

顔

5歳児クラスの頃

へび

とんぼ

▼遊び＝造形活動

⑥ 動植物との遊び

　子どもたちが園外に出かけ、自然に抱かれ、自然の美しさや自然の雄大さを感じることは、とても素晴らしいことです。そして、その自然の中で命を育む動植物と十分にふれあう豊かな命の体験は、とても大事です。

　子どもたちは、もともと小さな生き物が大好きです。自然の中で昆虫や魚を見つけて捕まえたり、園でうさぎや小鳥やチャボやニワトリなどを世話することによって、生きることのドラマを見ることになります。愛することの喜び、弱いものへの思いやり、やさしさ、そして生きる命の大切さなどを身につけていきます。

　葉っぱをお皿にしてのごっこ遊びなど、子どもたちは、草や葉っぱ一枚で遊びを工夫します。また、草の生えた土手は滑り台に、稲を刈られた後の藁はベッドにと早変わりです。木の芽や木の実、野イチゴなど、食べられるものがあれば必ず採集します。花の蜜も吸ってみます。畑でのさつま芋掘り、山でのたけのこ掘りなど、いい環境が与えられれば積極的に挑みます。

■ 行為としての造形活動

0・1歳児クラスの頃

落ち葉にすわる

カエルを見る

葉をちぎりくわえる

2歳児クラスの頃

草花の上に寝転ぶ

木の皮をむく

バッタをつまむ

3歳児クラスの頃

バラの花を摘む

木登りをする

木の根を掘りおこし、引き抜く

落ち葉の上を滑る

ミミズを触る

4歳児クラスの頃

木に登る

かずらを丸める

草すべり

5歳児クラスの頃

笹の葉で落ち葉を掃く

水草を集めて寝転がる

木に登る

トカゲを捕まえる

■ 状態としての造形活動

0・1歳児クラスの頃

葉を集める

葉の上にちぎってのせる

つるの皮をむく

2歳児クラスの頃

木と木で葉をすりつぶす

草花を摘み集める

田んぼでてんとう虫を探す

細い竹に友達とまたがり揺らす

タンポポの綿毛を飛ばす

3歳児クラスの頃

丈の高い草の中をかき分けて歩く

シロツメクサを結ぶ

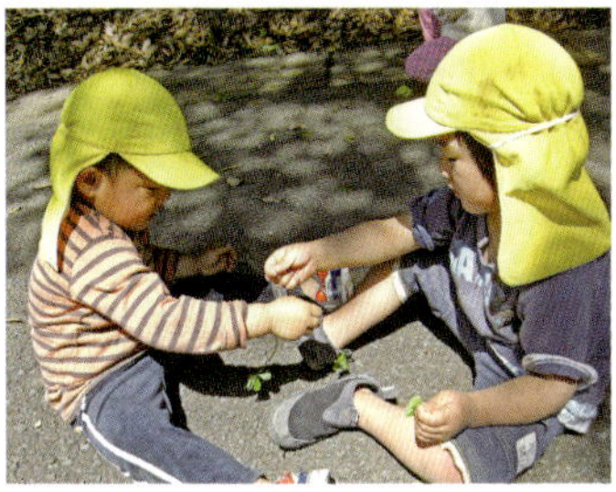

クローバーで草相撲

木いちごを見つけ、集める

4歳児クラスの頃

いろんな色の花びらを集める

葉っぱをつぶして水に色をつける

もみじの葉を流す

野草の豆に穴をあけて音を鳴らす

5歳児クラスの頃

柿の汁で絵を描く

草相撲

摘んできた菜の花を板で切る

チャボに触れて肌で感じる

クワガタの家をつくり木の枝にクワガタを登らせる

黒土の山に草花を植える

■ 配置・配列としての造形活動

0・1歳児クラスの頃

丸太に葉っぱを並べる

葉を並べる

2歳児クラスの頃

木の葉を並べる

切り株に花を並べる

3歳児クラスの頃

落ち葉を並べる

どんぐりを並べる

重植物

4歳児クラスの頃

コスモスを並べる

ドングリと葉っぱを並べる

土で葉っぱを壁に貼り付ける

5歳児クラスの頃

花をつなげる

木の葉の上に木の実を並べる

松ぼっくりと石を並べて遊ぶ

構成としての造形活動

0・1歳児クラスの頃

葉と土を組み合わせる

2歳児クラスの頃

葉で団子を飾る

枝葉を生ける

木に登って粘土に枝を差し込む

3歳児クラスの頃

板の上に飾る

花で飾る

4歳児クラスの頃

水に植物の種を浮かべる

葉を結んで籠をつくる

花を土で立たせる

土の家に植物を植える

砂の山に花や小枝をさす

5歳児クラスの頃

棒を蔓で木に固定する

枝に落ち葉を突き刺して重ねる

花や葉を浮かせる

■ 場としての造形活動

3歳児クラスの頃

からし菜を砂場に植える

草花を土に植える

4歳児クラスの頃

竹やぶの空間を秘密基地にする

砂場に森をつくる

5歳児クラスの頃

草と草を結んでアーチ形の家をつくる

たき火ごっこ

木と蔓と板で家をつくる

■ つくられた抽象的立体作品

2歳児クラスの頃

3歳児クラスの頃

4歳児クラスの頃

5歳児クラスの頃

■ つくられた具象的立体作品

2歳児クラスの頃

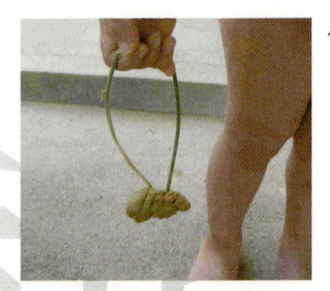

ハンドバッグ

ケーキ

3歳児クラスの頃

ケーキ

クリスマスツリー

4歳児クラスの頃

草餅

貝の皿にごちそう

怪獣

5歳児クラスの頃

ケーキ

かざぐるま

葉っぱのお面

ほうき

お餅

ケーキ

乾燥

▼遊び＝造形活動

⑦粘土との遊び

　子どもたちは、土の感触を楽しみ、手先の遊びから体全体での遊びへと拡がり深まる中で、創造的な粘土による造形作品を生み出してきます。心身の自立とともに粘土による造形作品が確かな成長を感じさせる具体物として存在感を強めてきます。抽象的立体作品や具象的立体作品の誕生です。
　粘土作品は団子づくりから始まり、指での穴あけ、せんべいのような平たい板状のもの、長い棒状のひもづくり、そして拡がりのある平面的な作品と進んできます。一方、立体的な作品は団子を合わせたりつぶしたりしてかたまりをつくるところから始まります。また、長い棒状のものを合わせたり積みあげたりして一体化した大きなものをつくります。そして、動物や怪獣、住居や人間などをつくり、器的なもの、日常的な物もつくります。
　与える粘土は手の汚れる土粘土がベストです。そして、できるだけ大量に与えて広い空間のなかで制作できるように配慮して、ちまちました遊びにならないようにしたいものです。立方体、直方体、球体など、まとまった形でなく不定形な状態で与えたいものです。

■行為としての造形活動

0・1歳児クラスの頃

おさえる

3歳児クラスの頃

たたく

4歳児クラスの頃

拡げる

■状態としての造形活動

2歳児クラスの頃

粘土に指をさす

指でのばす

3歳児クラスの頃

のばす

ちぎる

■配置・配列としての造形活動

2歳児クラスの頃

細長くのばして並べる

3歳児クラスの頃

団子をつくって並べる

塊のまわりに並べる

4歳児クラスの頃

同じ形を並べる

団子、棒状を並べる

5歳児クラスの頃

二段重ねで並べる

並べて積む

縁に並べる

粘土

■ 構成としての造形活動

2歳児クラスの頃

団子を縦と横につける

団子を積む

3歳児クラスの頃

ちぎって積みあげる

積んで木を刺す

うすくのばしたものを重ねる

4歳児クラスの頃

棒状や丸めたものをつなげ、積み重ねる

中央にかたまりを置き、構成的な形を置く

5歳児クラスの頃

三角形の形に大小の団子を並べる

団子を3段以上に積んで集合体をつくる

■ つくられた抽象的立体作品

2歳児クラスの頃

3歳児クラスの頃

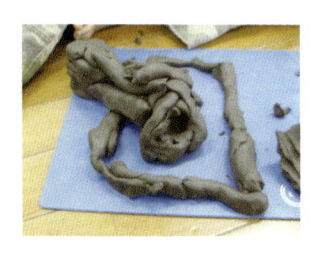

4歳児クラスの頃

5歳児クラスの頃

■つくられた具象的立体作品

2歳児クラスの頃

ケーキ

3歳児クラスの頃

うさぎ

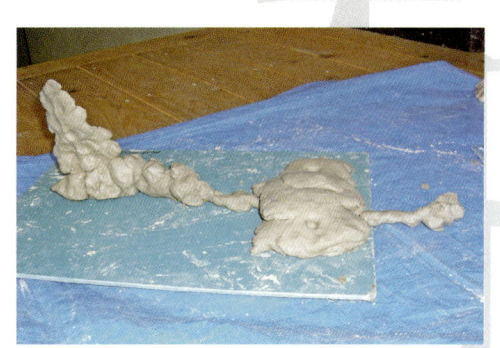

恐竜

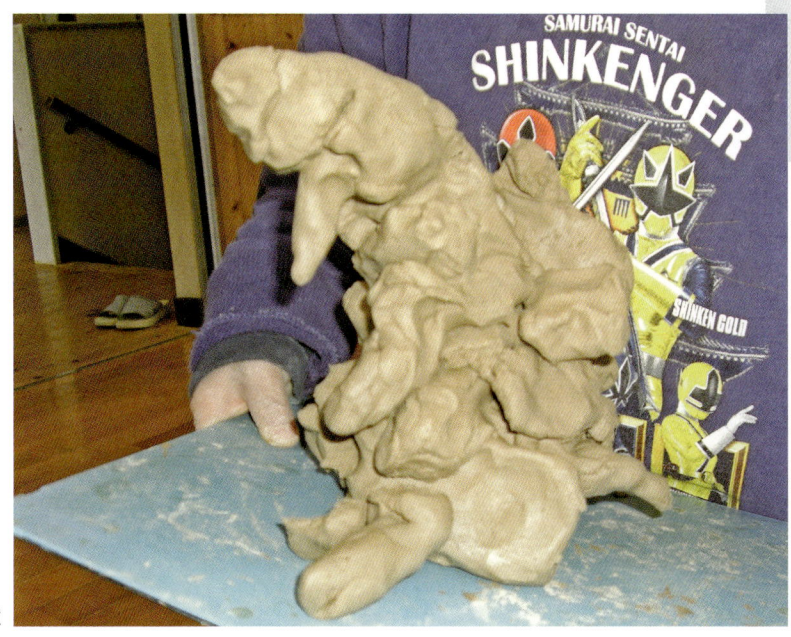

怪獣

4歳児クラスの頃

雪だるまちゃん

恐竜

器に団子

部屋

城

ジェットコースター

駅と線路

ぞう

5歳児クラスの頃

大きいきのこの上に
小さいきのこ

かたつむり

飛行場

怪獣

塔と家

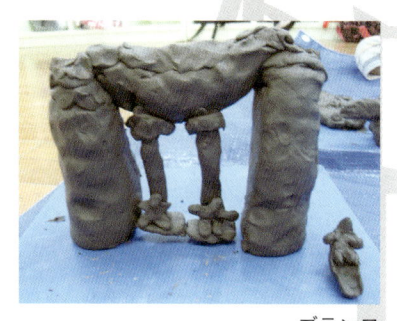

ブランコ

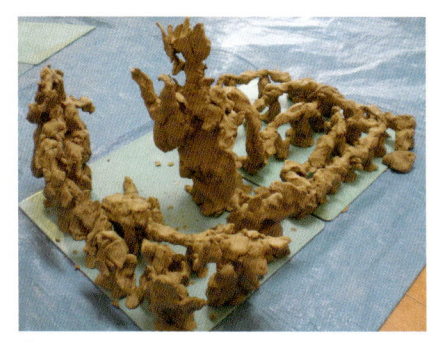

森

顔

恐竜

子どもの絵

■子どもたちの絵の発達

　子どもたちの絵の発達においてはまず外界を変化させる興味の感情が主体的行動として絵を描く行為となります。子どもたちの手と体の運動が無意識の心や感情に結びついた自己表現なのです。これらをアクション画と呼びたいと思います。過去にはなぐりがき、錯画、ぬたくり、スクリブルなどと呼ばれてきましたが、現代美術では絵画を問い直し「ドローイング」、「ペインティング」など行為の名称そのものを用いましたので、それにならって「ドローイング」、「ペインティング」などと呼ぶこともあります。しかし、今はジャクソン・ポロックのアクションペインティングにならって行為を強調したアクション画と呼ばれることが多くなっています。

　ドローイングとも呼ぶ一次元アクション画は肩、ひじ、手首、指などを使って描く点や扇形、大きなうずまき、小さなうずまき、上下たて往復などの線による絵画です。最初は点で描き、次いで点をつないだ線で描き、その線を重ねて面も描き出します。

　一次元アクション画は2歳頃までで、次いで二次元アクション画が始まります。指でものをつまむことができるようになる2歳半頃の線描画で、運動感覚とともに他の感覚が共に働いて描かれるものです。閉じた丸など大小の曲線や1本の線のみ、また線と線を結ぶ、線を止めるなど二次元の世界に開かれる絵です。

　ペインティングとも呼ぶ三次元アクション画はシンボル画とも呼ばれます。描いたものに意味を与え、意味を持たせますので、不思議な形も現れます。2歳半から3、4歳頃の絵画で、手の働きも目の働きもよく、自分自身やものの認識が絵となります。自分そのものを表すために、曲線がグルグルと描かれ、大きいまるなどが現れます。このまるが2つになって自分と他者、外の世界を認識した関係図となって現れることが多くあります。

　アクション画、シンボル画に続くのが、5歳頃からの前期図式画と呼ばれる知的リアリズム絵画です。見た通りでなく知った通りに描いて、自分の世界と外の世界を表します。ですから、それらしき形ができて何を描いているかが分かるようになります。そして9、10歳以降はユークリット的空間認識を主とする視的リアリズム絵画に至ります。

■子どもたちの絵を見る前に

　子どもの絵は、子どもたちの育ちや生活を語り、大きな意味で心そのものを語ります。ですから、子どもの絵を見る、読み取る研究が重ねられてきました。100万枚の幼児画から線の構成をもとに子どもの姿を明らかにしたのは、米国のローダー・ケロック女史です。また、主に幼児画の色彩の心理を研究したのは米国のアルシュラ、ハトウィック両女史です。しかし、研究に取り組んだ方々が口を揃えて言っていることは、線だけ、色彩だけで簡単に決めつけないで、筆致、ストローク、色彩、形、量感、質感などを総合して読み取るべきだと述べていることです。

　昭和6年にミス・ショウがローマの小学校でフィンガー・ペインティングを実践し、「フィンガー・ペインティングはどろんこの直系の孫だ」「指は筆より先に生まれた」と語っていることも刺激的です。子どもたちにとっては、遊び（造形活動）と絵が表裏一体の関係にあります。その中でも1〜3歳頃の子どもたちにとっては、その関係は直接的です。トロトロ土での遊びが絵の具での遊びにつながり、絵が生まれるのです。また、新しい形を繰り返し生み出すフィンガー・ペインティングは、トロトロ土との遊びと同じように造形教育上の価値や精神衛生上の価値があります。ミス・ショウが「子どもの絵は背中で描かせ」と言っています。

フットワークよろしく全身全霊で描くことを重視しています。身体の中心、背骨から手足全身に伝わって描く力が出てくるというわけです。このことも重要なことです。

■子どものたちの絵を見る

　子どもの絵は、その画面に表れていることを丁寧に見ることからはじまります。全般的にいえることを挙げておきます。

　一次元アクション画や二次元アクション画では右利きの子どもはまずは右端に描きます。右隅に小さく描くのは弱気な子どもで、そこが安全な場所で防衛する方法として隅に陣取ります。次いで冒険を試みようと左端に描きます。ときには攻撃を表すために左端に描きます。自信を持つと中央に大きく描いて、上下、左右への広がりのある画面になります。

　3歳ぐらいで同じところをしつこく塗りたくる子どもは、大人へ抵抗しエネルギーを蓄えています。しかし、そのようなことが5歳になっても表れているなら要注意ということになります。受けている圧迫感を変則的に喜ぶ状態におちいって、エネルギーが鬱積することになるからです。思春期等での問題行動につながることが指摘されています。

　画面に向かって描いたり消したりしている状態は自信のない不安定な心理をあらわしますし、社会性の弱い子どもに多いようです。線で画面の周りを囲う場合も、時には不安を表します。囲んで安心できるので、なかなか囲いから出られない状態で、依存心が強く自ら判断する力が弱いといえます。同じように囲ってもなかに描かれたものが大事な場合もありますので、よく見る必要があります。

　直線で仕切る絵を描く子どもは、大人の生活習慣のなかに入れられ、依頼心が強く自己主張が弱く感情がこもらない言動が見られます。また、大人の生活習慣で厳しくしつけられ道徳を身につけた子どもたちは言葉をよく知っていてよく話すけれども、何事にも受身で判断力が弱く、独創性に欠けた説明的な絵を描きます。よくない方向の絵とは、このように概念的で無感覚、説明的で形式的な絵です。

　一方、伸び伸びと十分に遊んでいる子どもたちは、外に向かう躍動的な線で描きます。スピード感やリズム感のある絵を描く子どもたちは、遊びが十分で判断力が備わっています。力強さや夢のある楽しい絵も同じで、遊びで力をつけた子どもたちが産み出します。遊びとは造形活動ですし、その遊んだ痕跡が造形作品、立体作品です。伸び伸びと創造性を発揮しての造形活動を展開する子どもたちが、伸び伸びした絵を産み出します。伸び伸びとした絵とは、自己主張が強く自信のある絵、新鮮で躍動感のある絵、迫力のある絵、自由で想像力が働き幸福感のある絵です。誠実に描く建設的な絵も大事にしたいと思います。これらの生き生きとした絵は、創造的で見ていてとても気持ちの良い絵です。

■多様な子どもたちの絵

　いろいろな子どもがいて、いろいろな絵があって、それぞれにいい方向の絵があります。このことは肝に銘じておかねばなりません。英国の評論家ハーバート・リードは子どもを8つの型に分け、美的表出の型を示しています。思考、直感、感覚、感情の4つの型を、それぞれ外向的、内向的に分けて8つとしています。

　思考型はリアリズム、直感型は構成主義、感覚型は表現主義、感情型は超現実主義的な美的表出を行うというのです。

①リアリズム＝思考型

　「リアリズム」といえば、まず写実主義や自然主義を思い起こします。クルーベやミレーなどです。そのほかにベン・シャーンなどの「社会主義リアリズム」。1960年代には日常生活の廃物の使用、接着、組み合わせ等の作品やハプニングが生まれ、それらを「ヌーヴォー・レアリスム」と呼びます。同じ頃に始まったもので具象的な傾向をまとめて「ニュー・リアリズム」と呼びます。リアリズムというと、単に写実、具象ととらえがちですが、現実や生活を見つめた広い意味でとらえるべきです。

　リアリズム的な子どもの絵の多くは、地に足をつけた建設的なものです。

②構成主義＝直感型

　「構成主義」は20世紀初頭に現れた動きで、近代彫刻に決定的な影響を与えました。金属、ガラス、厚紙、木、プラスティックなどを使い、伝統的彫刻が主眼とした量塊（マッス）よりも、むしろ空間を重視した構造をつくりだしている彫刻作品です。キュビスムのブラックやピカソも構成主

義的作品をつくっています。ピカソの板金や針金でできた「ギター」などです。ロシアの彫刻家タトリンは「第三インターナショナルのためのモニュメント」など、彫刻史上初の総合的な抽象の作品をつくりだします。絵画においても、白と黒の絵を生み出したマレーヴィチがいます。

構成主義的な子どもの絵の多くは、構築性があって構成的で知的な感じがするものが多いです。

③表現主義＝感覚型

「表現主義」は豊かな情感表現に重きをおく美術で、感情を呼び起こすかのような鮮烈で個性的な色彩が使われます。その起源はファン・ゴッホで、野獣派のマティスなどの作品にあります。表現主義のなかでも 20 世紀初頭の「ドイツ表現主義」では青騎士派のカンディンスキーやクレーが有名です。1940～50 年代に活躍したアメリカのアーティストたちを「抽象表現主義」と呼び、幾何学的な抽象画を描く画家と区別しています。「抽象表現主義」はヨーロッパでは「アール・アンフォルメル」と命名され、両大陸で同時に発生した美術の動向です。「新表現主義」は 1970～80 年代に伝統的手法に立ち戻り、大胆な筆使い、諷喩、たとえなど、タブー視されてきた方法を用いて激しい感情を表現しています。

表現主義的な子どもの絵の多くは、感情表現や色彩が豊かです。

④超現実主義＝感情型

「超現実主義」は、1924～45 年にダダを受けつぎ、美術と文学の分野を席捲したモダン・アートの中核をなす運動です。1924 年のアンドレ・ブルトン（仏詩人）の『シュルレアリスム宣言』のもと、可能性と偶然性を利用した実験的アプローチが続けられました。ファウンド・オブジェ（拾得物、既成品）への関心、バイオモルフィズム（生々しい形、生体的・有機的抽象）、オートマティスム（絵画的自由連想）の３点に、性、夢、無意識（フロイト的）を加えています。代表的な画家、サルバドール・ダリは、写実主義を基本とした幻覚的で奇妙な夢のイメージで具象表現へ回帰しています。ホアン・ミロはオートマティスムの手法を用いて、抽象的なコンポジションで、浅い空間に人間の形やさまざまな形象を自由な筆致で描いています。

超現実主義的な子どもの絵の多くは、夢と空想に溢れています。

■子どもたちの絵の指導・援助

子どもたちが絵を描くことによって、創造の欲望、意欲の感情がかき立てられ、人間としての根本的な能力・創造性が育っていくのです。この創造性（意欲）が発達するのが子ども時代ですから、子どもたちは必然的に絵を描こうとするのです。子どもたちの創造性を育む絵の指導・援助は、まずは描かそうと思わないことです。子ども自らが自由に伸び伸びと描くような雰囲気をつくることです。そのためにはテーマを与えず、写生的なものを描かさないで、子どもたちが描き出す絵をうまくほめ、励ますことです。もちろん技法を教えてはなりませんが、材料や描く場などきめ細かな準備や対応が求められます。

大人として心しなければならないことは、大人の絵を教えないで、文字も早期に教えないようにして子どもの描く絵に共感して、人間としての凄さや喜びを子どもの心に刻み込みたいものです。ですから絵を描いてくれとせがまれても描いてはなりません。一度描くと常にせがむようになり、真似て描き、自分の絵を産み出そうとしなくなります。

子どもの絵を見ていると子どもの持っているいろいろな問題を感じ取ることがあります。そのようなとき、絵から感じとった子どもの問題は大人の側の問題としてとらえるように心がけたいものです。子どもの問題行動を取り除くのではなく、その子どもが持っている好ましい行動を発達させて、子どもの可能性の力によって立ち直らせたいものです。

何川 漣　1歳3ヶ月（大矢野あゆみ保育園）
探索活動が多く行動範囲も広い意欲的な姿を表すかのように、画面から飛び出すほどの元気のいい絵になりました。

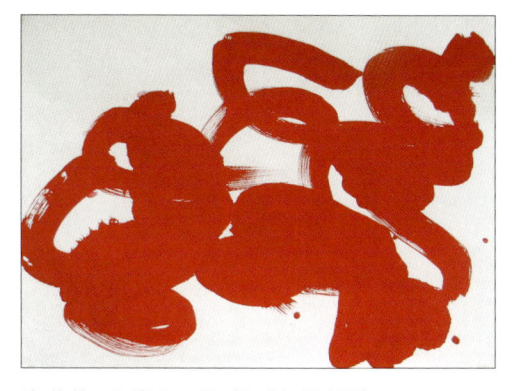

濱 絢佳　1歳9ヶ月（もぐし保育園）
外遊びが充実し、山登り、泥遊びなど活発になり、絵も太い線で楽しんで描いています。

阿部 叶夢　1歳7ヶ月（かもと乳児保育園）
2度目の水彩画の体験で、その日の2枚目の絵です。のびのびと線を描いたあと、テンポよく点をうって満足した一枚です。

奥田 悠仁　1歳11ヶ月（まくらざき保育園）
体を左右に動かしながら描いた、安定した力強い絵です。

嵯峨 和心　1歳8ヶ月（緑川保育園）
初めて長い線を描き、大きく描いた気持ちのよい絵です。

今村 元紀　1歳11ヶ月（緑川保育園）
赤を選び、ゆっくりと集中して描きました。もくもくと盛り上がって動きのある絵です。

池田 悠乃　２歳０ヶ月（まくらざき保育園）
筆の動きを楽しみながら徐々に大胆に描き、伸びやかな絵になっています

田中 藍　２歳１ヶ月（もぐし保育園）
歩行が完成し、探索活動が盛んになり、絵にも動きが出てきて、遊ぼうとする好奇心でいっぱいです。

金光 涼己　２歳１ヶ月（かもと乳児保育園）
塊から伸びていく線が力強く、思い切り描いて躍動感があります。

大森 虎一　２歳２ヶ月（大矢野あゆみ保育園）
太い線を集め面をつくり、画面全体が力強くどっしりとした迫力ある絵です。

坂越 晴煕　２歳１ヶ月（もぐし保育園）
遊びを見つけ、拡げられるようになり、絵も新しいことに挑戦し、伸びようとする意欲が伝わってきます。

田崎 大悟　２歳２ヶ月（大矢野あゆみ保育園）
画面半分にしっとりとした面を作り出し、のびやかな線が引かれ、気持ちの安定がうかがえます。

清水 莉媛　2歳2ヶ月（済生会松山乳児保育園）
何事にも集中してよく遊んでいます。力強い太い線とタッチで伸び伸びと描いています。

淺野 友喜　2歳3ヶ月（かもと乳児保育園）
太い線で力強く、歌を歌い軽快に何度も円を描き、大きな絵を生み出しました。

桑原 さくら　2歳2ヶ月（まくらざき保育園）
点・線・面でいろいろな表現が試みられた楽しさが伝わってくる絵です。

板敷 大空　2歳3ヶ月（別府保育園）
いろんな事に興味を持ち、体全身で取り組み喜びを感じています。絵も力強く勢いある線で描き上げています。

中野 秋斗　2歳2ヶ月（緑川保育園）
赤を選び、中央から描き始め、塗りこんだ後に伸びやかな線、外の世界へと飛び出そうとしています。

佐々木 穂乃香　2歳5ヶ月（光輪保育園）
勢いよく描きだし、腕をよく動かして点をうち、次いで大きく円を描いてバランスのある絵を生み出しました。

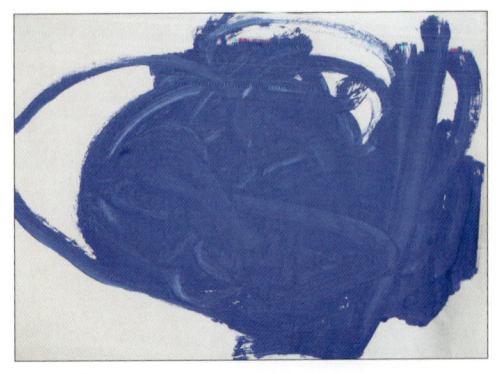

八田 海斗　２歳５ヶ月（済生会松山乳児保育園）
土や粘土に集中して取り組みます。その力が拡がりのある伸びやかな絵を生み出しています。

相馬 朱里　２歳６ヶ月（光輪保育園）
中央に円を描き、どんどんまわりに拡がりを持ち、その間を埋めるように塗って、最後に左上に伸びる線を入れて大きな絵になりました。

中原 美優　２歳５ヶ月（別府保育園）
素直に甘え、遊ぶときは集中して遊びます。絵も積極的で力強く描いています。

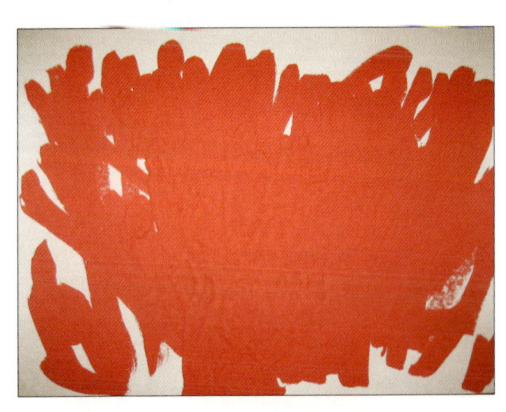

竹島 泰志　２歳７ヶ月（光輪保育園）
たくさんの線を集めて面がどんどん拡がり、楽しんで描いた気持ちのよい絵です。

庵山 匠心　２歳５ヶ月（別府保育園）
集中して自然素材と向き合い、工夫して意欲的に遊びます。絵でも自分なりの意味づけをして大きく描いています。

松崎 春　２歳８ヶ月（まくらざき保育園）
体全体で画面いっぱいに力強く描き、外へ伸びた線が大きく拡がった迫力のある絵です。

西村 凛　2歳8ヶ月（緑川保育園）
大きな円を描き、粘り強く点で円の中を塗りこんでいます。大きな塊が描かれた拡がりのある絵です。

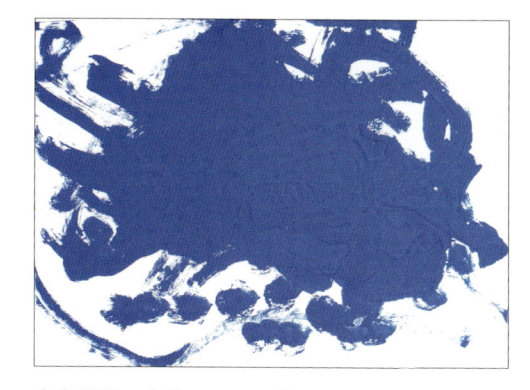

白木 翔和　2歳11ヶ月（かもと乳児保育園）
真ん中のかたまりから点や線を勢いよく描いて楽しんでいます。

今居 穂嘉　2歳9ヶ月（済生会松山乳児保育園）
自分の意見は曲げず、自分の世界を大事にしています。自己主張をしっかりしている強い絵です。

中村 晃暉　2歳11ヶ月（まくらざき保育園）
線に力強さを感じ、塊から出てきた線には、スピード感を感じます。

出口 茉奈　2歳10ヶ月（大矢野あゆみ保育園）
自分を出して遊ぶ姿のように、自分を大きな塊とした絵です。

佐々木 彪真　2歳11ヶ月（もぐし保育園）
青色を使いどっしりと思いのままに自由に大きく描かれた絵です。上にのびる強い線は、好奇心の充溢を表しています。

伊藤 美海　３歳０ヶ月（光輪保育園）
たて、よこ、ななめと、直線と曲線を思いのままに描きながらどんどんと大きな画面をつくっています。

柏木 こあ　３歳１ヶ月（済生会松山乳児保育園）
友達とのやりとりを楽しみ、団子づくりなどじっくりと遊んでいます。上昇する画面が、大きな可能性を感じさせる絵です。

坂本 彩乃　３歳０ヶ月（もぐし保育園）
太い線で力強く描かれています。その中で、たての線の動きには勢いも感じられます。

四元 尊　３歳２ヶ月（別府保育園）
喜怒哀楽を素直に表現でき、遊びも意欲的に取り組みます。「強いから赤にしよう」と言って力強く大きく描きました。

福島 嘉人　３歳１ヶ月（かもと乳児保育園）
勢いがあり、太い線でのびやかに描いた意欲的な絵です。

西垂水 紗亜乃　３歳２ヶ月（別府保育園）
水、どろんこなど全身を使って遊び、自分に自信を持っています。絵ものびやかな線で自分自身を大きく描いて安定しています。

西田 寿矢　3歳2ヶ月（もぐし保育園）
新しい遊びを生み出そうという創造的意欲が絵に力強さを与え、迫力があります。

青山 知憲　3歳3ヶ月（ひまわり保育園）
友だち関係の中で、自分の思いが出るようになり、これからの自分に期待する気持ちが感じられる絵です。

出水 絢子　3歳3ヶ月（光輪保育園）
友達関係もできて、自分が拡がろうとしている温かみのある絵です。

新居 幸大　3歳3ヶ月（ひまわり保育園）
直線の上に、色をじっくりと重ね積み上げています。左右に伸びる線で横に拡がりを待たせたバランスのよい絵です。

大平 恵里　3歳3ヶ月（済生会松山乳児保育園）
木や土などいろいろな素材で意欲的に遊んでいます。創造的でおもしろい絵です。

山根 大和　3歳4ヶ月（済生会松山乳児保育園）
情緒が安定し、砂場に寝転がり、全身で感触を楽しんで遊びます。拡がりのある大きな絵です。

白澤 礼羅　3歳4ヶ月（別府保育園）
泥団子をつくれた喜びが自分に自信を与え、絵もスピード感のある線で大きく描き上げました。

木村 哲人　3歳6ヶ月（かもと乳児保育園）
一つの大きな塊の中から上に伸びようとする点や線が見られ、力強く描かれています。

生嶋 悠聖　3歳4ヶ月（もぐし保育園）
力強く赤色で描かれ、みずみずしくしっとりと深みのある落ち着いた絵です。

濱口 葵立　3歳6ヶ月（光輪保育園）
画面いっぱいに太い伸びやかな線で自由に描いた、冒険心あふれる絵です。

吉本 真渉　3歳5ヶ月（大矢野あゆみ保育園）
少しずつ自分から相手に伝えることに気付いて友達とかかわることが嬉しくなってきているところです。どっしりと安定した絵をつくりだしました。

半野 海地　3歳6ヶ月（まくらざき保育園）
ユニークな表現で知的センスを感じさせる絵です。画面中央にしっかりと描かれています。

大谷 春菜　3歳7ヶ月（大矢野あゆみ保育園）
下から上に力強い線をいくつも伸びやかに描いたこの絵には、遊びに積極的に取り組んだ嬉しさが表れています。

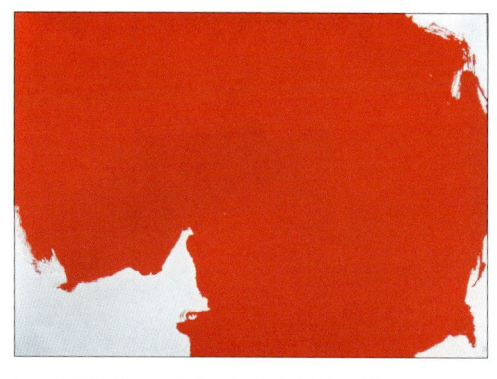

原田 晃太郎　3歳8ヶ月（緑川保育園）
赤色を使って、大きな塊が左上へと伸びています。さらに絵の上で自由に筆を動かし、力強く大きな画面をつくりました。

鶴本 愛奈　3歳8ヶ月（大矢野あゆみ保育園）
友達とともに自分の遊びを楽しみ、絵もその喜びと挑む姿を表し、拡がりがあります。

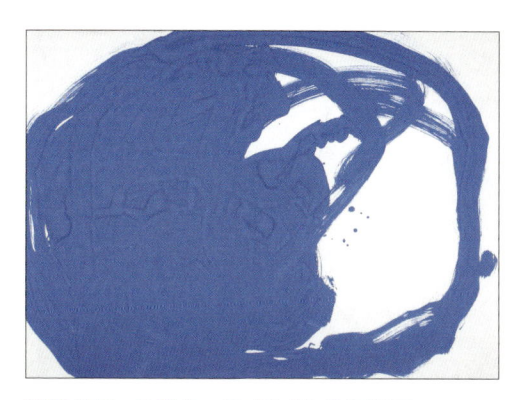

阿部 祐子　3歳9ヶ月（ひまわり保育園）
画面の左にかたまりを描き、そこを拠点として線の軌跡を楽しみながら伸びやかな円を描いています。しっとりとした気持ちのいい絵です。

中村 湊平　3歳8ヶ月（光輪保育園）
どんどん円を描き大きな円に至りました。遊びを拡げ深めて感動した時と同じ気持ちを表しています。

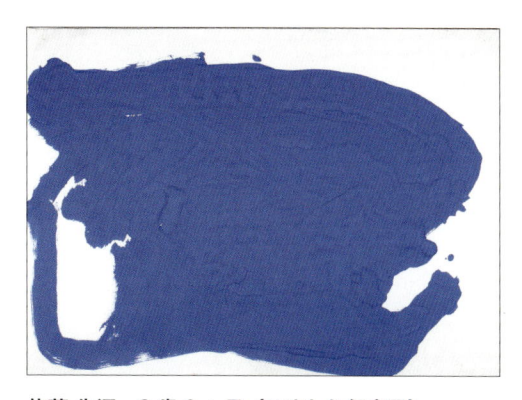

佐藤 朱涅　3歳9ヶ月（ひまわり保育園）
青色を使った、大きな塊とそこから伸びた線によってユニークな形を生み出しています。見ていて楽しい絵です。

松本 忠　3歳10ヶ月（光輪保育園）
拡がりと温かさを感じる、ゆったりとした心の安定を表す絵です。

中原 和夏子　3歳11ヶ月（もぐし保育園）
大きな遊びができるようになり、今からより大きな遊びを試みようとする気持ちから描かれた絵です。

舛田 哲平　3歳10ヶ月（緑川保育園）
右にある丸い塊から無数の線が伸び、外の世界へ働きかけています。拡がりのある大きな作品になっています。

大島 尚己　4歳0ヶ月（ひまわり保育園）
青と黄色を使い、力強いストロークで、大きな塊を描いています。自信が表れてきた絵です。

矢野 愛煌　3歳11ヶ月（緑川保育園）
塗りつぶした部分から上のほうへと線が伸び、拡がりのある強い絵となっています。

中山 妃葵　4歳1ヶ月（かもと乳児保育園）
2色がせめぎあって、絶妙の分割で赤と黄色のバランスがとれた大きな絵です。

丸山 聖生　４歳１ヶ月（緑川保育園）
赤色一色で下から上へと力強く線が伸びています。紙を縦に使うことにより、さらに大きな作品になっています。

村田 悠祐　４歳２ヶ月（大矢野あゆみ保育園）
自分の考えを伝え、一緒につくる姿がみられます。絵は濃紺に白を対比させ、自らの成長と心の安定を伝えています。

池田 凛華　４歳２ヶ月（かもと乳児保育園）
紙いっぱいにどっしりと描かれています。さらに両サイドから上へ伸びようとする進行形の絵です。

東原 萌衣　４歳２ヶ月（ひまわり保育園）
黒で描いた上から、赤と黄色を重ねました。濃い色調と太い筆遣いで、力強さを感じる気持ちのよい絵です。

豊留 葉月　４歳２ヶ月（別府保育園）
全身を大きく動かし、下から上へと太い線を積み上げ、空に向かって伸びようとしているかのようです。

濱崎 太一　４歳３ヶ月（もぐし保育園）
泥遊びを十分に楽しんだ後の他の素材での新たな遊びの感動は、自分の世界を拡げ、自立した絵を生み出しています。

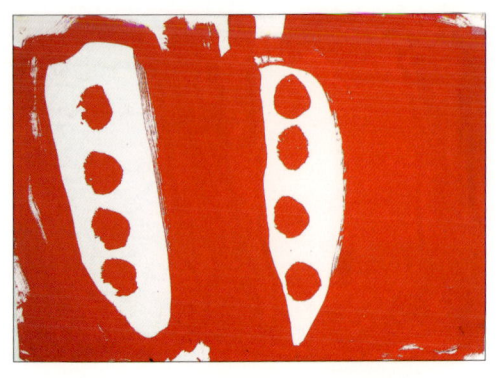

徳永 伊吹　4歳4ヶ月（かもと乳児保育園）
画用紙に向き合い、赤一色で二つの面をつくり、拡がりのある絵を生み出しました。見事な構成で美しい絵です。

横田 陽菜　4歳4ヶ月（緑川保育園）
筆の跡がしっかりと残っており、楽しんで描いた様子がわかります。線の動きから思い切りのよさが表れています。

竹島 結和　4歳4ヶ月（光輪保育園）
しっかりとした動きのある線で、力強く自分の世界を表しました。

原田 望愛　4歳5ヶ月（かもと乳児保育園）
大きな塊が動きを予感させ、その塊から外に力強く出ようとしています。

桑畑 愛花　4歳4ヶ月（別府保育園）
友達との関係も深まり、ごっこ遊びをしながら具体的イメージを膨らませています。その姿が絵にもはっきりと表れています。

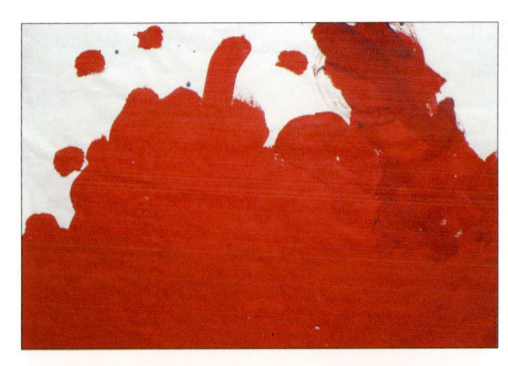

原村 昌裕　4歳5ヶ月（まくらざき保育園）
面から出てきた線と点がリズミカルで、語り合っているようにも見える、ユーモラスな絵です。

板敷 ここも　4歳6ヶ月（別府保育園）
水や土に触れ解放的な遊びを楽しんでいます。絵の中でも青色一色で気持ちよく大きく描き、十分に満足しています。

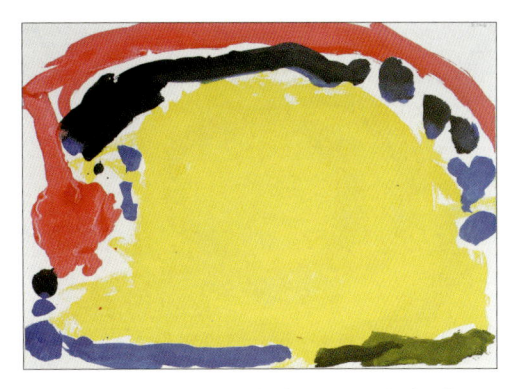

大森 妃夏　4歳8ヶ月（大矢野あゆみ保育園）
生活・遊びを自ら楽しみ友人関係もよく、絵も自分の姿を中心に周りとの関係を描き、大きく安定しています。

小川 隼人　4歳7ヶ月（まくらざき保育園）
黒を囲った青が絶妙で、奥行きを感じる絵です。生活力が身についてきて絵もどっしりと描いています。

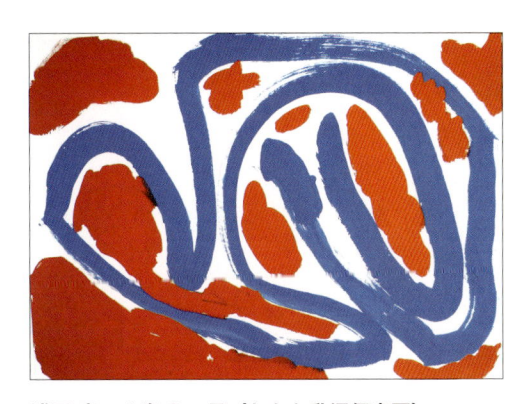

浦田 実　4歳8ヶ月（かもと乳児保育園）
青色で伸びやかな線を描いて茶色でバランスをとり、拡がりのある楽しい絵になりました。

原村 仁美　4歳7ヶ月（まくらざき保育園）
しっかりとした強い線ですが、色彩は柔らかく、力強さの中に優しさを感じる絵です。

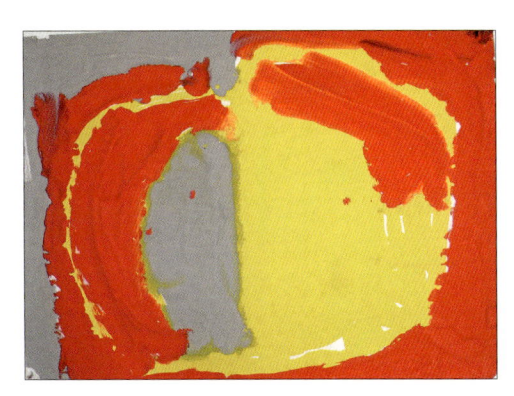

大林 奏太　4歳10ヶ月（かもと乳児保育園）
3色を使い、自信あふれる、伸びやかな線で描いてバランスのよい大きな絵を生み出しました。

村上 陽音　4歳11ヶ月（光輪保育園）
希望を持ちながら前に進もうとする自分の気持ちを三原色を用いて力強く表しています。

山崎 莉子　5歳1ヶ月（大矢野あゆみ保育園）
まず、赤色で描き、次いで青色で大きく描きました。遊びの深まりと友達とのかかわりを示した構成的な絵です。

鮫島 椿　5歳0ヶ月（別府保育園）
心が安定し自信もつけてきています。絵も画面いっぱいにどっしりと描き、自分のイメージを楽しんで表現しています。

鶴田 彩華　5歳1ヶ月（光輪保育園）
自分と友達などとのかかわりの拡がりを表し、物事への認識が深まった絵です。

槇尾 萌果　5歳0ヶ月（もぐし保育園）
土と水を混ぜてこねるのが大好きです。絵の具をたっぷり含んだ筆でじっくり大きく描いています。

松村 芽依　5歳2ヶ月（大矢野あゆみ保育園）
自分に自信を持ち、自分の考えをしっかりと伝えることができます。絵も自信を持って描いています。

有持 嘉人　5歳2ヶ月（ひまわり保育園）
赤と黒のたくましい線でどっしりと描いて安定感があります。緑も青も調和して独創的で思考的な力強い絵です。

吉浦 彩香　5歳2ヶ月（もぐし保育園）
強い枠組みを赤色で描き、その上に白色を加えて拡げ、色が混じり合うのを楽しんでいます。画面に深みを与え、柔らかな絵になっています。

小川 晄良　5歳2ヶ月（まくらざき保育園）
ユニークな形で濃い赤の丸が安定感を与えるどっしりとした表現です。人とのかかわりにおいて、自分自身に自信をつけてきた様子がわかります。

松下 真大　5歳2ヶ月（緑川保育園）
青色で勢いよく縦横に線を引き、構成された形を描いています。また、外へ向けても好奇心が出てきている絵です。

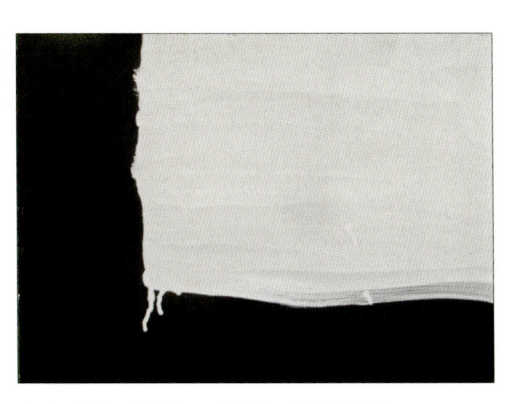

野中 愛桜　5歳2ヶ月（もぐし保育園）
黒と白を使い、相反する2つの世界が調和した確固たる世界を表す、シンプルで魅力的な絵です。

澤井 花恋　5歳3ヶ月（ひまわり保育園）
中央から外へと向かって線を描き、ぐんぐんと上昇して大きく拡がっています。好奇心が充溢した意欲的な絵です。

小田 沙野花　5歳4ヶ月（光輪保育園）
知的欲求をもとにいろいろと試しながら自分の力を試している意欲的な絵です。

白澤 英資　5歳5ヶ月（別府保育園）
木を積み上げる遊びなど、何事にも慎重に丁寧に取り組みます。一本一本の線を、じっくりと引き、集中して大きな絵を描いています。

菱岡 侑治　5歳4ヶ月（ひまわり保育園）
黒い大きな円形の塊に四角形に青色を配して、左右非対称ながら力強いバランスの取れた絵になっています。

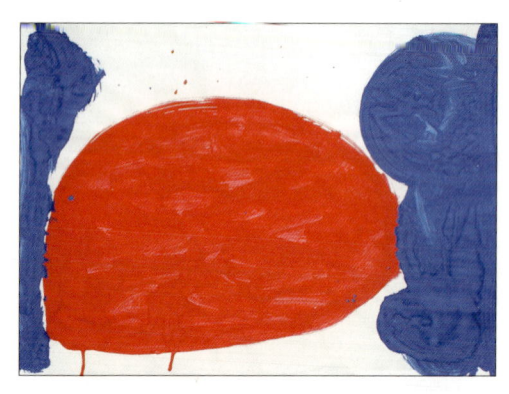

石原 このか　5歳5ヶ月（まくらざき保育園）
青と赤色を用いてすっきりした構成で、白の空間を上手く使って表現されています。ふんわりとあたたかみのある大きな絵です。

中山 健瑠　5歳4ヶ月（まくらざき保育園）
黒でどっしりと描かれた形に、青が動きを与えているように感じます。画面を上手く使い、スケールの大きな絵になっています。

堂原 奈々　5歳5ヶ月（まくらざき保育園）
茶色の面と黒の格子と白の空間が不思議な奥行きを感じさせています。

水野 絢菜　5歳6ヶ月（大矢野あゆみ保育園）
何ごとにも積極的に挑戦し、できることを拡げてきています。絵も大きく拡がり、大きな可能性を感じさせます。

鳥井 綾乃　5歳7ヶ月（緑川保育園）
白を最初に描き、赤は上下に思いきり腕を動かしていて、思い切りのよさが感じられます。子どもがよく描く2分割の抽象画です。

坂本 陽翔　5歳7ヶ月（大矢野あゆみ保育園）
じっくりと時間をかけ、納得するまで描いて、拡がりのあるユニークなとてもおもしろい絵を生み出しました。

板敷 政吾　5歳8ヶ月（別府保育園）
友達と協力することの楽しさを知り、遊びを深めてきています。絵も、赤色を使って大きい正方形から小さな正方形へと幾重にも描き、自分の主張を明快にしています。

釜賀 大暉　5歳7ヶ月（緑川保育園）
中央に緑の円を描き、他の色もじっくりと描いて、しっかりと自己表現をしています。

西岡 咲月　5歳9ヶ月（ひまわり保育園）
3つの塊に面と線を加えバランスよく配置されています。楽しみながら描いた安定した絵です。

渡辺 春花　5歳11ヶ月（ひまわり保育園）
たての線模様から足がイメージされて、独創的な世界をつくりだしました。とても楽しい絵です。

楠本 菜々美　5歳11ヶ月（もぐし保育園）
粘土で思い通りの家をつくり、満足した後に描いた絵です。絵でも自分の思う家をしっかりと描きました。自信のある絵です。

池之平 采華　5歳11ヶ月（別府保育園）
土で遊ぶことが好きで、夢中で遊んでいます。絵でも青色で画面いっぱいに思いのままに、勢いよく楽しい世界を描き上げています。

淺野 結太　6歳0ヶ月（かもと乳児保育園）
緑色でとてもリズム感のある線を引き、バランスのとれた構成的な絵です。

園田 憲士朗　5歳11ヶ月（まくらざき保育園）
体験したことが、堂々と描けています。園生活でも、自信を持ち、最後まであきらめない気持ちで挑みます。

沖園 真輝　6歳0ヶ月（まくらざき保育園）
何でも積極的に活動でき、集中して意欲的に取り組むことによって、躍動的なおもしろい表現ができています。浮いているようでもあり、優しくユニークな絵です。

松本 麻梨乃　6歳2ヶ月（かもと乳児保育園）
黒色と赤色でしっかりと自己主張をして、明快で認識の深まりを感じさせる絵です。

山田 慈空　6歳4ヶ月（光輪保育園）
個々の物事をしっかりと認識して、それらを統合した想像力豊かな絵です。

稼農 玲佳　6歳2ヶ月（光輪保育園）
太く伸びやかな線と深みのある色合いで画面を分割、構成した内容豊かな絵です。

井内 陽仁　6歳4ヶ月（ひまわり保育園）
中心の黒の大きな塊に青、緑、オレンジ、黄色の面で囲み、黒の塊の存在感を高めています。自分を表現した力強い絵です。

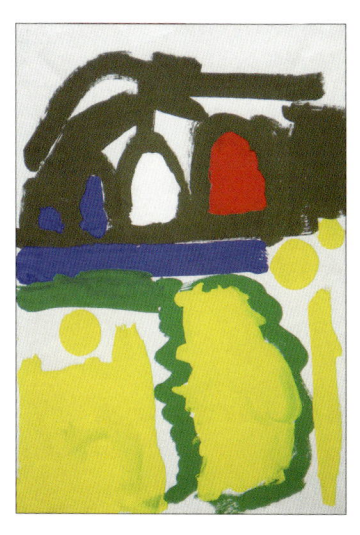

田中 望愛　6歳4ヶ月（光輪保育園）
色や形のバランスもよく安定しています。自分でイメージしたものを自信を持って描いた、奥行きのある楽しい絵です。

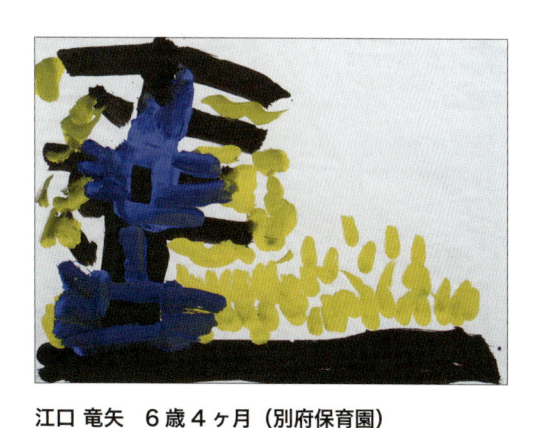

江口 竜矢　6歳4ヶ月（別府保育園）
砂場で虫の家をつくったり、とにかく虫が大好き。絵でも「クワガタ」と言いながら、大きな空間を持つ独自の世界を描いています。

井本 歩花　6歳4ヶ月（緑川保育園）
線がどこまでも伸びて行っているように見える絵です。とても大きな拡がりが感じられます。

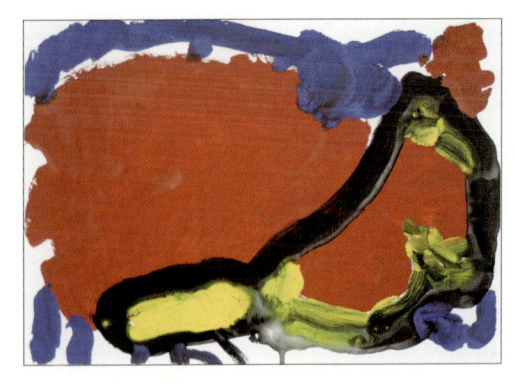

田上 亮太　6歳6ヶ月（大矢野あゆみ保育園）
自分というものをしっかりと持っており、自分の世界を思いのままに描き、躍動感があります。

石田 理子　6歳5ヶ月（かもと乳児保育園）
茶色でしっかりと自分の土台を整え、緑色でバランスをとり、赤色で動きを出している構成的な絵です。

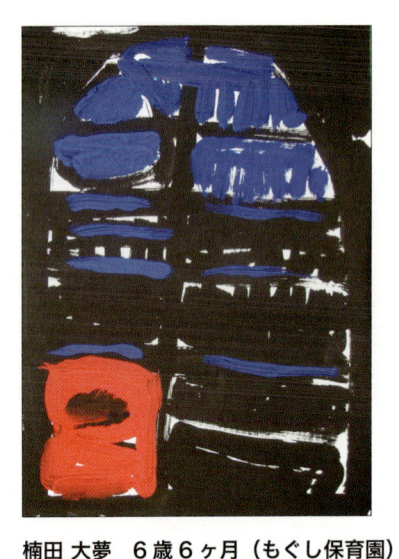

楠田 大夢　6歳6ヶ月（もぐし保育園）
いろんなことに興味を示し、試したり工夫したりしながら発見したことを楽しんでいます。絵では自分の体験した喜びを画面いっぱいに表現しています。

下山 巧真　6歳5ヶ月（別府保育園）
ユニークな発想で遊びの展開も常におもしろいです。絵でも大きく伸びやかに描き、内容も豊かです。

吉松 莉子　6歳7ヶ月（緑川保育園）
独創的なイメージで大きな乗り物のようなものを描いています。楽しい内容を感じさせる動きとともにどっしりと安定した絵です。

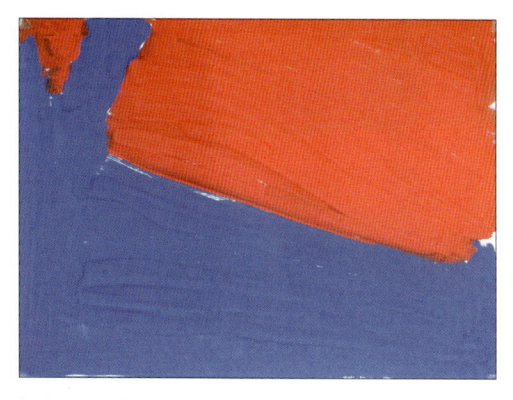

福本 明日香　6歳7ヶ月（もぐし保育園）
赤色と青色で大胆に描いています。部分が拡大されたような明快な抽象画は、自分を十二分に発揮できたときに生まれます。

塚本 一慎　6歳9ヶ月（緑川保育園）
縦線に横線を積み上げ、物の有り様の基本を示す構成的な絵です。

出口 匠吾　6歳11ヶ月（大矢野あゆみ保育園）
自分のやりたいこと、考えなどをしっかりと相手に示し、行動力もあります。その力強さが絵にも見られます。

造形活動と絵

　子どもの絵は子どもの育ちと心を表します。確かな育ちと豊かな心を自由に表現する力があれば、創造的ないい絵が誕生します。

　創造的ないい絵とは、前述したように新鮮で躍動的な絵、スピード感やリズム感のある絵、力強さや夢のある楽しい絵、自己主張が強く自信のある絵、迫力のある強い絵、自由で想像力が働き幸福感のある絵、誠実に描いた建設的な絵などです。このような創造的な絵は、遊びで力をつけた子どもたちが生み出します。

　子ども時代の根底をなすものは、話し言葉と美術文化ですから、遊びとは生活そのもので、すべてが造形活動です。無限の可能性を秘めた自然素材をもとに自由に遊べば、遊びを発見し、拡げ、深めて、友達とともに大きな遊びに挑戦します。遊んでいる姿や遊んだ痕跡が造形作品です。一部には例外もみられますが、ほとんどの事例は感動的な生き生きとした遊びを展開する子どもたちが、創造的な絵を生み出します。

　豊かな自然素材と子どもを主体にした、自由度の高い保育が問われるのです。

**俵積田 このみ　1歳5ヶ月
（まくらざき保育園）**
トロトロのどろんこに入り、全身で感触を味わっています。絵は下から上へと伸び、とても躍動的で力強さを感じます。

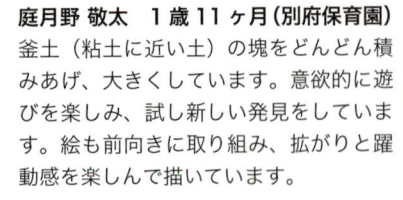

庭月野 敬太　1歳11ヶ月（別府保育園）
釜土（粘土に近い土）の塊をどんどん積みあげ、大きくしています。意欲的に遊びを楽しみ、試し新しい発見をしています。絵も前向きに取り組み、拡がりと躍動感を楽しんで描いています。

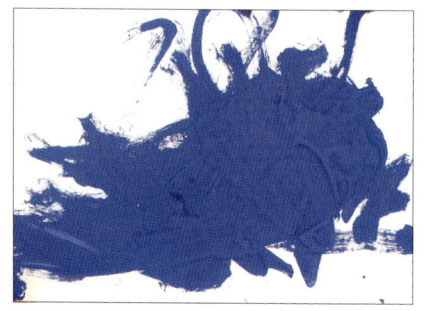

池田 渓太　2歳1ヶ月（かもと乳児保育園） 地面で泥んこをこねた後、木にペタペタと塗って遊んでいました。絵では、線を集めた塊から、外へ思いっきり描いています。

宇佐川 玲央　2歳1ヶ月（光輪保育園）
体がよく動き、どんどん土を積みあげています。絵を描くときも、体や腕をよく動かして体全体で描いています。

佐藤 大瑚　2歳1ヶ月（ひまわり保育園） 友達と協力しながら、大きな造形作品を生み出しました。絵は線を集めた塊から、思いっきり描いています。上に向かって伸び、今後の確かな成長を感じさせます。

越智 優和　2歳3ヶ月（済生会松山乳児保育園） いろいろな遊びを見つけて楽しんでおり、トロトロの赤土の感触も楽しんでいます。自信もついてきて絵の中に自分が入り込んで描いています。

江口 真央　2歳3ヶ月（別府保育園）
地に足をつけ踏ん張り、体全体で土の塊を投げています。体全身で遊びを楽しみ、自信もついてきています。絵も大きく拡がり、伸びやかに描いています。

俵積田 くるみ　2歳4ヶ月（まくらざき保育園）
木片で押したり・引いたりしながら土を平らにしています。絵の方は心が安定して、やわらかな面をつくりだしています。

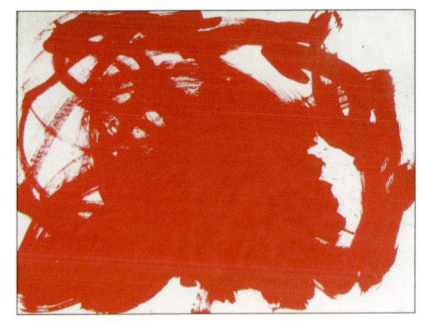

濱﨑 大也　2歳4ヶ月（もぐし保育園） 赤土が軟らかくなったところを見つけて、手でぎゅっと押したり、混ぜたりして遊びを拡げています。この遊びのように、手を楽しく動かし、絵も大きく描かれています。

福島 聖奈　2歳6ヶ月（光輪保育園） 土に水をかけたり、こねる、押す、たたく、積むなどいろいろ試しながら遊んでいます。絵を描く際も、試しながら横に拡がりを持ってのびのびと描いています。

池 祐真 ２歳８ヶ月（済生会松山乳児保育園）仲のよい友達もでき、友達とのかかわりが増えてきています。赤土で団子をつくり砂をかけ、板に並べています。絵も優しく、柔軟性があります。

黒田 彩夏 ２歳９ヶ月（済生会松山乳児保育園）赤土を全身で寄せ集めて、土づくりをした後、団子をつくったりしてよく遊んでいます。絵も体全体を使って力強く拡がる、スケールの大きいものになっています。

竹嶌 美貴 ２歳９ヶ月（済生会松山乳児保育園）
自分で身の回りのことができるようになり、粘土で団子を積みあげています。自信をもって伸びやかに描いた絵です。

千原 聖 ２歳10ヶ月（大矢野あゆみ保育園）
細長い団子を一つずつ積みあげています。途中で崩れないように工夫しながらじっくりとつくる姿がみられました。そのような満足した気持ちが自信となり、大きな絵となり、気持ちのいい動きを生み出しました。

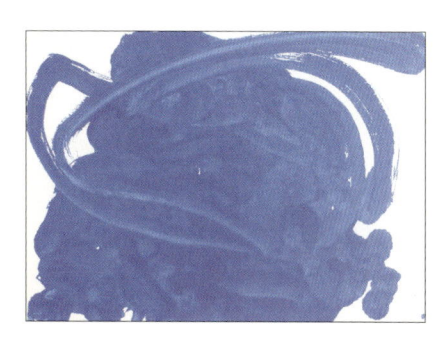

濱崎 飛成　3歳0ヶ月（もぐし保育園）土と深くかかわり、工夫して制作に取り組み、軽やかな空間を生み出しています。絵もどっしりと安定して生き生きとしています。

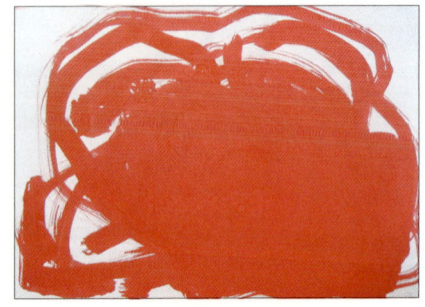

川上 蒼太　3歳0ヶ月（光輪保育園）遊びに拡がりと深まりが出て、創造力が豊かになり、絵の方も拡がりのある画面で躍動感が出てきています。

新良 泰晟　3歳3ヶ月（済生会松山乳児保育園）全身を使い、木を組み合わせ、工夫しながらダイナミックに遊びを拡げています。豊かな内容を持つ建設的な大きい絵です。

福永 好誠　3歳4ヶ月（別府保育園）土の塊を木でつぶし、その上に土をどんどん積みあげ砂をかけた遊びを展開しています。絵も意欲的な感情が、円を上へ上へと積みあげさせ、大きく描きあげています。

小坂 光兵　3歳5ヶ月（大矢野あゆみ保育園）　大きな土台をどっしりとつくり、納得いくまで取り組んだことによって、創意工夫された楽しい造形作品が生み出されました。絵も集中して、どっしりと自分を表すかのように表現しています。

大地 茜　3歳5ヶ月（ひまわり保育園）　壁一面に水を吹きかけ、大きな造形活動に取り組みました。絵もどっしりと伸びやかに描いてスケールが大きいです。

村上 尽　3歳6ヶ月（かもと乳児保育園）　土山につくった塊の頂上につる（植物）を埋めて、大きな場の造形活動を展開しています。絵も画面いっぱいに描いて、のびやかで拡がりがあります。

芥川 春華　3歳7ヶ月（緑川保育園）　様々な形の木材を用い、バランスを考えながら「家」をつくっています。絵の方も曲線や直線で自由に描き、イメージを膨らませて拡がりと動きのある絵を描いています。

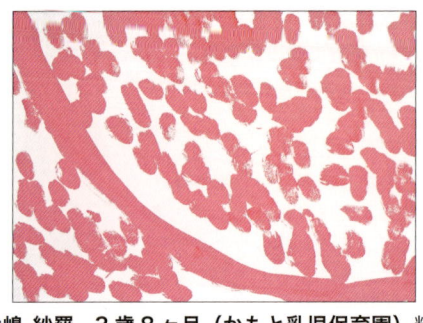

大嶋 紗羅　3歳8ヶ月（かもと乳児保育園）粘土の塊の上に、粘土を上に、上にとバランスを考えながら積み重ねていっています。絵では軽やかなピンクを用いて曲線を引き、点を軽快に描いて拡がりがあります。

舛田 哲平　3歳10ヶ月（緑川保育園）友達と会話を交わし、イメージを共有しながら板と砂を交互にのせ積みあげています。絵も大きな塊からいくつかの小さな丸が増え、他者への関心が表れてきています。

浦田 靜依　3歳10ヶ月
（光輪保育園）
土に触れて楽しむ喜びを知り、自分を解放して思いきり遊んでいました。絵も感情を十分に出して、力強く描いています。

植田 凰暉　4歳0ヶ月（大矢野あゆみ保育園）
土で遊び、団子やケーキづくりなど集中していました。絵も黒色で上に伸びる大きな形に、自らに力を与え上昇する姿を描き、赤色を加え前向きです。

柳田 來夏　4歳2ヶ月（まくらざき保育園）友達と木を運び迷路をつくっていました。絵はどっしりとしながら、今にも動き出しそうなおもしろさがあります。

岡村 亜雄　4歳4ヶ月（緑川保育園）
土管の上で土をこねて土づくりをしています。絵も塗りつぶしている中に塊があり、滑らかさと深みが表れています。

川口 介夢　4歳6ヶ月（大矢野あゆみ保育園）木での遊びに集中して工夫してつくる姿が見られます。絵も赤い直線を縦にひき、その上をスカイブルーが覆い、構築的で明るい画面構成です。

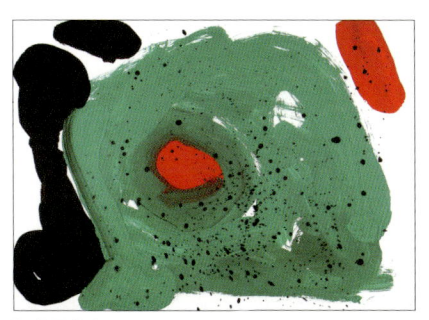

松尾 美希　4歳6ヶ月（ひまわり保育園）自分の持っているイメージを形にしようと黙々と取り組んでいます。絵にも内に秘めた確かな力によって、独創的な絵を生み出しています。

119

岩下 奈央　4歳6ヶ月（もぐし保育園）木を使って、様々な角度から重ね合わせた、大きな造形作品をつくっています。絵も知的な好奇心を充溢させて、自分なりの世界をつくりあげる建設的な絵です。

中瀬古 杏　4歳7ヶ月（ひまわり保育園）一つ一つ竹筒や木の先を砂に埋めて、囲いをつくり、その中に葉っぱや色の違う砂をふりかけたりと自分のイメージを膨らませています。絵でも鮮やかでバランスのよい安定した面と点の構成になっています。

村上 さくら　4歳8ヶ月（かもと乳児保育園）とろとろの土と普通の硬さの土を交互に混ぜながら、しっとりと大きな塊をつくっています。絵でも茶色と赤の二色と、縦線と横線を組み合わせて、構成的で拡がりのある画面をつくりだしています。

小林 千梨　4歳8ヶ月（大矢野あゆみ保育園）大きな塊をととのえ、集中してその上に団子を並べ確かな世界をつくりました。絵も造形作品と同様に、大きくどっしりとした自分の世界を生み出しました。

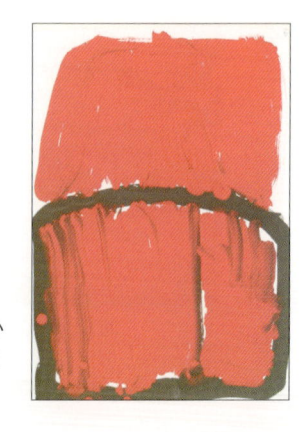

蒲地 りこ　4歳11ヶ月（まくらざき保育園）自分の中で構想を深め、土で道をつくり、その上に土の塊を置いていくユニークな造形活動に取り組んでいます。絵の方は、赤い面と塗り残した白の面に点をリズミカルにうち、構成的な画面をつくっています。

大地 謙悟　5歳3ヶ月（ひまわり保育園）竹と土を組み合わせた、創造力豊かなおもしろい造形作品です。絵も主体的イメージを膨らませ、思考的で大きな絵を生み出しています。

山口 奏　5歳3ヶ月（もぐし保育園）丸太や小さな角材を並べ、石、砂、土を用いて遊びを深めています。絵も赤色の上に白色で8つの四角を並べて描き、配置配列の美しさを感じさせます。

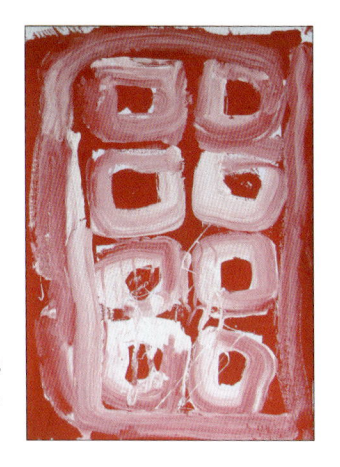

下山 樹輝　5歳3ヶ月（別府保育園）友達と協力しあって、木で家づくりを展開し、遊びを深めています。絵も、友達との関係を、のびやかにすっきりと表しています。

121

白木 竜之介　5歳4ヶ月（かもと乳児保育園）粘土を用いて集中して構成的な立体を制作しています。絵も持ち味を生かして、構成的でリズム感のある力強い絵を生み出しています。

出水 敦也　5歳4ヶ月（光輪保育園）石を積みあげ、木を立てる遊びを友達とともに創りだしています。絵も生活体験を生かし、独創的でユーモアがあります。

濱田 泰治　5歳6ヶ月（大矢野あゆみ保育園）自分のイメージに添いながら集中してつくり、強さとおもしろさをあわせ持ったスケールの大きな造形作品と絵を生み出しています。

鈴江 美友　5歳6ヶ月（ひまわり保育園）大きな木片を1人で積みあげ、すっきりとした構築的な物をつくっています。それは絵にも表れ、不要な色は使わず単色でしっかりと自分を主張しています。

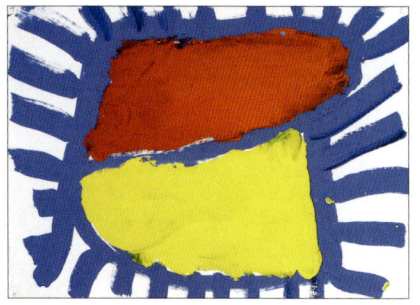

原田 実空　5歳10ヶ月（かもと乳児保育園）粘土を用いて集中して制作して、エネルギー溢れる内容豊かな粘土作品をつくりました。絵も他者と共に歩む力強い姿を表現して感動を与えます。

本道 翔　5歳10ヶ月（緑川保育園）左右のバランスをとりながら、竹と木を積みあげています。絵も三色の丸が絶妙なバランスで浮遊して、拡がりを持っています。

渡邉 大和　5歳11ヶ月（かもと乳児保育園）石や木を道具として、砂の中に木を打って埋め込み、その後、木の板を置いてレールをつくる大きな遊びをしています。絵も遊びに似た力強い線でバランスをとった、拡がりのある安定した絵を描いています。

田中 椛　5歳11ヶ月（もぐし保育園）
木材を使いバランスを考えた構成的な作品をつくっています。絵では上へ上へと積みあげて安定した大きな世界を生み出しています。

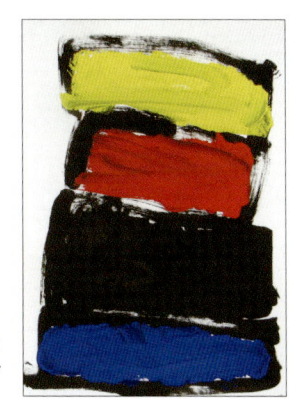

小川 竜弥　6歳1ヶ月（もぐし保育園）身近な素材を用いて、工夫を重ねていますが、今回は、金づちと釘を使って友達とつくった、しっかりとした立体作品です。絵も具体的なイメージに基づいて描き、満足しています。

福島 みらい　6歳1ヶ月（光輪保育園）木材で自分の空間をつくりだし、そこで落ち着いて遊んでいます。絵も、力強く自分の世界を描いており惹きつけられます。

下山 楽生　6歳2ヶ月（別府保育園）砂、土、木、小石を使い、大きなケーキをつくるなど、自然素材とじっくり向き合い、しっかりとつくりあげています。絵でも赤色の線で力強く描き、自信にあふれる世界を描き出しています。

鶴田 佳奈　6歳3ヶ月（大矢野あゆみ保育園）いろいろな素材を融合の関係で組み合わせて、とてもバランスがとれています。絵も同様に色・形のバランスが絶妙で、とても美しい拡がりのある画面をつくりだしています。

原村 拓海 6歳4ヶ月（まくらざき保育園）木の棒や板を使い、バランスをとりながら組み立てて、大きな家づくりを楽しみました。どっしりと大きな塊から線が上に伸び、バランスのとれたユーモラスな絵です。

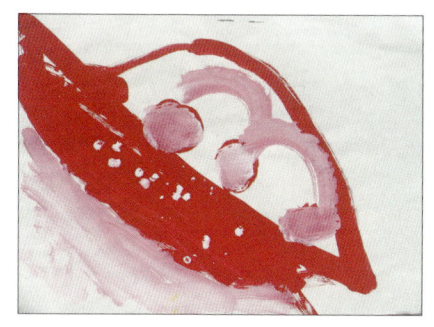

土本 亮汰 6歳4ヶ月
（別府保育園）
集中して粘土で恐竜を何体もつくっています。常にいろいろなことに興味を持ち、友達と共に工夫して遊びます。絵の中でも優しい色合いで、動きのある具体物を描いています。

本多 舞 6歳5ヶ月
（ひまわり保育園）
壁と屋根のある二間続きの木の家をつくり、居心地のよい空間をつくりあげました。面で構成された絵も内容豊かでバランスよく、安定感があります。

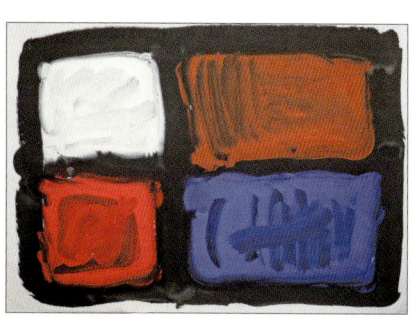

戸田 夕星 6歳6ヶ月（大矢野あゆみ保育園）木と土を組み合わせ、自分の世界としての家をつくっています。絵は、四色で自分と他者の世界を一体化して描いています。

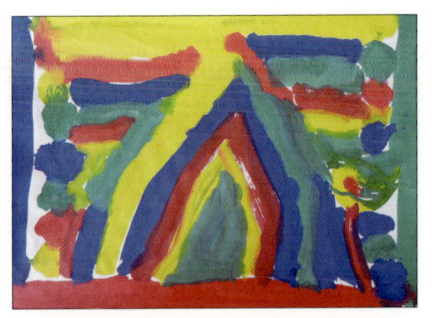

中川 七海　6歳6ヶ月（緑川保育園）木を用いて、家の囲いをつくり、その中に板を敷き詰めて、次いで角柱等を立ちあげています。絵も家を建てるように構成的に力強く描いて、立体的な空間をつくっています。

山田 蒼矢　6歳8ヶ月（光輪保育園）
石を積んで中に空洞をつくり、立体的な造形作品をつくりだしています。絵からは、ひとつのことにじっくり取り組む意志の強さと、豊かな想像力が感じられます。

一人ひとりの絵を見る

　子どもの絵を見ることとは、子どもの育ちと心の状況を見ると同時に、保育者の保育姿勢や保育力量を問うことになります。園全体で年齢ごとに見て、保育姿勢や保育内容に問題がないか、また、他園と並べて自園そのものに問題がないかなどを常に問うていきたいものです。

　そして、何よりも大事なのは、一人ひとりの絵をしっかりと見ることです。常に年度当初から描いた絵のすべてを並べます。何枚も描いた日は描いた順に並べます。年度当初から描いた絵を並べて見ることは、今年度の育ちの歩みを検証することになります。

　そして、その子どもの課題を明らかにして、きめ細かな対応策を共通理解して取り組んでいくことです。一日に描いた絵の順序を追って見ていけば、その子のタイプがわかってきます。タイプに応じた支援が可能になります。

① 1回の取り組みで描かれた絵

大木 美颯　1歳3ヶ月（かもと乳児保育園）
9月に描かれた絵です。慎重に描き始め、慣れてくると冒険しようと試みます。太い線で感情を出しながら力強く描いています。真ん中に点や線を集めて自分を出して、さらに力強く描いて動きを感じます。

1枚目

2枚目

3枚目

山下 永清　2歳7ヶ月（もぐし保育園）
最初は、筆を動かすことを楽しむように描き、そして、伸びやかな線を楽しみ、線を重ねて面もつくります。最後には、じっくりと筆を動かし、厚みと拡がりのある面を生み出しました。

1枚目

2枚目

3枚目

4枚目

後藤 祐里　4歳1ヶ月（ひまわり保育園）
混色で心の解放を図り、その中からイメージの図像を試み、最後には描きたいものをシンボル化して描きました。

1枚目

2枚目

3枚目

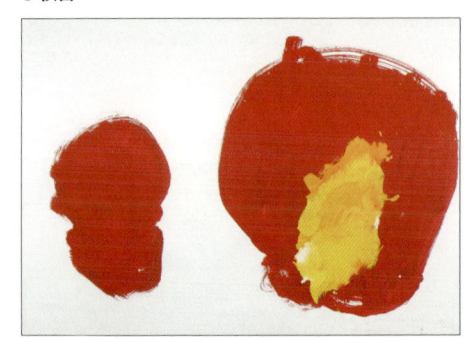

1枚目

2枚目

3枚目

4枚目

古江 悠馬　4歳9ヶ月(かもと乳児保育園)
水、土、木、石などの様々な自然物を使って遊ぶ楽しさを絵に描いています。他者を意識し、一つの塊から2色にも挑戦し、人間間関係が感じられる絵を描きました。

藏座 優妃　5歳8ヶ月（光輪保育園）
描き始めは考えながら、線や点で描いています。絵の具が少し垂れたら塗りつぶしていましたが、途中からはそれを気にすることもなくなり、しばらくすると、自分のイメージをお話ししながら膨らませ、それを絵にしています。トレーニングとして線描で形をさぐり、いろいろな試みののち、自分のイメージで確かな絵を生み出しています。

1枚目

2枚目

3枚目

5枚目

6枚目

7枚目

9枚目

11枚目

②絵で見る子どもの育ち

坂本 茉優　1月生まれ（大矢野あゆみ保育園 1歳児クラス）
最初は右よりに小さく描き、次いで左側に描き、最後の方では、中央にどっしりと伸び伸びと描いています。造形活動も絵と同じで、しっかりと成長の姿を見せています。

7月

7月

11月

11月

2月

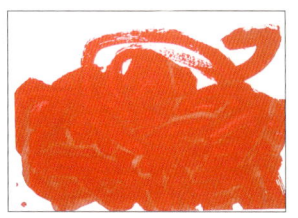

2月

井上 颯大　11月生まれ（光輪保育園１歳児クラス）
春は全身で土や水の感触を楽しみ、夏を過ぎた頃から土や木材を運んだり、積みあげたりと遊びが力強く大きくなってきました。絵も最初はためすように描き、次いで力強い直線が出て、最後の方では拡がりとまとまりを感じさせる自信を持った絵になっています。

6月

10月

2月

河野 笑怜　6月生まれ（済生会松山乳児保育園 2歳児クラス）

全身を使っての遊びから、拡がりのある伸びやかな絵を描いています。次いで友達とのかかわりから、からみあう激しい絵も描いて、主体的イメージで描かれた絵も出現してきます。最後には、躍動感のある大きい絵を描いています。

8月

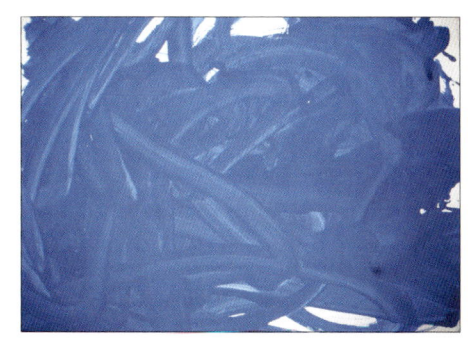

9月

11月

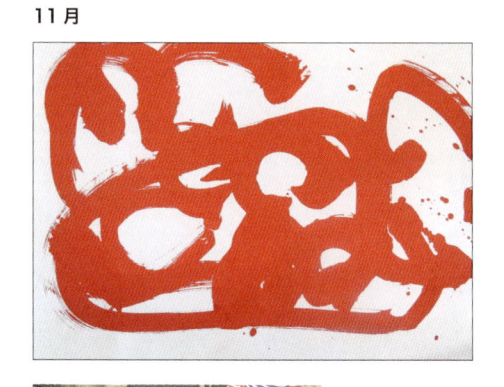

12月

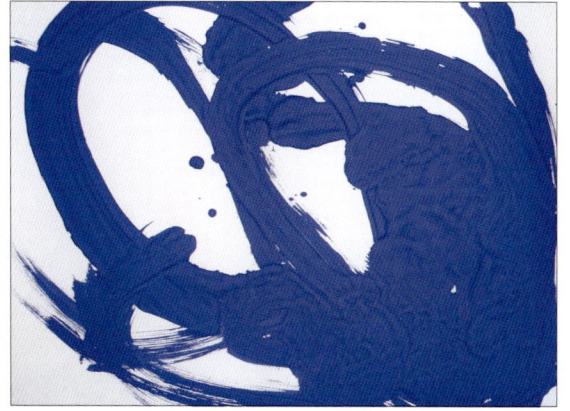

榎田 輝音　12月生まれ（もぐし保育園 3歳児クラス）
集団生活に初めて入り、初めての絵の具の取り組みでした。自然とのかかわりもスムーズに入ることができ、年間を通して友達とのかかわりもできるようになりました。絵においても、自分自身をしっかりと表現し、最後には、他者との確かなかかわりを示して、三色の絵の具を使っています。

4月

10月

8月

2月

9月

西田 心愛　9月生まれ（かもと乳児保育園 4歳児クラス）

　最初は泥水遊びが中心でしたが、土とかかわりを深めていくうちにトロトロの土でも遊び、土団子なども多くつくりだします。遊びの拡がりとともに、友達とのかかわりも深くなり、その成長が絵にもしっかり表れています。10月頃の絵から自立して拡がりが出てきています。

5月

10月

7月

12月

10月

木野 航輔　3月生まれ（かもと乳児保育園 5歳児クラス）

春は砂場で水路づくりや泥んこ遊びを楽しみ、夏過ぎから木を使った構成的な遊びとなってきました。造形活動の拡がりと深まりが、そのまま絵の変化として表れてきています。自分の思いを出す感情的なものから、線で表現する知的で構成的なものへと変化してきています。

5月

8月

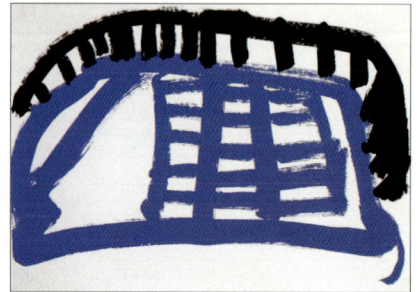

11月

10月

12月

本多 舞　4月生まれ（ひまわり保育園 5歳児クラス）

一人遊びから二人での遊び、気の合う友達との遊び、3〜4人のグループでの遊びと、遊ぶ姿の拡がりが絵に深みを与えてきています。最後にはやさしい自分の姿もしっかりと大きく表現しています。

5月

6月

8月

10月

11月

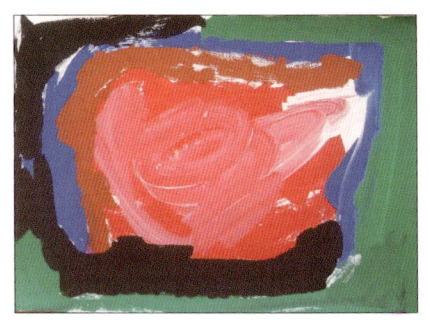

今日までの歩みと取り組み

① 創造美育協会の活動

創美活動の経緯―事務局長としての活動
山田 星史（光輪保育園園長）

■園長になった頃

昭和47年、光輪保育園は開園しましたが、26歳で園長に就任した私は、児童福祉の保育園であることに対しての意識は希薄でした。お寺に保育園を造りたいという母の強い願いで開設されましたが、後を託された私と妻にとっては未知の分野への出発となりました。

当時、保育に対する需要が高まり、新設園が次々に開園され、男性園長の姿を多く見かけるようになりました。自然と若手園長たちの集まりが生まれて、交流を重ねていくうちに同じ課題を持っていることに気付きました。教育とは？ 保育とは？ 子どもとは？ 園長として高い見識を持ち、託された保育園の運営に喜びをもって当たりたいという思いでした。そこで、地元大学で児童心理学専門のS教授を囲み、定期的に学習会を開きました。ルソー著「エミール」、田中国夫著「社会心理学入門」の輪読、教育史講義など、私にとって新鮮で学習意欲をかき立てられました。

教育には二つの大きな流れがあり、一つには自然重視接近法、二つに経験補導的接近法がある。前者は自由教育を柱に子ども自身が気付き納得するまで待ち、後者は効率的な指導が出来るようプログラムに沿った指導をする。そして、双方の利点だけを取り入れた教育はあり得ないとも強調されました。

私たちはS先生の助言を受けながら子ども理解を深めるために様々な分野の視察に出かけ、研修を積みました。自然重視接近法の実践者であるA・S・ニイルが開校したサマーヒル学園の事、彼の著書「霜田静志・堀真一郎訳」のニイル著作集等も読み始めました。

■野中保育園との出会い

昭和51年、厚生省の委託を受けて保育団体の一つである日本保育協会が、九州地区主任保母研修会を阿蘇青年の家で開きました。私はその研修会の世話役として、主に講師陣の送迎と接待を担当しました。

その講師陣の中に淑徳大学の塩川寿平氏（野中保育園顧問）の名がありました。先生が紹介した野中保育園での子どもの姿は、私が自然重視接近法に興味を持つ発端でした。主任保育者として参加していた妻は、自分が経験した子ども時代とよく似ているということで関心を持ちました。翌年野中保育園を視察し、園長塩川豊子氏のお話を伺

いました。大地保育という命名の所以、大地保育の中に流れる「創造美育」という民間教育団体の事など、いろいろな事を教えてもらいました。

■創美に参加する

　塩川園長に紹介され、翌年の夏、昭和53年、志賀高原全国セミナールに職員数名と参加しました。
　創美には次のような理念がありました。創造美育協会宣言を、創美年鑑より記載します。

　　　　※　　※　　※

創造美育協会宣言

　自由画運動が大正8年、山本鼎らによって興された。自由画の精神はその頃の図画教育界に新鮮な気風を吹き込んだ。それから30余年も過ぎた今日、私たちの国の美術教育はどんなに進歩をしたろうか。欧米では、この間に、新しい心理学の光に照らしつつ美術教育は絶えず前進し、大きな発展を遂げている。日本では最近全国あるいは地方児童画展など、はなやかな脚光をあび、うわべでは躍進を遂げたとさえ見える。
　しかし、実際は、欧米の進んだ国では常識となっている児童の生れつきの創造力を励まし育てるという原則でさえも、確立どころかまだ一般に知られていない有様ではないか。児童の創造力を伸ばすことは児童の個性を鍛える。児童の個性の伸長こそ新しい教育の目標だ。
　私たちは、今から古いやり方に根本的な反省を加え、新しい美術教育を築き上げようと決心した。全国の考えを同じくする諸君、いっしょに手を取って困難と戦い、より自由な美術教育の大道を切り開こうではないか。
　会費は一年200円（現在二千円）と発起人の間で決めた。私たちは協力して一年数回、美術教育の特色のあるパンフレットを作り、会員に配る。また形式ばらない、実際役立つ、興味あるセミナールの開催など計画している。ところで、もしこの会に共鳴する諸君の熱心な参加がなければこの会もまた有名無実となって消え去らざるを得ないだろう。その時、日本の明日を背負う児童達の、今輝いているひとみも失望の為に光を失うであろう。

　　　　　　　　　　　　　　　1952年5月

綱　領

　私たちは子どもの創造力を尊び、美術を通して、それを健全に育てることを目的とする。
　私たちは古い教育を打破り、正しい考え方と新しい方法とを探究し、進歩した美術教育を確立する。
　私たちはあらゆる権威から自由であり、日本と世界の同じ考えの者と励まし協力し合う。

発起人

池田 栄	瑛 九	岡 宏子
嘉門 安雄	川村 浩章	北川 民次
木下 繁	木水 育男	桑原 実
久保貞次郎	佐波 甫	周郷 博
角尾 稔	高橋 俊麿	滝口 修造
田近 憲三	藤沢 典明	宮脇 公実
宗像 誠也	室 靖	湯川 尚文

　　　　※　　※　　※

　志賀高原セミナール委員長は塩川豊子氏で、テーマは〝自由の希求〟でした。講師は映画監督の羽仁進氏と、ニューヨーク在住の画家木村利三郎氏でした。印象として参加者のユーモア溢れるあたたかい雰囲気がありました。キャンプファイヤーが盛大で、口々に「自由だ！　自由だ！」と連呼し、一見怪しい集団にも思える、これまで体験したことのない一風変わった会でした。
　参加者は、年齢、男女、職業、肩書にこだわりなく、教育や人生、芸術について語り合っていました。羽仁氏の講演にあった、少数派の理論や「窓際のトットちゃん」の話に感銘を受けた私は、翌年、熊本で彼の講演会を企画しました。しかし、保育団体での主催は猛反対を受けました。未だに理由は明らかではありませんが、私は「アカ」だということになったようです。
　しかし、熊本創美で開催すると、個性を大事にする教育、管理的一斉指導に疑問を持っている参加者等がたくさん集まり、盛会でした。後に保育指針が改定されたことを思うと、創美の理念は先駆的だったと思います。
　これより、全国、西日本、熊本などで開催されるセミナールすべてに仲間を誘って参加し、その

うちその運営に携わるようになりました。

■事務局を引き受けてから再び事務局移転まで
　創美の会を重ねるうちに学校関係の参加者が減少し、保育園幼稚園関係者が圧倒的に多くなりました。当時事務局長であった名古屋の川原氏の病気もあって、平成4年より私が事務局長を引き受けることになりました。しかし、この時、創美はいろんな問題を抱えていました。ベテラン会員と若い保育者集団という構成から生ずる問題点、前述した学校関係の会員の減少、少なくない数のベテラン会員の死去、地方創美の会の分裂、などです。事務局会議の中でもこのようなことは問題に上がりましたが、なかなか有効な手立てはありませんでした。
　そうした中で、全国セミナールは各地区が受け持ち平成18年静岡セミナール第43回大会まで続きました。その後は隔年で代表者会議を開くことになり、平成20年徳島、平成22年熊本での話し合いの結果、事務局長を川崎市の高森俊氏が引き受けることになりました。創美の活動はそれぞれ自由にやっていこうということを確認しました。創美の広報誌である季刊誌の発行は、100号をもって休止しています。

■創美の課題
　30数年の創造美育活動の中で、ずいぶん多くの事を学ぶことが出来ました。が、いくつかの課題が生まれました。その一つに昭和55年第16回山中温泉セミナールのことを思い出します。元会員を招いてテーマ「自由とやさしさを求めて」のパネルデスカッションを開きました。しかしこれは、元会員パネラーに対して激しい反論で終始しました。主張の違いを明確にすることは次の価値を導き出す大事なことであるのに、攻撃的な発言とかみ合わない議論で終始したのに違和感を覚えました。自由な討論は創美の基本であったと思いますが、反論するあまり排他的と思われることも起こりました。
　子どもの絵については会員から種々の本が出版されました。それらは、子どもの絵を心理的に読み取り保育や教育に生かし真に自由な人間を育てようという、他に類を見ない知的財産として残っています。
　セミナールにおいては、若い会員が見識あるベテラン会員に指導した絵を分析してもらうという傾向が見られ、それを脱却できないままに終わりました。創造美育協会宣言に戻るならば、児童の創造力を伸ばし個性を鍛えるという仕事、つまり保育を問いなおす力が失われていたのでしょうか。「子どもの美術教育とは」を再度考えて出発せねばなりません。

■本を出すにあたって
　第1回のセミナールから第43回まで約50年の間に保育界は少しずつ様々な変化を遂げています。保育は商品化され、経営のノウハウが語られ、経済価値に換算される傾向も見えます。そうした社会の変化に少しずつ連動していたのでしょうか。
　創美の運動は、美術教育のみならず教育とは、自由とは、人間とは、を深く問いかけてきましたが、だんだんとその活動が下火になってきたのは前述の通りです。
　創美会員が出版した本を読むと、今なお私たちに欠けている心、求めねばならない教育、理解すべき子どもの心、知らない知識などが沢山ありますが、語り草となりかねない状況です。風化させないためには、もう一度理論の構築と子どもが絵を描く必然を実証していくことです。
　原始美術から現代美術まで、絵を描く行為とともに生活してきた人間の原点に立ち返りながら、子どもの生活や遊びを深め、保育の現場に返すことではないでしょうか。
　鳴門セミナール（平成16年第41回）で、福井の長谷光城氏との出会いがありました。氏は創美発起人の木水育男氏と交流があり、福井の美術運動に関与され、保育の分野では「生き生き保育」「根っこの保育」などの保育改革を進めてこられました。このたび私たちは氏との出会いを機縁として、創美の種がまかれた有縁の保育園で『子どもが生みだす絵と造形―子ども文化は美術文化』という小冊子を出すことになりました。

徳島での創美活動と私

富田 喜代子（四国大学准教授）

■創造美育協会との出会い

　四月のそぼ降る雨が、吉野川（四国三郎）の水面を優しく包んでいる。研究室の窓から見える眉山が霧に霞んでいる。14年前の眉山「かんぽの宿」での全国セミナー※が、走馬灯のように甦る。会員185名、当日会員200名（徳島県下の保育士）の参加者が、テーマ「感じよう　心の世界」のもと、日本の教育・保育について、人生について、創造と模倣について、芸術について等々、昼夜を問わず討議がされた。また盛りだくさんのイベントで、眉山が燃えたぎった3泊4日間だった。いいえ、前・後泊された方もいて、私は、ただただ熱に浮かされた5泊6日を過ごした。そしてこの全国セミナール開催を機に「徳島創美」が誕生し、活動を開始した。

　私が初めて「全国創造美育セミナール」に参加したのは、1994年8月倉敷の「石山花壇」だった。徳島市公立保育所の仕事仲間7名を誘っての参加だった。「創造美育協会」の精神も歴史も知らないままの参加だった。倉敷セミナールが開催される数ヶ月前、山本卓先生（創造美育協会の研究会で「先生」の言葉は禁句）が、鳴門（徳島）の矢倉保育園で「幼児画相談」をしていた。山本卓さんは、子どもが描いた絵を数枚見て、描いた子どもの性格や園での様子を言い当てていた。担任は目を丸くしてうなずくばかりであった。子どもの描いた絵の中に子どもの思いや願い、内なる心が秘められていることを再認識した瞬間だった。描画活動は、表現力、即ち表現方法を培う活動だとの認識があり、また、子ども自身の表現する力を軽んじていた自分があった。子どもの絵は、子どもを理解する有効な手だてになることに気づいた。そして子どもの絵を読み解く力が欲しいとの思いで、倉敷の全国セミナールへの参加であった。

　倉敷のセミナールは、旅館の畳の部屋が会場。120数名の少人数の研修会。そして、セミナール参加者が個性的で、年齢層の厚さ等々、今まで参加してきた公の研修会とは全く違った研究会であった。しかし、セミナールは熱気に溢れていて、計り知れない魅力に満ちた研究会だった。特に大野元明・射矢諄一・山本卓・喜田周一・加藤久子・担保君枝・塩川豊子・山本昌辰・尾崎正教氏等の年配の方々が、子どもの絵の話になると口角泡を飛ばしての熱弁、年齢からは伺い知ることができないほどの、パワフルでエネルギッシュなその姿に圧倒された。そこで創造美育の人間学に魅了されてしまった。

　翌1995年伊豆長岡のセミナールに3名（佐藤・長谷部・富田）で参加し、創造美育運動が衰退しているとの話を聞き、驚いた。次年度の熊本湯布院での開催後は、全国セミナールの開催を引き受ける支部がないことを知った。その時、この活動をこの精神を絶やしてはならないのではないかとの思いがこみあげてきた。諸先輩方の勧めもあり、湯布院の次は徳島が引き受けようと決心した。徳島はきっと保育仲間が支えてくれるにちがいないとの、思いあがった感情に突き動かされた。

　湯布院のセミナールには、セミナールの運営理解と「おいでまし阿波の国へ」の思いを伝えるべく、大型バスに阿波踊りの楽器を積み込み、45名が参加した。この45名が1997年8月に開催した全国創造美育「阿波徳島セミナール」の準備主要メンバーとなった。湯布院からの帰り道から、セミナール開催に向けての準備が始まった。その後、子どもの絵を見る月1度の定例研修会。ホーマーレイン著の『親と教師に語る』の輪読会8回。和歌山県橋本市「きのくに村学園」見学2回。藍染め研修会。1997年1月全国セミナールに向けた2泊3日の「プチセミナール」等々。準備期間は目まぐるしく過ぎていった。

　全国創造美育「阿波徳島セミナール」は、阿波人の「おせったい」感覚満載の企画を実施した。藍

最終日の記念写真

染めのフィールドワークで始まり、深夜まで続いた保育談義、年齢別絵を見る会、フルートとギターによる藍・愛コンサート、オークション、今井和子氏と堀真一郎氏の対談「創造と模倣について」、堀越千秋氏による「カンテと芸術」の記念講演、創美サミット、保育実践を通しての年齢別絵を見る会、鳴門市への阿波踊り体験、塩川寿一氏の「創美とユーモア」等々。盛りだくさんの企画が無事終わった時、燻し銀会員の暖かさと、保育士仲間のありがたさにうれし涙が溢れ、止まらなかった。

■「徳島創美」の文化的活動

1998 年 11 月、阿波銀ギャラリーでの「村上暁人版画展」を徳島女流文化協会と共催し開催した。その後徳島女流文化協会会長の岡多美子氏のご協力で、「阿波の里ギャラリー」・「樫のクラブギャラリー」をお借りして、「堀越千秋個展」を開催。また尾崎正教氏のご協力で「池田満寿男展」(県外大阪・淡路島・神戸の来館者があった)「霧嘔」「瑛九」「元永定正」等々の鑑賞・即売会を開き・会員はもとより、徳島の一般の方々に芸術に触れる機会を作ることが出来た。

1999 年 8 月 6～31 日に堀越千秋氏の個展を「阿波の里ギャラリー」で開催。そのオープニングイベントにカンテとギタリスト、踊り子 3 名をスペインから迎え、阿波の里の庭園で「真夏の夜のフラメンコフェスタ」を開催した。「真夏の夜のフラメンコフェスタ」は、堀越氏の個展来訪者を増やす手だてだけではなく、徳島の市民また保育仲間と一緒にフラメンコを観劇したい。解放された雰囲気の中で楽しみたい。少しのお酒と真夏の満月・満天の星が見られる野外ステージが効果的であろうとの思いがあった。しかし、オープニングイベントの 8 月 6 日は台風が近づいており、堀越氏が乗った飛行機を最後にフライト中止。しかし堀越千秋氏一行は間一髪で来徳できた。フェスタ開演 1 時間前までスコールのような激しい雨が降り、野外ステージに拘泥した自分を後悔した。しかし徳島創美仲間 50 余名のボランティア精神が奇跡を生んだ。熱い思いが雨雲を蹴散らし、8 月の赤い満月が黒い雲間から顔を出した時には、500 人の一般来場者からも大きな拍手が起こり、開幕。この熱気がスペインの踊り子の心を醸成し捉え、一層激しく妖艶に舞った。また、カンテは悲しく甘く切ない恋を唱った。ギタリストの鋭い感性は、この天空の変化を感じて、官能あふれる叙情を見事な技術で奏でた。徳島とスペインの文化が融合した 2 時間だった。

※眉山「かんぽの宿」で開催した全国創美セミナール
創造美育協会はあったが、「全国創美セミナール」という研究会や組織があるのではなく、各地で開催する創美セミナールに全国各地から多くの人が集まった。すなわち「～創美セミナール」であるとのことも、その後先輩方に教えていただいた。しかし「徳島創美」の仲間はいまだ「全国創美セミナール」という研究会があるとの感覚は拭えません。

■「徳島創美」の研修

1996 年から徳島創美の研修会が始まった。徳島市役所の研修室を借り、子どもの絵を見る月 1 度の定例研修会や、ホーマーレイン著の『親と教師に語る』の輪読会 8 回をし、保育所・園で自由画を描く機会を多くして、課題的な絵の保育からの脱却を図り、ホーマーレインの子ども観を学んだ。また「創造美育協会」がどのようなセミナールを開催してきたのかや活動の主旨について話し合う機会とした。

創造美育運動は 1919 年 (大正 8 年) 山本鼎氏たちが興した自由画運動から 30 余年、日本の美術教育を欧米と比較したときに、進歩していない日本の教育界に対する提言であった。

欧米が子どもの絵を心理学的視点から読み、子どもの絵の中に内なる言葉やその子独自の内的モデルの表徴を認め、一人ひとりの個性の多様性を深く理解し、自己実現の創造性の発達を促すこと、すなわち、子ども生まれもった創造力を励まし育てることが、美術教育であり、子どもの個性を認め鍛えることが教育の目標であるにもかかわらず、日本全国での児童画展のあり方は、旧態然としている。との反省のもとに、1952 年 (昭和 27 年)、当時の教育学者・美術教師・美術評論家・芸術家21 人が発起人となり「創造美術協会」を発足させた。その綱領には「私たちは子どもの創造力を尊び、美術を通して、それを健全に育てることを目的とする。私たちは古い教育を打破り、正しい考え方と新しい方法とを探求し、進歩した美術教育を確立する。私たちはあらゆる権威から自由であり、日本と世界の同じ考えのものと励まし協力し合う。」と声高らかに謳っている。

このことを自分たち保育界の保育の有り様に照らしてみると、乳幼児期から「集団保育」だから自己主張を認めず、「一人はみんなのために」と標榜し、子どもが生まれながらに持っている生きる力を萎えさせ、自己肯定感や自尊感情を育てることを置き去りにした保育者主導の保育のあり方が

横行していた。しかし一方ではその保育に疑問を持っている保育仲間や保育・幼児教育学者もいて、1989年（平成元年）に幼稚園教育要領が改訂、1990年（平成2年）に保育所保育指針が改訂され、子ども主体の保育・子どもの自由性を重視した保育への兆しが見えてきた。折しも富田をはじめ徳島創美のメンバーが「創造美育協会」を知った時と同じだった。そのことが徳島創美のメンバーの心を加速的に「創造美育協会」の運動へ向かわせた。幼稚園教育要領・保育所保育指針の改訂により、「新しい保育」への実践許可が下り、その方法論が見えたように思ったのは富田だけだったのだろうか。その後和歌山県橋本市「きのくに子どもの村学園」見学を2回させていただき、小学校や中学校への子どもの発育・発達の姿と、その指導環境のあり方の道筋を見ることができた。

■その1「幼児画展」について

全国創造美育「阿波徳島セミナー」が終わると、その秋の1998年11月から毎年「幼児画展」を開催している。2010年12月には「徳島県近代美術館ギャラリー」で第12回幼児画展を開催した。第1回から2007年の9回までは、そごうデパートとアミコシビックセンターの通路にあたる「市民ギャラリー」会場で開催した。市民ギャラリー開催の意図は、乳幼児が描いた絵から、市民に子どもの世界観を感じて欲しい。また乳幼児の子育てや保育の有り様を共に考えて欲しいとの願いからであった。また幼児画展を開くことで、私たち徳島創造美育メンバーの保育実践への励みにしたいとの思いもあった。

市民ギャラリーのスペースは35点飾るのが精一杯であった。第1回から9回まで、各回とも参加園は、12～16園であった。1歳児から5歳児まで、各年齢4～8点を会員相互で選び展示した。各園2～3点は展示できるよう配慮した。この展示作品を会員相互で選ぶ中で、①のびのびと気持ちよく表出されている絵、②生活経験や概念形成が反映されている絵、③その子なりのイメージが表出・表現されている絵、④創造的思考と欲求が表出・表現されている絵、⑤環境に果敢に挑んでいる絵の5つの視点を大切にした。

幼児画展の第10回を記念して、また保育所・園を利用している保護者への啓蒙とより多くの市民に、乳幼児の絵から発せられる言葉や願い・思いを感じて欲しく、「徳島県近代美術館ギャラリー」で開催した。県下17園の751点を展示した。展示作品の選出は各園にまかせた。絵を描き始めて間もない園は、研修会の時に持ってきて会員に選んでもらったが、ほとんどの園から全職員で選んだ作品が持ち寄られた。展覧会前日の16時から22時まで、各園から大勢参加して搬入した。

広い会場に751点の作品が並ぶと、子どもたちのほとばしるエネルギーに圧倒され、なにか息苦しささえ感じられた。また全会員の保育実践への熱い思いが感じられ、胸が熱くなった。また各園の保育の有り様が一目できた。

徳島県近代美術館ギャラリーでの幼児画展が保護者や市民の方にも好評だったので、今後も幼児画展は徳島県近代美術館ギャラリーを利用することになった。

第1回幼児画展・市民ギャラリーにて（平成11年11月3～12日）

■その2「研修会」について

1994年8月倉敷の「石山花壇」での全国創美に参加して以来、「伊豆長岡温泉」「湯布院」「徳島」「因島」「鹿児島」「安曇野」「修善寺」「南阿蘇」「宮崎」「鳴門」「熊本」「伊豆伊東」の全国創美には必ず数十名で参加してきた。その中で会員相互の人間関係は深まり、徳島でも年間6～8回の定例研修会を実施してきた。

定例研修会は、絵を見ることや保育を語ることと共に、年に1～2回は県外の諸先輩方である山本卓・喜多周一・森本文子・担保君枝・高森俊・塩川寿平・尾崎正教・長谷光城氏等々をお呼びしての研修会を実施してきた。その成果もあり、若き保育者がどんどん力をつけてきた。また鹿児島や熊本で開催されている独自の研修会にも参加させていただき、多くの刺激をいただいた。

2004年（平成16年）8月に2泊3日で徳島県鳴門市で開催した「鳴門全国セミナール」は、221名の延べ参加者があり、堀越千秋氏の記念講演、長谷光城氏の保育ルネサンス講演、藍染め、大谷焼など、徳島ならではの地域文化を体験していただいた。

　鳴門市のうずしお保育園を主に・矢倉保育園・矢倉乳児保育園が協力し、徳島県下の保育所が応援した。この全国セミナーを境にして、徳島創美の新たな歩みがはじまった。それは、保育実践と乳幼児が描く絵との関連性を追求していく姿勢を持つことであった。

　絵の心理的分析方法の究明を大切にしながらも、乳幼児が絵を描くことの意義を探る。その手だてのひとつとして、保育実践の省察・考察を丁寧にしていくこと。乳幼児の絵を繰り返し見る・聴くことで、乳幼児の内的モデル確立への援助方法を見いだすこと。乳幼児が保育所・園で、その年齢に応じた自己充実出来る保育環境の有り様を探ること等の保育課題を、今後も研究していきたいと思っている。

愛媛での創美活動と私

田中 美紀（前済生会松山乳児保育園園長）

　「愛媛での創美活動と私」というテーマで何か書くようにといわれ、ハタと困ってしまった。振り返ってみると私は、自分の保育観を語る時創美の精神を抜きにして語れないが、創美の活動は、若い頃の一時期創美の研修に参加していたぐらいで積極的に活動したとはいえない。しかし、私の保育士としてのつたない成長の節目には、なぜかいつも創美が何らかの形で関わっていたように思う。そんなわけでこの文章は、「愛媛での創美活動と私」ではなく、「創美と私」の部分が大半をしめるが許していただきたいと思う。

　こんな私と創美の出会いは、今は廃校になった愛媛県立保育専門学校の学生の頃、済生会初代園長永田冨美子の集中講義だった。多分、絵と造形についての演題だったと思う。子どもの絵についての講義が当時では斬新で、強く私の心に残った。内容は断片的にしか覚えていないが、子どもに絵を描かせるとき、課題を出してはいけない、行事の後にその行事の絵を描かせるなど何の意味もない、子どもが自由に感じたこと・思ったことを描きたいように描かせることが大切だということ。当時どこの保育園でもしていた壁面構成否定論の根拠等など。そして、永田が保育している子どもの自由画が衝撃だった。4・5歳児の何を描いているかわからない塗りたくりの絵から、それを描いた子どもの心情を語る永田にびっくりし感動した。本来自由論者だった私は、この永田の講義に共鳴し、その後の保育に多大な影響を受けた。

　保育士になっての最初の勤務地は、東京の下町の公立保育園だった。当時の東京は美濃部都政で、保育園をどんどん増やしていた頃で、地方でまだ実施されてなかった0歳児から5歳児までの保育をし、財政的にも優遇されていた。東京での八年間で、私は、三つの園に勤務した。四十数年前の私のいた区では、園長の個性で、ずいぶん保育や園の雰囲気に違いがあったように思う。

　私の最初の保育園は自由な雰囲気で、園長は、ほとんど保育には干渉せず、個々の保育士に任せていた。園長が保育に干渉しなかったので、担任によりその保育は違っていた。子どもの自主性を認め、子どもたちの自由な活動を大切にしているクラス、その頃の主流であった設定保育のクラスと様々だった。今考えると、園全体の保育に一貫性がなく、問題があったと思う。でも、上からの締め付けのない職場は、一年目の私でさえ働きやすい職場だった。次の二と三番目の園は、園長の保育方針のもとにいわゆる管理保育を展開している園だった。この頃より、自分の理想とする自由保育と両極の保育に我慢できず、少しでも自分の保育をしようと模索が始まった。

　保育士3年目で幼児を担当したとき、学生時代に興味を持った子どもの絵や造形について勉強しようと思いたった。まず、保育雑誌で見つけた芸術研究所の多田信作氏の講座に通った。ここでは、子どもに観察することを勧め、対象に似せて描くことを大切にしていた。良い絵と見せられたのは、

人物像の髪の毛の一本一本の流れまで描いた絵や、手という課題のもと指の指紋まで丁寧に描いた幼児の絵だった。学生時代の永田の子どもの絵と対極だった。このとき、私は、永田の子どもの絵の方が美しいと、私の子どもには永田の子どもの絵の方を描かせたいと思った。それから、いろいろな研修や講座に参加したがなかなか自分の保育観に合った研修等には巡り合えなかった。

そんな中で、林建造氏と清水元長氏の講義は、共感できた。特に、清水氏の幼児と造形の講義は、当時の私には、一番ぴったりくる理論と実践だった。砂場遊びの重要性。造形活動として、水遊び・泥んこ遊び・粘土・木を使う等など。自分の保育でも取り入れ、砂場に水を入れ、泥んこ遊びを自由にできるようにした。ホースも子どもの自由にさせた。当時の園の砂場は、ベランダ上にあり、土面からは一段上がったところにあった。園長からは、ベランダが汚れるとよく叱られた。また、金槌を使って木と釘で遊ばせていると危ないと注意された。絵も子どもたちに自由に描かせていたので、年長児なのに何を描いているのかわからないと、批判されていた。

清水氏の理論の実践は、子どもたちがそれまでより、生き生きと自立的に生活している姿を見せてくれ、私に充実感を与えてくれた（この文を書くため当時バイブルにしていた清水氏の著書を取り出しページをめくっていると参考文献に、創美の北川民治・久保貞次郎・浅利篤等の著書名があった。今日まで全く気付かなかったが清水氏は創美に関係した人だったのかもしれない）。しかし私の実践は、常に園長とのバトルがついていた。自分が園長を経験した今、当時を反省してみると、清水氏の理論にとびついて、自分の中で十分咀嚼しないままがむしゃらに保育し、また周りの保育士をも巻きこむ私を園長は危なっかしく思ったのかもしれない。こうして上司との葛藤に疲れたわたしは、帰省した。縁あって保育専門学校時代の恩師の紹介で、永田が園長をしていた済生会松山乳児保育園に勤務することになった。そしてあの時の講義が創美だということを知った。それから創美と本格的な関わりが始まった。

ここで、私が知っている限りの愛媛の創美の歴史を語りたいと思う。私が若い頃、永田に聞いた話が元なので、記憶違いもあるかもわからない。創美の創世期は、小学校の美術教師がほとんどだったようだ。その後保育士も参加するようになった頃、当時松山市にあった城北保育園の保育士たちも参加しだした。永田は、親しくしていた城北保育園の渡部信先生に誘われて参加しだした。その当時のいきさつは詳しくはわからない。その後松山では、渡部信先生のいた東雲短期大学付属幼稚園、永田の済生会松山乳児保育園、済生会で保育士をしていた主任保育士がいた愛媛保育園が中心となって活動していた。3園には、創美の山本卓氏が年に数回来園して子どもの絵を見る会を開いていた。また、全国創美の参加はもちろん、愛媛創美主催の西日本大会なども催していた。少しずつ3園以外にも広がり、松山以外の南予の保育園も加わっていった。なお、南予は独自に活動を進めていったようなのでその後の詳細はわからない。松山では、渡部信先生が亡くなり東雲短大付属幼稚園が創美から遠ざかり、永田の退職等などで少しずつ愛媛独自の創美の活動は衰退していった。

私は、愛媛創美の活動が活発な頃、済生会に勤めだした。それまでの東京での8年間の葛藤は、済生会では難なく解決し、同じ保育観を持った上司の下で、自分のやりたい保育ができる喜びを味わった。しかし創美の研修、年に一回の山本卓氏の絵を見る会の参加が重なっていく程に、子どもに良い絵を描かせたい、そのためには、日々の保育をどうすればいいかと考えるようになった。数年を経た頃、ずれだしている自分に気付いた。東京時代は、がむしゃらに突き進み間違いも多々あったが、それでも、いつも初めに子どもありで、保育観を実践するために保育を模索していた。子どもの絵はその中の一つだったが、当時はそれが全てになり、子どもより私の自己満足のためとなっていた。間違いに気付いた私は、そんな自分が許せなく、ただ悶々とした日々を過ごすだけだった。自分に自信が持てなくなり、子どもと過ごすのも苦痛になっていたころ、帰宅の電車で永田と乗り合わせた。雑談の中で、こんな話があった。「信さんが、私を創美に誘ったのは、こちこちだった私を何とかしたいと思ったのだと思うよ。創美で一番学んだことは、自分が自由でないと子どもも自由にはできないということ。だから、保育園でも先生たち一人一人が自由でないと、自由保育はできないと思っているのよ」。また、「子どもの絵を見てもらっている先生の言うことが、いつも正しいとは思わないよ。子どもを知る手掛かりや、自分の保育を見つめなおす手掛かりにはなるけどね。やっぱり最後は、子どもの傍にいつもいて、子ど

もを見ている担任だよ」。これらの会話が何のきっかけで話されたのかは覚えていないが、当時の私は、永田の言葉でふっきれ、鬱々とした悩みから解きはなされた。この言葉は、その後の保育士生活の座右の銘となった。

愛媛の創美は、残された済生会と愛媛保育園で細々と両園の「絵を見る会」として続いていたが、これも平成18年に山本卓氏が亡くなり消滅した。振り返ると、私にとって創美は、学生時代の永田との出会いから、長谷先生と出会い最後の三年間の保育改革まで、私の保育士生活の道標だったと思っている。

かごしま創造美育 15 年の実践
俵積田 惠美子（まくらざき保育園園長）

■ 1996年（平成8年）6月1～2日　第1回「せっぺとべ！かごしま創造美育誕生！」

平成元年、野中保育園の大地保育夏季セミナーで創造美育に関わっていた塩川豊子先生と出会い、美術による保育実践に深く感銘を受けました。そして、平成8年の5月11日川内市「清水丘保育園」律子園長、伊集院町「あづま保育園」ひとみ園長、枕崎市「別府保育園」、3園の職員があづま保育園に集い自主研修をして「かごしま創美」が誕生しました。第1回「せっぺとべ！かごしま創造美育」で一番印象に残っているのは、400年以上も歴史のあるお田植祭りの「せっぺとべ」※に、全国の創美関係者もどろんこ体験ができるように参加をお願いしたのですが、神事だから女は駄目だと断られました。地域役員の久保さんに、保育者がどろんこ体験をする必要性を相談したところ快く承諾してくださり、私も白装束姿で焼酎を飲み、心と体を解放して思いっきりどろんこ体験をしたことが、今でも良い思い出になっています。翌日の南日本新聞に「保母さんも泥んこ～日吉町八幡神社『せっぺとべ』」と掲載され話題となりました。その後かごしま創美では、新任保育士は必ずどろんこ体験「せっぺとべ」をするのが恒例になりました。

※せっぺとべ
鹿児島の方言で、一生懸命に～、とべ～、跳べ

第2回は「いろいろな人との出会いと様々な人の考え方を学ぶために」6つの講座を企画しました。
①はじめて絵を見る会に参加する人の講座「山本卓さん（広島県）」、②絵本やお話についての講座「森本文子さん（大阪府）」、③わらべうたの講座「小山真規子さん（鹿児島県）」、④自由保育について学ぶ講座「塩川寿平さん（静岡県）」、⑤造形としての表現活動講座「喜田康仁さん（大阪府）」、⑥給食の実践をとおしての講座「鶴屋まき子さん（鹿児島県）」

■ 1999年（平成11年）6月3～6日【創造美育全国セミナールの歴史では、第36回】「創造美育 かごしま全国セミナール」テーマ（子どもの絵をとおして 自己解放を！）

①受付、②フィルドワーク、③オプニングとミニコンサート、④子どもの工作は生きている、⑤出会いのつどい、⑥一期一会講座、⑦年齢別絵を見る会、⑧全体会、⑨吹上浜で遊ぼう、⑩交流会、⑪わらべ歌を楽しむ会、⑫記念講演、⑬参加者によるシンポジウム、⑭各県の情報交換、⑮また会う日まで、⑯大人の絵を楽しむ会、⑰せっぺとべまつり、⑱別れのつどい。

全国の仲間160名が吹上砂丘荘に集い、再会の握手で絆を深め、自己解放をめざして仲間と共に学び合いました。記念講師に、福祉界の第一人者である石井哲夫氏を招き「初期の創美にかかわっ

せっぺとべ

て」のテーマで講演をしていただきました。昭和30年代にフィンガーペンティングの講師として創美に関わり、久保さんから激励されたと聞き大変感動的でした。全国創美を終えてから、各地区で合同研修会や年齢別に年5回事例研究会も開催しています。そして、年齢別に事例記録を冊子にして、保育士同志の資質向上を高める創造美育の事例検討会を継続しています。

■ 2005年（平成18年）創造美育活動の一環として、鹿児島県保育連合会のあそび展や南日本ジュニア展へ出展

　鹿児島では、美術による保育実践（子どもが生み出す絵と造形）の前例がなく、幼児画の評価は学校教育と同じ評価です。新しい保育課程では、6歳までの表現活動は、心情（友だちと一緒に表現することを楽しむ）、意欲（経験を生かし、創意工夫できるようになる）、態度（経験したことや感じたこと考えたことを表現してつたえる）になっています。少数派の園ですが、子どもたちの作品を出展することで、創造美育の啓蒙活動の一環にしています。

■ 2010年（平成22年）1月24日　創造美育かごしま　プチセミナール

　テーマ「よろこび」〜気づき・学び・これからも〜、場所：伊集院 ゆすいん、7園75名参加（午前〜各年齢事例検討会・午後〜交流会〜年齢別事例報告会・アンケート・記念写真）

■ 2010年（平成22年）6月〜11月　年齢別事例検討会

　4歳児21名（6／4薩摩川内市）、5歳児23名（薩摩川内市6／5）、3歳児26名（長島町9／3）、2歳児21名（長島町9／4）、1歳児・乳児25・26名（薩摩川内市11／10）。

■ 2011年（平成23年）1月23日　創造美育、かごしまプチセミナール、テーマ「おもい♡あい」

　9園86名参加（午前〜年齢別絵を見合う会・午後〜交流会〜年齢別事例報告会・アンケート・記念写真）。（ゆすいん伊集院）

　かごしま創造美育は、今日までたくさんのすばらしい創美の先達との良き出逢いに恵まれ、感銘を受けてきました。そして、良き仲間と試行錯誤しながら共に学び合い、子どもたちへの深い愛と保育に対する情熱が絆となって、今日まで実践することができました。15年間継続して事例検討してくれた良き仲間に、心から敬意を表します。

　年々気になる子どもたちが増加している現状に危惧し、だからこそ「今こそ創美！」の実践が必要だと思っています。創美の精神は「自己実現」を十分に発揮することです。今後の課題として、かごしま創美で事例検討し学び合いを重ねることで、保育士の資質がより一層向上し、子どもの最善の利益になれば幸いです。創美の仲間に心から感謝しています

■ プチセミ参加者の感想から

・今回初めて参加させていただきましたが、沢山の園の先生方からお話を聞くことができ、とても勉強になりました。
・乳児の子どもの絵を通してその子を想像し、少しずつの成長をみんなで感じ、思いめぐらすことができた。
・1歳児でしたが、子どもの思い、保育士の思い、それに関する親の思いをじっくりと話し合うことができた。
・4歳児は、人間関係がとても大切で関わり方が難しいが、待つ、受け入れることを心がけ、成長を感じていきたい。
・5歳児は、就学の影響もあり不安な気持ちが表れていたが、残りの日々を思いっきり楽しんでいこうと思った。
・「おもいあい」ということをテーマに、各年齢や全体会で乳児〜5歳児までの事例と大切なことを知り、良かった。
・創美に関することだけでなく、日頃の保育に対する考え方や見方が変わり、貴重な体験が出来ました。

かごしま創造美育の仲間達

創美と大矢野あゆみ保育園

千原 嘉介（大矢野あゆみ保育園園長）

■自由な雰囲気と信頼関係

　時々、「あゆみ保育園は、自由保育なんでしょう？」と聞かれることがあります。先日も同じ市内の保育園関係者から「先生のところは自由保育ですね」と決め付けた言い方をされました。以前だったら「そうですね」と肯定もせず否定もせず曖昧な返事をしていました。

　そもそも「自由保育」に対するイメージは一人ひとり違います。極端な人は、好きな時間に遊んで、好きな時間に好きな場所で好きな給食を食べて、好きな時間に好きな場所で昼寝と好き勝手なことばかりしているイメージを持たれるかもしれません。そういう意味では、今のあゆみ保育園は「自由保育」ではありません。あゆみ保育園の子どもたちは、決まった時間に決められた場所で遊び、決まった時間に栄養計算された給食をランチルームで食べ、決められた時間に決められた場所で午睡をしています。また、遠足など園外や避難訓練や交通訓練では整然と並んで行動します。集団生活では、ルールをしっかり守り、他人に迷惑をかけたり、生命を脅かしたり、大きな怪我につながりかねない自分勝手な行為は当然禁止されます。また、子どもたちが大好きな固定遊具や三輪車などの乗り物もありませんから、好きな遊びが全部できるとは限りません。

　では「何が自由？」と当然思われることでしょう。あゆみ保育園では、砂、水、土、石、木など自然素材を年齢毎に適した場所で遊べるようにしており、子どもたちは、その素材を使ったり、またいろいろ組み合わせたりして遊びます。何を使って遊ぶかは子どもが決めます。また、保育者が設定したテーマはなく、危険がない限り、禁止や指示命令もありません。子どもたちは、思い思いに遊び、自分自身で遊びを発見したり、創造的な作品を生みだします。創造的な遊び、作品を生み出すには、何をしてもいい、許される、見守ってくれているという「自由」な雰囲気と保育者と子どもたちとの信頼関係がなにより求められます。かつて創美と出会い、保育を変えたころと現在の姿は変化しています。

■創美との出会い

　大矢野あゆみ保育園は、1978年に当時、海運業を営んでいた父が開園し、私は、大学を卒業後、用務員として園の事務と園児の送迎を担当しました。経済学部出身の私は、保育内容についての知識は全くなく、興味もありませんでした。園長には、町の福祉課長を定年退職したばかりの伊美要氏が就任し、開園した年は60名の定員を満たしませんでしたが二年目からは定員を充足するようになり保育園の運営は安定するようになりました。しかし、私自身はまだ保育に関心を持てずにいました。

　そんな私にとって転機となったのは、開園4年目に、私生活で結婚し父親になったことと吉田瑞枝先生（みつる保育園長、当時）との出会いでした。吉田先生は、保育園の開園が同時期だった（みつる保育園は、無認可保育園からスタートし認可が同時期）こともあり保育園事務の研修や園長研修などでご一緒させていただきました。最初は保育園の事務などの話をする程度でしたが、次第に保育の方法や内容に話題に及ぶようになっていきました。吉田先生は様々なことに知識が豊富で私はもっぱら聞き役でした。そんな吉田先生から誘っていただいたのが光輪保育園の山田星史先生が中心となって活動されていた創造美育協会の研修会でした。父親になったばかりの私にとって吉田先生から伺う創美と「自由保育」の話は興味深く感じられました。しかし、誘っていただいたといっても、当初は研修会に参加するのは保育士だった家内や職員で、そこに交じって研修に参加するのは場違いに感じていました。そんな私が初めて参加した全国規模の研修会が広島県の厳島で開催された西日本セミナールでした。プレセミに山田先生に誘われての参加でしたが、参加してみると創美独特の雰囲気と参加者方々の熱心な議論に圧倒されました。

■保育の転換

　1984年4月、私は30歳になると園長に就任しました。そして、ほぼ同時期に、保育の方針を「子どもの自主性、気持ちを大切にし、意欲を育てる」ことをめざして自由保育に切り替えました。今に

して振り返れば、何事にも優柔不断で臆病な私が、ほんの数回、創美に参加しただけで自由保育に対する十分な知識や準備もないまま、この時ばかりは無謀と思える決断をしました。クラスの枠を取り払い、子どもたちが好きな遊びやどろんこ遊びをし、また、幸い保育園は山と海に囲まれ自然が豊かだったので積極的に海や山に連れ出し、小魚や昆虫を捕まえて遊んでいました。始めた当初は、当然のことながら保護者から「遊んでばかりいて大丈夫か」と不安の声が寄せられましたが、保護者に自由保育の必要性、良さを理解してもらう為に年に数回、創美のメンバーだった大野元明氏、喜田康仁氏、山本卓氏、高森俊氏、塩川寿平氏の講演会を開催し、造形展では子どもの自由画を展示し、保育相談を行いました。また、職員共々、創美の全国セミ、西日本セミ、熊本創美に参加し、同じ町内のみつる保育園、慈愛保育園と研究会を行っていました。また園内では『これからの保育』などの輪読会を行っていました。次第に保護者の中にも賛同者が増え、自由保育を望んでわざわざ校区外から子どもを入園させる保護者も出てきていました。しかし、子どもがやりたいと言ったからと好きな時間に遊んで、好きなことばかりしている状態を「子どもの気持ちを大切にする」と勘違いしていたことを思い知る出来事が起こりました。

■保育の見直し

1998年7月、自由保育を目指し14年目、自由保育が定着した頃、その出来事は起こりました。当時、夏の海開きの恒例の行事として、地元の漁師である保護者の協力で地引網を行っていました。その日も私と保護者が網を張って準備をしていましたが、海岸で待機しているはずの子どもたちが次々と海に入ってきました。そこは遠浅になっているようにみえますが、港への航路を確保するため、深く掘ってある個所があり、その深みに子どもたち4人とそれを助けようとした担任の保育士が次々にはまり溺れかけてしまいました。子どもは好奇心で周りの状況を確認することなく突発的に行動することがありますが、この時も、沖合で網を引いている私たちを見て、我さきにと海に入ってきたことと、それを保育士が「子どもの気持ち、好奇心を尊重する」ことと勘違いして制止しなかったことで起こりました。幸い、側にいた別の保護者が機転を利かして助けてくれ、事なきを得ましたが、この出来事をきっかけに、子どもにまかせることや子どもの気持ち、意思をどこまで尊重するのか、また、「自由」と「責任」について考えさせられ、保育の見直しのきっかけとなりました。

■出会い

2004年夏、「鳴門セミナール」で長谷光城氏の講演を初めて聞く機会がありました。長谷氏は、保育誌『げんき』に「子どもの絵や造形が、子どもの育ちを語る」を連載なさっており、子どもの絵にはかねてから興味を持ち、連載を読ませて頂いておりましたが、直接お話を聞き、子どもの絵や造形と子どもの成長には深くかかわりがあることに感銘を受けました。子どもの絵に関しては当時、外で固定遊具や乗り物で元気よく遊ぶ子が絵を描けず、園庭の片隅で黙々と土をいじっているような子が意外といい絵を描いていることが気になっていました。氏のお話から今までの子どもの遊びの質を考えてみると、不足しているところがあったことに気付かされました。子どもの心を解放すること、発散させることが中心で、発散させた後の保育が未熟だったのです。それを機に徐々に固定遊具や三輪車などをなくすことからはじめ、代わりに砂、水、土、石、木など自然素材を使って日々の造形作品の中にその子独自の発見や創造の芽生えを生み出せるよう取り組んでいます。

■創美との関わりから

創美と出会い、たくさんのことを学ばせて頂きました。特に子どもの育ちの中でも、心の育ちについて学ぶ機会を得る事が出来たのは、私の人生においても貴重なことでした。また、私の性格とは程遠い、雄弁で、自由闊達、フレンドリーな創美の人たちはとても魅力的です。しかし、自己解放とともに自己改革が求められる創美に25年近く関わり続けても、いま一つ溶け込めなかったのは、創美が求めた自己改革ができなかったからだと思います。私自身のあり様が当園の保育に影響を与えていたと思います。

新しい取り組みによって、わずかずつではありますが、私自身も改革されてきていると思っています。

▼今日までの歩みと取り組み

② 福井での活動

旧上中町立保育所での取り組み

小川 豊子（元若狭町立保育園園長、元若狭町子育て支援課長）

■いきいき保育の始まり

　昭和50年代当時、町立保育所5ヶ所が保育所ごとに保育内容の研究実践に取り組んでいた。確か、言葉遊びや人形劇などもあったことをぼんやりと記憶している。そのなかで鳥羽保育所は早くから長谷光城先生を招いて絵の研究実践に取り組んでいた。

　しかし、なかなかいい絵が生まれず、自然とのかかわりを深めて打開しようと、昭和56年度から4年間にわたって「自然と遊び自己表現を深める楽しい仲間づくり」をテーマに研究実践に取り組まれた。その最後の年、昭和59年に仲間入りすることとなった。その研究実践は福井県保育研究奨励賞や全国保母会植山研究奨励基金などを戴きながら推進されていた。秋には集大成としてのスケールの大きい造形展が開かれていた。

　3ヵ年の研究実践を積み重ねていたからか、自然の中で遊ぶことに慣れた鳥羽の子ども達は、登所すると園庭に出て木の実、石、枝など次々に見つけて、全員がいきいきとした表情で遊んでいた、保育士の指示を待たずに良く遊ぶ子ども達であった。それは好ましい光景ではあったが、月1回行われていた絵画の勉強会では、自己主張ができていない絵や概念画もまだまだ多く、「保母の責任！」と先生に指摘を受け、落ち込んでいたことを思い出す。秋の造形展も、素材とのかかわりや表現内容等で保育士の姿勢・力量が試されるので、2回の造形展ともに保育士の指導型保育から抜け出せていない自分を根底から問い直す結果となった。

　転機が訪れたのは、昭和61年1月にその2回目の造形展も終わり長谷先生と食事をしながらの研修会のひととき、当時まだくらべっこ大会と称して、幅跳びや、縄跳び、コマ（白木のコマに色塗りをさせたもの）廻しなど記録に挑戦させていたが、「既製品のコマを買ってコマ廻しをさせるだけではなく、コマを作ろうとする子ども、つまりコマをあみだしていく子ども達をなぜ目指さないのか」との助言がきっかけとなり、次の日に計画していたくらべっこ大会は中止、それ以降、行事中心、やらせる、見せる、保育士主導型保育の見直しが、始まった。

　ゼロからの出発は、保育士の手出し口出しをひかえ、子どもが自発的に遊ぶのを待ち、遊びを発見していく姿を追うこととなった。子ども達に創造本能が溢れ、園庭の石や砂、草、枝が遊びの素材となって遊びが発見され拡がっていった。保育士が保育姿勢を問い直すことで、子どもの見方も変わり、子ども達の心も開かれ、新鮮な遊びの痕跡が数々見られるようになっていった。そして、創造的ないい絵が誕生してきたのだ。このような鳥羽保育所の研究実践が、上中町全体の新たな出発点となり、保育士にとって、苦しくも人間性を高める大切な機会が与えられた。

■全保育所へ

　昭和61年4月、鳥羽保育所が発信源となり5ヶ所の保育所で、子どもの本質に根ざした保育が始まった。新転地・野木保育所で私が担任した4歳児は18名、男の子11名、女の子7名のクラスであった。4歳でまだ幼いこともあってか、男の子は特に解放されたことも手伝って、自然の中で泥んこになって大胆に遊び出してくれた。子どもが持つ本能が開花したかのように感じた。いわゆるおりこうに育っていた子3名は理科の先生のような物知り博士、大人とのおしゃべりばかりで遊ばない子、能力が高く汚れが嫌でみんなの遊びを見

ていた子など、最初は自分を出し切ることができなかった子どももいたように記憶する。

しかし、保育士が控え、子どもからの遊びを見守ることで、この保育所でも子どもの遊びは徐々に広がり、すべての子ども達がいきいきとした表情になっていった。

園内に留まらず、北川や、すぐ裏の山へと活動範囲を拡げていった。中でも北川へはよく出かけた。途中の田んぼ道は車も通らず、どっかり座り込み遊び出すとその日はその場で満足して帰った。夏は川で泳ぎ、河川敷で捕まえたメダカの生けす作り、石を投げたり、泳いだり遊びに熱中した時は、お昼ご飯を運んでもらい時間の許す限り遊び込んだ。裏の山は秋になると生い茂った草も枯れ、恰好の遊び場となった。晴れた日はよく出かけた。急斜面を登り見晴らしのよい地点に上り詰めた時の満足感、林の中で小枝を拾い集めての基地づくり、落ち葉のジュウタンに座り込んでの遊び、心地よい時を楽しませて貰ったことを思い出す。

毎日子どものいきいきとした遊びに寄り添いその楽しさを伝えることで、野木保育所での4年間で随分と保護者の理解も進んだように思う。保育士一人ひとりが子どもの動きの先取りをしないで、子どもから学ぶ姿勢を心がけていくことで保育所には豊かな時間と明るい空気が満ち満ちた。この保育が定着して町全体の保育の質が高まることを期待すると共により一層努力していくこととなった。

■ **保育士の意識改革**

保育を転換させるのに、保育士の意識改革は必須条件である。当時5ヶ所の保育所には30余名の保育士がいたが、全員の保育士の意識改革が十分になされないままに、いきなりの実践から始まった。研究に参加していなかった者にとっては混乱が起こったが、常に問題意識を持って研究していた保育士たちは、保育所毎にリーダーとなって前向きに取り組むこととなった。

行事中心の見せる保育士主導の保育から一転して、子どもを解放することで今まで見えなかったものが見えるようになってくる。どんどん子どもの楽しそうな表情が出てきて、子どものありのままが面白い。これまで保育士としてやってきたことはなんだったのだろう。これまで遊ばせてきた遊びは、終わると必ずといって良いほど「なあ先生、外で遊んできていいか？」と聞いてきた。特に発表会、運動会が終わった次の日は、子どもも大人も脱力感に陥ったことを記憶する。遊ばせていた遊びは？…遊びではなかったのか？丁度その頃、『これからの保育』と題した1冊の本に出会い、遊びの定義は、楽しく、強制されることなく自由で、それ自身が目的で、他の目的の手段となっていないこと、と書かれていた。大人が介入した時点で子どもは自発的な活動を止めてしまい、既に遊びではない、子どもは遊びきってこそ大人になる条件を獲得するなど子どもの遊びとは何かについて考える機会に出会えた。ゼロからの保育の実践で、遊びの定義がより明らかになったことを確信した。

理論と実際が一致し、子ども自ら遊びに没頭できる環境を考えてやることが保育士に課せられた大きな責任であることを痛感した。

■ **転換された保育に苦情**

保育室という限られた空間のなかで、幼い子どもが一同に管理され、窮屈な生活を強いられることが多い保育現場の現状を考えると、のびのびと遊べる時間と空間を与えてやることは、子どもにとって望ましいことである。このことについては、保護者の理解が容易であると考えたが、立場の違いもあり、保育現場の実態や問題点の説明も足りなかったのか、簡単には理解されなかった。子どもが何時でも何処でも遊べるようにと、室内、園庭には木材があちこちに置かれていて、遊んだ後を片付けないで残しておいた結果、汚い、しつけはどうなっているのか、遊んでばかりではあかんのやないか、何か教えてやって欲しい等の、疑問、質問、そして苦情が出て、以降それらに答えていく活動も加わった。

公立保育所は公的な機関の一つで常に公平性が問われる。そのためには地域住民の方に理解いただくことが大切で、保育を説明し疑問や質問に答えようと、所長はじめ保育士で毎晩集落へ出向き保護者だけでなく地域の方にも呼びかけ努力したが、反応はなかなか厳しいものがあった。前年度まで設定保育をしていた所へ、急に保育方法を変えます、理解をして下さいと言っても、無理があったのだと思うが、理解を得られるのを待ってからでは、何時までも転換はできていなかったと思う。今、目の前にいるこの子どもたちにとって、利益になることは一刻も早くさせてやりたいという、保育士たちの熱い思いが行動に出た結果であったように思う。集落での反応が良くなかったことを

踏まえ、数ヶ所廻ったところで取り止め、地道に保護者への理解を深めようと、送迎時に今日あった出来事を個々に伝え、子どもの成長をお母さんと共有することで、次第に打ち解け保育の内容や保育所での活動に対しても共感してもらえるようになり、保護者が保育を支えて下さるようになっていった。

■日本の保育の動き

　上中町が子どもの本質に根ざした保育に入った昭和61年頃から、全国的にも子どもの本質から逸脱した保育が横行し、見直しが叫ばれるようになっていた。また、平成元年には幼稚園教育要領の改訂があり、室内中心の指導型保育の見直しとして、子どもからの出発、環境を通して、子どもの主体的な生活を中心に、遊びを通しての総合的に教育する、新たな子どもの発達の見方、考え方が示された。次の年、平成2年度に、幼稚園教育要領の改訂を受けて保育所保育指針が改定された。この改定は先行して実践していた上中町の保育にとって、大きな後ろ盾を得た思いであった。

■いきいき保育20年のあゆみ

　保育を転換して20年で5ヶ所の保育所すべてを経験した。保育に対する問題は、保育所の統合や新築の検討会の中でも、幾度となく保育の見直しを含め話題に上がった。その都度丁寧に説明はしているが、議会や民生委員会、行政報告会などで同じような質問が大なり小なり出された。年々減少してきたものの15年間ほど続き、その度に関係者が説明に当たったが、いきいきとした子どもの姿を見る喜びとは逆に苦しい思い出として残っている。そのようななかで、保育士にとって本当に心強くありがたかったのは、理事者が一貫して上中町の子ども達の成長のために、いきいき保育を堅持して推進する考えを示して下さったことであった。

　そのようななかで、保育士が力量を高めるために町の支援を得ながら、保育の研修会にみんなで参加した。保育を根本から学びなおそうと保育の改定に当たられた富山大学の岸井勇雄先生の講演を聴き、大学付属幼稚園で実習させて頂いた。また、先進的な保育を実践されている野中保育園、竹の子保育園など数多くの保育を見学させて頂き、保育士が一丸となって新しい時代の保育にまい進していった。中でも毎年夏に開かれていた岐阜・福井こどものとも社の後藤優さんが開催される研修会「保育ルネッサンス」は、保育の原点に立ち戻るにふさわしい豪華な講師が毎年こられ、講演を聞いたことは、とても有意義であった。加えて、子育てや保育、子ども理解にとても参考になった何冊かの本がある、子育ての悩み相談に答えてくれる佐々木正美先生や、森上史朗先生はよく読ませていただいた。中でもこの保育をはじめて、保育所とは何に基準をおいて保育すればよいのか苦悩している時に、学生の頃買って本棚に眠っていた倉橋惣三選集1～3巻の本を読んだ。保育改革を実践していたから理解できるものがあったように思う。自ら育つものを育たせようとする心、育ての心は、相手を育てるだけではなく自分をも育ててくれる。子どもを知ることは子どもから学ぶこと。また、保育所は生活する場、遊びを、遊びへ、遊びでと言った一つひとつの言葉に、眠っている心が呼び覚まされるようで読むたびにホッとさせてもらった。保育士が手探りで学びながらの保育が20年余りも続けられていることは、子どもの本質に根ざした保育が、一人ひとりの子どもにとって、安心感が得られる環境となっているからだと思う。

　全国から多くの保育士さんや保育関係者の見学が絶え間なくあった。上中町のどの保育所を訪問されても、各園の園庭にはおもちゃは無く水、土、木、石ころ、枯れ枝、草など自然物だけの環境が当たり前となっている風景に対しての驚き、自然物で遊ぶ子どもたちの意欲的な姿に感動いただいた。そして、どの子ども達も訪問された方々に温かく接し楽しく話してくることに驚かれた。上中町の保育士が子ども観や保育観を共有し同じ方向の保育を推進しているあかしであろうと嬉しく感じた。

　解放された子ども達は、保育所内はもとより、周辺の山や、川、土手などに出て、その保育所ならではの環境で遊びを発見していく。小さな溝川にいるカワニナ、イモリ、ゲンゴロウ、ミズスマシ、小さな小さな虫もみんな子どもを夢中にさせてくれる。アマガエルをたらいに入れておこうと苦心する子ども達、木陰で手を器用に動かし粉を集める姿、石山で、赤土山で、朝から目的にむかって走っていくさまを見ることは、保育士として最高の喜びである。邪魔をしないように子ども達の遊びについて行き、自分から始める遊びに目をとめると、小さな発見が一杯ある。子ども達は目を輝

かせ、納得して遊びを続け、完成した時にはその満足感を伝えてくる。子ども達の遊びが完成を目指して取り組むプロセスとその時々の思いは、大人の想像を超えて子ども独自の全く違う世界であることを改めて感じた。子どもの世界を楽しませてもらう瞬間である。このような心豊かな心地よい時間と空間の中では、存分に遊んだ子ども達が獲得した生活力や生きていく力、やさしい心が全体の空気として感じられ、嬉しいひとときを日々体験させてもらった。

■豊かな未来のために今、

平成7年3月、この保育がはじまって10年目に「豊かな未来のために〜心のふるさと追体験を写真で見る」と題して上中町全保育所による写真集を作成した。幼児期に土をこねたり、虫をとったり、草で遊んだりすることは、人間として成長していくために手抜きしてはならない学習である。このような学習を十分することで人間としての豊かさを獲得し、その豊かさを土台にして確かな大人への成長が約束されるとの考えのもと、子どもの自発性、自主性を大切にしながら、自然にできるだけ多く触れさせるようにしてきた。

写真集発行によって5ヶ所の保育所がそれぞれの立地条件や自然環境を最大限に生かし、個々の子どもが意欲的に関わっていく姿をお互いに確認できたことは、保育士にとって力強いことであった。共に成長できた10年間を幸せだったと振り返ることができ、子ども中心の保育が揺るがないものになっていることを実感することができた。また、写真集を見ながら、子どもを信頼し子どもの視点にたって保育することで築かれる、保育士と子ども達の信頼関係、子どもどうしでつくり上げている人間関係は、これから生きていく子ども達にとって大きな財産になっていくと思った。

■いきいき保育の理解と環境の変化

地域上げての保育の実態に、いちばん気がかりなのが保護者である。早い子で0歳から6歳までを、それぞれの担任の努力によって保護者と綿密な心のつながりを積み重ねていかなければならない。おむつはずし、食事や仲間関係、情緒の安定、言葉の発達等あらゆる疑問、質問に毎日答えていく。最初、子育てに不安を抱いている保護者が次第に保育士を信じて任せてくれる。そして、毎年修了していく子ども達は理解を深めた保護者とともに希望を持って修了していく。小学校も毎年子どもらしく育った子ども達を喜んで受け入れて下さっていることが、保育所理解の大きな要因になっているように思う。

保育の方法に留まらず、年々子どもを取り巻く環境の悪化が止まらず、田舎まで子ども連れ去り事件が起き、治安が脅かされてきている。自然の中でのびのび遊ばせたい思いは　願いだけになりつつある。平成13年ごろから上中町でも、自然環境の荒廃により、保育所周辺や集落のところまで熊や鹿、猿など、動物が出没するようになった。いきいき保育が始まった頃から比べると、特に山へは制限が掛けられるだけでなく、危険が生じる確率が高く、子ども達を連れ出せない現状となり、次第に活動範囲が縮小されていっていることは否めない。

そのような状況の変化の中で、子ども達の遊びが深まるために適切な援助ができているか、子ども達の課題解決につながっているのか、子ども達が本当に力をつけてきているかを検証するために、平成17年3月、いきいき保育20年目で、上中町最後となる年、各園が園内研究として行っていた事例研究を一冊にまとめた。それは各園から保育歴10年未満の合計5名のメンバーが寄りあって、自分自身が観てきた子どもの事例研究をもとに、今日までの保育にプラスして一人ひとりの子どもにより細やかな対応のあり方を考え、作成したものである。保育の質を高め、子ども主体の保育を継承していくためにまとめられたこの事例研究集は、取り組んだ保育士だけでなく、園全体の資質を高めたと思う。

■上中町と三方町が合併

平成17年3月31日、三方町と合併し、若狭町が誕生した。前年の16年度から、合併の準備を進め、保育に関しても両町の保育所代表が集まり保育計画等や献立などのすり合せをしてきた。三方町は6ヶ所の公立保育所のみで、8年前から長谷先生の指導のもと上中町と同じように、「共に育ち合う保育」と命名して子どもを主体とした保育を推進し、絵の研究にも熱心に取り組んできていた。平成17年度4月の合併と同時に、2名ずつの保育士の人事交流を行い、10ヶ所の若狭町公立保育所が出発した。

保育姿勢や保育内容が同じで子どもを主体とした保育を推進しているといっても、個々の問題の

対応には多くの小さな違いがあった。混乱を避け一体化を図るためにスタートした交流人事であったが、両町の保育の違いから、三方町では小さな疑問が民生委員会や、行政懇談会、議会等、人が集まる所で保育問題として出てきた。しつけをして欲しい、お昼寝をさせて欲しい、遊びもいいけど何か教えて欲しいなどであった。

かつて上中町が受けた意見、要望と同じ様な内容であった。苦情は保護者の思いや願いが保育士にうまく伝わらないことが原因で、議員や民生委員など聞いてくれる所へ流れていった経緯があり、保育士の対応のまずさがあったと思う。

保護者へ丁寧に対応をすることで、世間に出る苦情は解決していったように思う。各担任の努力によって、一人ひとりの子どもを通して保護者との綿密な心のつながりができていった結果である。

■若狭町での新たな取組み

保育士の人数も90名となり、新メンバーが加わり若狭町が進める子どもの本質に根ざした子ども主体の保育についての共通理解を持つために、長谷先生に年3～4回の研修を受け、全員が熱心に学んだ。毎回興味深い内容で、保育に留まらず、人類の歴史、人間の命など奥深い話からなるもので、若狭町の保育の現状をみて、問題点も提案をいただけるので毎回勉強になる。

幼児画の勉強は、先生について相当昔から長年続いているが、保育所に来て子ども達を見ていただくわけではないのに、絵を見るだけでその子どもの育ちや問題点まで見抜いてしまう。また、当然のごとく、保育士の指導力や資質まで見抜かれてしまい、苦しいところである。20余年まえ「子どもの絵が解らんものは保母を辞めてしまえ」と言われたことが脳裏に今も焼きついている。努力しなかったので未だに絵はわからないが、見ているととても楽しい。

絵の勉強会は各園ごとに何度かやっているが、全公立保育所が一年間に描いた絵を持ち寄り、幼児画の勉強会を年1回行っている。絵から個の成長や課題など保育のあり方まで問われ保育士にとっては厳しいが、ためになる研修会である。平成18年度からは少しずつ形を変えながら、町の文化施設若狭パレアのギャラリーで幼児画展を開くまでとなっている。また、平成18年5月に長谷先生が中心となって若狭ものづくり美学舎が開設された。そのなかで幼児画研究コースが月1回（第4日曜日）開講されている。若狭町、福井市岡保、大野市、時には岐阜からの参加者が絵の見方や読み取り方、指導のあり方を熱心に学んでいる。

■若狭町の現状と今後

平成19年4月に若狭町子育て支援課長を命じられ、戸惑いながらも忙しさに追われた。検討されてきた統合や公設民営化が具体化してきた時期である。合併して3年目、やっと上中地区と三方地区の保育所にも一体感が生まれてきた。そのようななかで、梅の里保育園の公設民営化が進められた。

一保育士としては苦しい思いを持ったが、課長としては推進しなければならない。退職した年、平成21年4月に地元西田地区の福祉会が運営する私立梅の里保育園がスタートした。

時代の流れが民営化で、老朽化した園舎を新築するための国の支援の関係もあって、公設民営による私立園がはじめて若狭町にできた。設定保育が入れられ、若狭町の保育とはやや異なる保育が展開されることとなった。同じ西田地域にあった小さな岬保育所も梅の里保育園の分園となった。

その結果、若狭町の公立保育園は、上中地区はとばっ子保育園、わかば保育園、ののはな保育園、三宅保育所の4園、三方地区は気山保育所、中央保育所、明倫保育所、みそみ保育所の4園の、8園となった。私立園ができ、保育の選択ができるようになったことはいいことである。また、若狭町の保育が私立園の刺激を受けて、好ましい競争意識によって保育士の力量を高め、子ども一人ひとりによりきめ細かい支援の手がさしのべられ、子どもの本質に根ざす、子どもを主体とする保育がしっかりと継続されることを願いたい。

このように若狭町の保育は、昭和56年の鳥羽保育所の研究実践から数えれば30年間、保育を全面的に見直した昭和61年から数えても25年間の長きにわたって実践を継続できたことを誇りに思う。

この保育に出会わせて頂いた長谷先生はじめ苦闘された先輩や仲間に、心から感謝したい。今後、若狭町の保育が、子どもの造形活動や絵の制作に取り組まれる全国の園と連携し、子ども主体の保育がより深められれば本当に嬉しい。

大野市公立保育園の取り組み

西 比佐子（元大野市立義景保育園園長）

■私たちの疑問からの出発

　私たちが研究を始めた昭和60年頃、全国的に小中学生のいじめや登校拒否が社会問題化していました。「思いやりの心が育っていない」「子ども自身に自己表現がない」「受身で行動する子が増加している」「ものの善悪やしつけができていない」等々と言われ、その原因となる芽は幼児期にすでにつくられると指摘されはじめていました。

　水と緑を自慢する奥越大野でも、多様化する現代社会の様相が生活を変化させ、次代をになう子ども達の姿にも反映し、多様な変化が見られるようになってきていました。当時の義景保育園の子どもを見ていると、砂、土いじりは汚れないように手先だけで遊び、散歩へ行っても見て触れる程度で、対象とより深くかかわろうとする姿は見られません。自分の行動を自分で判断して決めることができず、いちいち保育者の許可を求める子が多くいました。絵を見ると、形体、色彩共に、概念的にとらえたものが多く、子ども特有の生き生きとした生命感にあふれる表現が少ないように思われました。

　なぜだろう？その原因として考えられることは、子どもを取り巻く社会生活です。ものがあふれ、テレビにいつもスイッチが入り、何もかも便利になった生活。そして、核家族に少ない子どもというなかで、人と人とのつながりも希薄になり、子育ての観点からみれば、まさに人間喪失の生活となってきていました。

　このような社会の中で生まれ育つ子ども達に何が必要か、保育のなかで何を獲得させねばならないかを十分話し合いました。そして、一人の強い人間として育つ基礎は幼児期にあると考え、子どもの生活＝遊びについて今一度見直すことにしました。

　子ども達は遊びに打ち込む中で、身体を動かし、物に触れ、いじったり、試したり、作ったりすることを積み重ねながら、さまざまな"ちから"を育て、主体的にものごとに取り組む意欲や態度を身につけていくと考えられます。心と体が密接に関係し合っている幼児期に、形のみを重んじ、強制的な訓練保育（させる保育）や指導計画中心保育（自己満足保育）の子どもの心を置き去りにした保育をしていなかっただろうかと、これまでの取り組みに疑問が残ったのです。

■心の解放

　そこでまず、私たちのこれまでの言葉ひとつひとつを問い直し、よしとしてきた価値も問い直すなかで、子どもの立場に立った保育とはどういうことかを話し合い、子ども自身が自分から遊べるようになるためにはどうしたらよいかを考えました。

　それにはまず、何をしても許してもらえるという解放感と安心感をもたせること。そのために、情緒の安定をはかることを考えあわせ、意図的に破壊活動を計画しました（どろんこ、水遊び、ぬたくり、新聞紙破り、段ボール壊しなど）。

　このような歩みの中で、子ども達は室内よりも外に出ることを好み、自然と一体となってまるで原始にかえり、動物にも似た動きで自然に溶け込む姿を見せたのです。

　その生き生きとしている姿に感動せざるをえなかったし、無限の可能性を秘めた大きい自然、人類を生み出し、今日の人類にまで進化させた自然は、子ども達の心をゆり動かし、体を大きく動かす空間として最適ではないかと、今更ながら気づいたのです。そこで一人一人が自然の中で"ためしてみよう""かんじてみよう"ということを大事にして、自然との出会いを大切にする保育を心がけました。

　その成果として、

① 活動の結果や作品の出来上がりにこだわらず、過程、行為のひとつひとつを大事にすることによって、その子なりにがんばってみようという粘り強さが出てきました。
② 水や土で汚したりする活動は、子どもの気持ちを発散させて、生理的なバランスを保ち、心を開いていきいきとした素地を作る働きを保つのに大切な活動であることに気づきました。

■主体性をもったあそび

　自然とのかかわりのなかで子ども達の遊びは大

きくなり、意欲的には遊べるようになったけれども、まだまだ自分から工夫したり、全体重をかけて遊んでいるという姿が弱いようにみうけられました。これで、本当になんでも身につけていこうとする生きる意欲が、豊かな心がそなわっていくのだろうかという第２の疑問が私たちに生じ、再度子どもの生活について話し合い、子ども達の"あそび方"をもう一度見直すことにしました。本当に活動している子は、自然の中でスケール大きく創造的に遊んでいます。土、水、木、石など、より初源的なものと遊び格闘しています。汚れ、汗を気にせず、必要であれば裸になって遊んでいます。破壊することも恐れずに挑んでいます。又、それらの活動は子ども自身の手でやりはじめられ、深められていっているかをみつめねばなりません。

そこで環境としては、既製のおもちゃを全部取り除き、子どもがイメージをわかせて扱えるような変化のもてる初源的で有機的な素材を準備しました。そして遊びや生活の中で困難にぶつかった時に、自分の力で乗り越えられるような場の保障として、生活や遊びを子ども達にまかせることを多くしました。その成果として、
①前年度に比べて、子どもの素材に対する取り組みがより深くなってきました。
②子どもの絵に、その時の子どもの気持ちが素直に表現できるようになってきました。
③保育士の子どもを観察する力、子どもを認めていく姿勢が出てきた。しかし、まだ結果にこだわり、過程を見過ごしてしまうことが多いことも反省としてなされました。

■共に生きる力
研究をはじめて３年目、子ども達にまかせる生活の拡がりは、私達の予想を越えて、子ども達の中に定着し、園舎内の窓を外さざるを得なくなるような状況になってきました。保育士の保育姿勢がしっかりし、自信と余裕がでてきたことも手伝って、自然と年齢の枠が取り除かれて、遊びの中に異年齢のグループが出来てきたからです。鍬を振り上げて土を掘り起こす４歳児、グループのメンバーに指示する５歳児、ただ黙々と木を運ぶ未満児など（よくまあ、こんなに仕事をするなあ）と驚く程です。昼になっても「もう少し仕事してから食べるでな」と言い、真剣に遊んでお腹がすいて食べるという必要感からくる食事となってきました。掃除も自分が本当に汚いと感じた時に、掃いたり拭いたりするという、自分たちの生活は自分たちでという生活態度が生まれてきたのです。散歩にも、５歳児が２、３歳の手をひいて出掛け、溝をとばせたり、石垣を登らせたり、おしっこをさせたりする姿もみられるようになりました。子ども達にまかせる生活の拡がりは、子ども達の手によって異年齢のグループを生み出し、その集団による活動は創造的で力強いものです。

「子ども文化」とは子どもらしく生活することによって、生み出されるものとぼんやり考えていた私達に、現実的に具体的な姿として、真に「子ども文化」をみせてくれたのです。保育士も子どもと共に生活する一人の人間として、対等に接する気持ちで、子どもの人格を認め、心や気持ちをまず念頭において指導し、援助し、子ども達にまかせ、激励するみちすじにおいて、真の「子ども文化」形成の場を設定することが出来るのだと、共通意識を持つことができました。

私達は、今まで持っていた大人としての常識、考えを根底から捨て去らなければ、子どもの真の心へ通じる道が開かれないことを痛切に感じたのです。

■真の「子ども文化」の形成
３年間継続して研究を進めてきた結果、子どもと自然物とのかかわりが深くなるにつれ、子ども達が本来持っている力が発揮され、自らの活動に感動し豊かな心がはぐくまれて来ました。

雨が降ると「木が雨でぬれるから」と軒下に立てかけておいたり、自分たちの作った家を壊す時、「釘、抜いとこ、又使えるでな」と材料を大事にします。又、赤土で作っただんごをまるで宝石でも出すかのように、箱の中からそっと大事そうに出してきて、プレゼントしてくれます。自分の物を大切にする気持ちも、素材との真剣なかかわりがあってこそ、生まれるもののようです。自分の物を大事にする子は、人の物も大事にするのではないでしょうか。

そして何よりも目に見える成果として、子どもの絵が３年前とはすっかり変わってしまったのです。既成概念にとらわれることなく、自分の描きたいものを明確に描き、その時の子どもの心が、点や線、面に素直に表れているのです。保育そのものを問い直し、子ども主体の保育として「自由」と「創造性」を獲得した義景の保育が、子ども達の造形や絵に大きな変化をもたらしたのです。子

どものこの変化には、私達も驚いてしまいました。つまり、経験活動とは子どもの意志で子どもの手でやってこそ、はじめて自分の力となり得るのであって、発達段階は5歳になったから、5歳のことができるのではないのです。言いかえるなら、真の「子ども文化」形成がなしえたかどうかが問題なのです。明日への準備のために教えこんで、力がついたと言うのではなく、今日を、今を、充実させ、深化させる活動を積み重ねていくことが、大人が教えこむ以上のたくましい力をつけるのです。

そして、この3年間で一番の成果は保育士の成長でした。子どもの姿を見て保育士の意識が改革され、保育士は保育技術の勉強さえしていれば立派な保育士になれるという考え方を根底から覆され、保育する人の物のとらえ方、感じ方、生き方が保育そのものになると気付いたことです。本当の豊かさ、本当の逞しさを求める、真の「子ども文化」形成が必要であり、そのために、保育内容、保育の仕方、保育士の生活のあり様までが問われているのです。

■長谷先生との出会い

私たちの研究の取り組みを報告する時、抜きにしては語れない事に、長谷先生との出会いがあります。「今日の交通の発達、テレビ、そして電話は、人と人との出会いを忘れさせてしまった」と嘆きつつ、人と人とのかかわり方で、どのようにして温かい人間関係をつくり出すかを大事にしておられる長谷先生は、その事を実行する方です。先生の手紙は、先生の優しさや心配りを文字を通して届けてくれました。時には怠けている私たちを奮い立たせる厳しい言葉もありましたが、それによって俄然奮起する人、ちょっと反省する人、落ち込む人、…などそれぞれでしたが、皆自分の課題に向かって前向きでした。3年間の書簡の往復が40通にもなります。ある時には、「生牡蠣」の一斗缶の中に"ブランクーシ"の本が潜んでいたりもしました。そして、飲むことの好きな先生と私達は、夜遅くまで酒を酌み交わし、人生について語ってもらったことも幾度もありました。

初めての講義の時は、"非言語の世界"とか"初源的な素材""有機質、無機質"など保育の現場では聞きなれない言葉がいっぱいありました。そして、ファンタジックな保育観から引き摺り下ろして「もっと足を地につけよ」と諭されたのです。

初源的な素材とのかかわりがなぜ必要なのかを、初めて知った私達はもうじっとしてはおれませんでした。環境づくりの大切さと必要性を感じて、素材を準備する為に、時には、クレーン車に乗って木のこわを運んだり、森林組合の工場へ行って丸太をもらったり、軽トラックいっぱいに石を運んだり、山へ柴刈りに行ったり、…もう無我夢中でした。そして、子どもといっしょに大地を我が地のように駆け巡り、大地の匂い、太陽の匂い、風の心地よさ、水の美しさ、…等、自然の恵みを身体中で感じ、季節を問わず真っ黒に日焼けしていました。子ども達が自然の中に解き放された時に、自分の身をゆだね、柔和な満ち足りた顔になるのをみた時、もう2度と以前の知的訓練保育には戻るまいと決心したのです。

子どもの立場に立った保育とは？と問い直して実践していく一方で、美術館巡り、観劇、うまいもの食べ歩き旅行など、本物と触れる機会と、講師の長谷先生を囲んでの勉強会など、自分自身を豊かにしていく為に、他の人がうらやむ程の時間とお金を使ったと思います。しかし、私達は研究の為というより自分のやりたい気持ちが、心を、体を動かしているので、愚痴など言うよりむしろ浮き浮きしながら勉強会に出席していました。

「その時の出会いが人生を根底から変えることがある」と言われますが、私達にとって長谷先生との出会いはまさに、一人の本物の人間との巡りあいでした。長谷先生は、心のものさしが損か得ではなく、嘘か真なのです。まさしく仏の心を持っていて、どんな事でも、どんな人でも全部そのまんま受け入れてくれる絶対のあたたかさとその代わり、裏面に何が本物で、何が偽物か、どんな小さなごまかしでも見抜いてしまうという厳しい心も併せ持っているのです（それは、私達が毎日接している子どもの態度や言葉に同じようなことが見られます）。

■「根っこの保育」の誕生

義景保育園の保育に対する疑問から出発した3ヵ年の研究・実践をもとに、平成元年から大野市の公立保育園全園が足並みを揃え、「大野市公立保育研究会」として新たな研究・実践に踏み出したのです。

子どもが子どもとして生きていくためには、豊かな人と出会い、豊かな自然との出合いの中で、一人一人の人格が認められ、愛されることが大切

です。そのような環境の中で、子ども達は心と体を一体として、遊びに打ち込むことで、主体的に物事に取り組む意欲ある態度を身につけていくのです。

意欲ある態度（姿勢）を、真に自分自身のものとして獲得していく為には、①心の表出が許され　②限りなき自由を十分感じ　③主体性を持った遊びに取り組むことができるなかで、④共に育ち合う、というみちすじが必要です。このみちすじに添って、21世紀を逞しく生き抜くことの出来る一人の強い人間としての成長を願い、具体的な実践を積み重ねました。私たちは、具体的な実践の中で、この保育を「根っこの保育」と名付けました。子どもを主体とした、よりよい環境のもとで、人類の生活過程を原点におく、生きる力の「根」を育てていくことを視点においた保育です。

■ 遊び＝生活

私たち人間は、赤ちゃんとして生まれ、四つん這いから二本足で立ち上がり、成長し、現代に生きる人間となっていきます。その成長の過程は、人類の進化の過程が縮小され、それを一人一人が、体験するように仕組まれているのです。

又、人間は、「宇宙の神秘」そのものを小さく所有し、存在するものです。このような人間の成り立ちを考えた時、際限のない自然、際限ない空間、何十億年の中で作られた生態系、その豊かな自然の中に身を置き、人類が長い歴史の中で発見してきた生活の過程を、いかに豊かに体験し得るかということが、成長の重要な鍵となるのです。自然の素材を媒介にして遊ぶ子ども達が、人類が発見してきた生活の過程をいつの間にか追体験している時、それは子どもにとっての充実した"遊び"であり、"生活"そのものなのです。

■ 苦悩の10年・自己改革

「大野市公立保育研究会」として一同に研究をはじめてから、3年を一区切りとして、各園ごと（義景・北部・春日・あかね・荒島・六呂師）に詳細な実践集をまとめることになりました。自分たちで決めた事とはいえ、実践集を出すということは保育に真剣に向き合わなければならず、身をけずる思いで相当のエネルギーを費やしました。まさにこれは、自分たちの保育を、保育姿勢を、そして具体的な指導や援助のあり方をさぐりながら"なれあいの保育"を自らの手で断ち切り、それをどのように新しいものにしていったかを語る、保育士の矛盾と葛藤の克服の記録と言っても過言ではないでしょう。

保育を進めるにあたり、保育園としての保育のあり方（保育観）子どもの見方（子ども観）の全職員の共通理解、又、価値観の相違は、大きく子どもの成長に影響していると思われます。

私がある園に転勤して感じた違和感、それは、穏やかないい人達ばかりの集団で平和で温かい、一見何の問題もないと見えるこの職場に、実は問題があって、それが何なのか気付いてない人に、どう気付いてもらうかということが、私のその年の課題となりました。随分思い上がった言い方ですが、それほど子どもの表情が硬かったのです。

しかし、前の職場で一部の人に与えたような否定するストロークではなく、肯定的なストロークで気持ちよく人間関係が保てるようにするには、今、自分がどうすることが一番よいのか真剣に悩みました。

保育の質を決めるのは、日々の保育のひとコマ、ひとコマでの子ども達への応答の仕方であると思います。それは「子どもの扱いが上手」とか「経験が長い」ということと同じではないと思います。「上手」で「熟練した人」の保育が優れているとは限らないからです。日々の保育のささやかなひとコマには、保育に携わる人の子どもの見方から、発達の捉え方、人間認識に至るまですべてが包み隠すことのできないまま表れます。なかでも子ども達が、その人の前で伸びやかに自己表現しているか、その人は子ども達に影響力を発揮できているか、つまり、子どもに生活や遊びへの意欲を育み、内面への確かな力を培うことの出来る保育か、そうでないかということが大事になってきます。そ

ういう意味で子どもが好きだというだけでは十分ではないと思います。子どもを変え、子どもに意欲と力をつけることのできる力量をつけなければなりません。この研究をはじめて、いやという程耳にするのが「力量」ということばですが保育の力量はどこで育つのでしょうか。

それは、やはり実践を軸とした園内研修の内容を豊かにしていくことが、何よりもそのための確かな道ではないかと思います。園内研修では、同僚の実践を「おざなりのお世辞で済ませる」のでなく、「非難する」のでもなく、本気で「批判、検討をする」のです。共同して真面目に検討をするということは、その実践とそれを提供した人に対する尊敬と期待のあらわれなのです。勿論、実践提供者は謙虚さをもって相手の意見を受け入れることが成長への道だと思います。

冬頃になって子どもの姿が変わってきて、他の職員にもこの手ごたえが感じられた時、はじめて私の保育観（＝観派）を理解してもらえたようです。

本気でする実践検討が、実践の研究と職場づくりを同時に推し進めることになったのです。「違う」と突き放すだけではなく、他を受け入れながら自分もその輪の中に入り実践してきた事が、少しずつ芽が出てきたのです。振り返ってみると、やはり私は自分の主張をかなり強くしてきたようです。自己主張の強い私を、戸惑いながら受け入れてくれた優しい先生方に感謝しています。

人的環境を問うということは、私達保育士の人間として生き方を根源的なところから問い直すことになります。そうしてはじめて、子ども達と共に考えあい、語り合い、作りあい、新しいことを自ら発見し合う真に豊かな心の獲得が可能となるのです。真に豊かな心を持つ保育者になって、物的な環境整備も間違うことなくできるのです。子ども達と共に生きることの出来る地点に立ち、大人のご都合主義を排し、子ども達の力を十分引き出し、援助し、より強い力を身につけてくれることを願って研究に取り組みました。

■いい保育がいい絵を産み出す

この保育をはじめた頃、子どもの描く絵を既成概念から早く脱したいと思うあまり、子どもの力がそこまで達してないのに、保育士がかってに望ましい絵を掲げてしまって、早くこんな風なものが欲しいと絵ばかりを求めていました。「保育」と「絵」を全く別のものとして見ていた未熟な時も

あったのです。絵＝手が人間のすべてをあらわすと、ことばで理解していても本当にわかっていなかったのです。大野では、絵がみれない、絵がわからないという保育士がバイブルにしている、次のようなことばがあります。

創美のモットー
＊子どもの絵が大切なのではない、子どもが大切
＊子どもの絵の見方が大切なのではない、子どもの見方が大切
＊子どもの絵の指導が大切なのではない、子どもの指導の仕方が大切

「根っこの保育」が本格的になってきた頃、公立の保育が話題になりはじめました。外からみると「放任」と誤解されやすいこの保育を、保護者や地域の一層の理解を得るために、誰がみてもわかる「写真で見る根っこの保育」（写真集）を全園が共同して出しました。

同年、長谷先生の書かれた『子育てルネッサンス』が発刊されました。私たちはこれを後ろ楯に、"新しい保育"の教科書として、「根っこの保育」の説明をしてきました。「写真で見る根っこの保育」は『子育てルネッサンス』にも掲載されています。「今までに見たこともない強い「面」（マッス）を持つ絵や大胆な造形が、大野の子ども達によって産み出されている」と長谷先生は書かれています。

「子どもは好奇心のかたまりです。子どもの好奇心が十分に発揮できる人的、物的環境が整っていれば、全ての事物を新鮮な眼で見つ、新しい発見を重ね、新しい自分を再生し続けます。そのような再生を印するように生み出される子どもの絵はいい絵なのです」とも長谷先生は言われます。

私たちの保育実践からも、いい保育がなされて（子どもの精神の解放）、その結果としていい造形やいい絵が産み出されるのだということを強く感じます。意欲的で創造的な保育生活があって、子ども達は、意欲的に自らが獲得したことに自信と誇りを持って、創造的で建設的な造形や絵を産み出してくるのです。

平成11年には『保育の根っこにこだわろうPART5・時代に対応する保育実践』（村田保太郎著　平成11年・全国社会福祉協議会発行）に、大野市の「根っこの保育」が掲載されました。

大野市の公立保育所を訪れた村田保太郎先生は、そこで出会った子ども達のおおらかでたくましく、

自由で、あざやかなのびのびとした描画表現に感動し、圧倒されて、ことばを失った。と冒頭書かれています。これまで数え切れないほどの保育園を訪ねている先生が、これほどの子どもの絵に接したことがないとも。又、これまで「造形表現」をテーマに実践発表をもったり、展覧会を開いたりしている園をいくつも見たがどこでも"表現された作品"と子どもの生活とは一致していなかった。子どもの生活やあそびは少しも創造的でもなければ、自由でもないのです。しかし、大野市の"表現"はまさに"生活＝あそび"のなかから自然に生まれ、結びついているものだと感動を深くしたのです。とも書いておられます。

■「根っこの保育」の理解者

　園には、毎年保育実習生がたくさんきます。その年の夏、北部保育園に来た名古屋短期大学の実習生が次のような感想を話してくれました（懇談内容の一部です。園だよりで保護者にも紹介しました）。

実：子どもたちの目がいきいきしているのにびっくりしました。こんな園をみたのは初めてです。子どもの楽園だと思います。
保：保育園は子どものオアシスであることがモットーです。
実：こんなに自由に遊んでいるのに先生が「そろそろご飯食べようか」と言うと、さっさと入って手洗い、うがいをして給食の準備をするんです。自由に遊んでいても躾がちゃんと出来ているんですね。
保：子どもが「いや！」とか「NO」と言う時には必ず訳があって、納得するまでは動かないので、まずその理由を聞いてみることにしています。そして、年令の発達段階に応じて対応をしているのです。一人ひとりの気持ちにしっかり向き合い、これをやりたい、こうしたいという気持ちを尊重する保育に心掛けています。
実：けんかも自分達で解決しているんですね。
保：大人の仕切りのもとで遊ぶのではあまり意味がありませんね。様々な個性を持つ仲間と自由に遊ぶことが大事ですね。自由といっても、仲間と遊ぶためにはおのずとルールが発生します。ルールのある遊びを経験することがその年令に見合った社会性を育てることにつながります。
実：何もおもちゃがないのに遊びをどんどん見つけて「これはこうするんだよ」教えてくれるんです。すごい！と思いました。
保：乳幼児期に大切にすることは、自然とのかかわりで生まれるいろいろの思いを自分で感じることです。子どもが自分自身で触って、感じて、考えるというプロセスを大事にしています。

　自由に形を変え再生できる　自然の素材は、こどもは飽きることなく追求し、試し、発見していくことができるのです。これが五感を刺激して、子どもの脳の回路をどんどんつなぎ、活発化させていきます。
　学生が、子どもの遊ぶ姿から保育方針をきちんと捉えていることに驚くと同時に、自分たちの保育をきちんと理論化する必要性も感じたのです。
　「根っこの保育」に感動した大学の先生と学生は、北部保育園がなくなってからも、毎年夏に、大野の保育所にボランティアに来て今も続いています。
　大野市には平成15年当時、保育所の数は公立6園、私立8園、無認可1園、幼稚園は8園ありました。保護者は家庭の状況や教育方針で、自由に選択しています。その事が保育を進めるにあたって望ましい状況でもありました。
　平成15年、市が保育所の統廃合を進める中、大野市における少子化の進行や子育て環境の変化、保護者の保育ニーズの多様化などを勘案する中で、北部保育園が近くのあかね保育園と統合するのもやむを得ないと保護者が苦渋の選択をした時、「保育方針の違う民間保育園には行きたくない」と地域の子どもが希望すれば必ず入れる様、新園舎の

定員を増やして欲しいと要望書を市長に提出したのです。当初、市の案では75名の定員でしたが、90名定員に変更し増築することになったのです。

そして、統廃合検討委員会での理事者への質問の内容をみると、利用者としての利便性と同等に「根っこの保育」の継続を強く求めていることに、驚くと同時に保育者として今まで保護者の期待にお応えしていたか、その責任を強く感じました。又、理事者から「市民から公立の子はお行儀が悪いとの声が聞かれる…」と言われた時、「…子どもは集団の中で生活することにより、我慢、優しさ、勇気、協調性など社会に必要なものを身につけていきます。これらは教わるよりも、子ども自身が経験してその中から学んでいくものです。それらを養うために、毎日、泥だらけになりながら、自分自身の感情に正直になり、時には泣き、他人とも喧嘩をし、子ども自身がその中で体験を通していろんなルールを学び生活をしていきます。これらは、公立保育園に現在入園されている父母には理解されていることですが、効果がすぐに現れることではないだけに、本質がわかりにくく、他者には理解されにくく（誤解されやすく）、公立保育園の批判めいた言動が一部の方々より聞かれるのは残念なことです。その時の一場面を見てお行儀が悪いと言われるのは困ります、勉強不足の人が見てもすぐには理解できませんが、親ならわかります。…」と。保護者が日頃の子どもの姿を通して保育を理解し、きちんとしゃべっていることにまたまた驚きました。

コストばかりを唱える理事者に、「根っこの保育」の継続を保育所職員と共に訴え闘ってくださった一番の理解者は、保護者だったのです（理事者に反対することは、職員として建て前では許されないことです）。統廃合検討委員会は、"みんなで創る保育園"という思いで参加して頂くように保護者にお願いしていましたので、会を重ねるごとに心が近くなったように感じました。

「根っこの保育に関する間違った理解をする人がいるのは、"根っこの保育"という言葉だけでしか説明していない点もあるのではないか。公立保育園に携わる親として、もう少し上手に保育の情報を一般市民に正確に伝えて欲しい」と保護者からのアドバイスを受けて、保育内容のパンフレットも作成しました。支援をするはずの保育園が保護者から支援を受けていたのです。お互いに遠慮なく思ったことを話せるこの関係は、私のめざす

ところでした。皮肉にも統廃合を機にというのがちょっと残念でしたが…。

■真の「子ども文化」の形成を求めて

根っこの保育に取り組んで18年が経過した平成16年、今一度、自分たちの保育を、保育姿勢をそして具体的な指導や援助のあり方を見つめて整理してみようと、大野の保育士が心をひとつにして保育実践録をまとめることにしました。

子ども達が、どう遊びを発見し、拡げ、深め、共に遊び・育ち合うか、子ども達の姿の観察から始めました。毎月、各園で記録したものをリーダーが持ち寄り、素材別に、発達段階別に一枚の用紙にまとめていく作業が続きました。

遊びの関心の変化から、行動の奥に潜む一人ひとりの内面理解へと心をとめるようになり、夜更けまで時間の経つのも忘れて保育論を闘わせていました。キラキラと瞳が輝きだした子、じっくりと没頭できる遊びを見つけられた子、自分を精一杯出して、仲間と共に生き生きと遊びだす子…そんな子ども達を語る時、この保育の確かさを実感すると共に、このことが、更に全園の保育に対する共通理解へとつながっていったのです。

そして、平成18年にこの保育実践録が「五感をゆさぶる素材と子どもの遊びの深まり─社会能力を育むために─」と題され、『げんき』に連載されました。

また、同年秋には「保育ルネッサンス21・こどもの絵の会2006」で保育実践の発表をさせて頂きました。いくつかの質問を受けましたが、なぜか懐かしく、私たちにとっては乗り越えてきた後のセミの抜け殻みたいで、親身にお答えできなかったことを申し訳なく思っています。

久しぶりにルネッサンスに参加して、創美の方々の白熱する意見の戦いに、私たちは圧倒されてしまいました。絵の見方がしっかりした理論のもとになされていることに勉強不足の私は正直ついていけませんでした。ただ一つの救いは、気がつけば同じ思いで勉強する仲間が増えていたのが嬉しいことでした。求められれば労を惜しまない長谷先生のご活躍のお陰だと思います。芸は壊せばその人のものになると言われますが、保育も壊せば自分たちの保育になることを強く感じます。保育を壊した仲間（新しい保育をめざす仲間）で子育て姉妹都市を結ぶというのも、夢ではないように感じた研修会でした。

■「根っこの保育」育ちのみちすじ

　子ども達が、あそびを発見し、（試し）拡げ、深め、仲間と共に遊び・育ち合う「子ども文化の形成」の姿（育ちのみちすじ）は次のとおりです。

第1段階　―遊びの発見―
心のおもむくままに、
自分のしたいことを十分に楽しむ

　子ども自身が、自ら遊べるようになるためには、まず、何をしても許してもらえるという、解放感と安心感を子ども達に与えることです。子どもは発達初期に自分の行動を認めてくれる大人と信頼関係を持つことによりその後の一層の発達が促されます。子どもは自発的に身近な事物や出来事に興味や関心を示して働きかけたり、積極的に特定の大人との関係をつくろうとするなど、自分の気持ちを明確に表現し、自分の意思で何かをするようになります。

第2段階　―遊びの拡がり―
ものとかかわって遊ぶ

　自ら遊びを発見する喜びを知った子ども達は、園舎内外を自由に動き回り、更に外へと遊びを拡げていきます。無限の可能性を秘めた、豊かな情報発信源である自然の素材との語らいの中で、さまざまな事に興味、関心を持ち、あらゆる物とかかわり始めます。汚れや汗も気にならず、どんどん遊びを拡げていく姿は、子どもの持つ好奇心が花開き、子どもが子どもとして生きる姿そのものです。

第3段階　―遊びの深まり―
お互いに力を出し合って遊びを創る

　自ら遊びを発見し、拡める体験を得た子ども達の生活は、すべての面で意欲的になり、自信をもち、自分の遊びを深めていきます。そのような生活の中で、自分の気持ちの抑制も徐々にできるようになり、人として生きていく力、自然の中で体感して得た知恵を生かして物と関わる力を身につけ、当然として、子ども社会の中で、挫折したり葛藤したりしながら人と関わる力をも身につけていきます。

第4段階　―共に育つ―
自然や仲間と育ち合う生活

　子ども達の主体的な遊び（＝生活）が定着してくると、お互いに声をかけ合い、年齢の枠がとれて、遊びの中から異年齢のグループが生まれてきます。そのグループの中で、子ども同士がお互いの力を認め合い、助け合ったりしながら、一人一人が自らの意思と力による体験の中で、身につけてきた力を出し合い、新しい遊びを創り出していきます。

(1) 素材と遊び

　子ども達は限りなく自由な自然素材に対して飽きることなく試し、発見し、追求し続けます。自然素材とのかかわりが深くなるにつれ、子ども達が本来持っている力が発揮され、自らの活動に感動し、豊かな心が育まれます。

　子ども達は遊びに打ち込む中で、体を動かし、物に触れ、いじったり、試したり、作ったりすることを積み重ねながら、さまざまな力を育て、主体的に物事に取り組む「意欲」や「態度」を身につけていくのです。

自然に抱かれての情感体験

　子ども達が、自然に抱かれ、自然の中で遊ぶ時、人類の営みの歴史が紐解かれるように、その時々に大きな感動を自分のものとしていきます。それは、自然と共存することの喜びとなり、幸せな感情を育み、思いやりややさしさを身につけていきます。その感動、自らの想いを言葉で語ります。また、言葉となり得ない感動を絵や身体で表現します。

(2) 役割遊び

　小さい子は大きい子の遊びを見たり、真似することによって様々な遊び方を学んでいきます。それと共に友達といる楽しさを知っていき、トラブルを経験しながらも徐々に仲間とのイメージの共有、協力ができるようになります。そして、一人一人が自分の役割をとらえ、それぞれが役割を果たすことで一つの遊びをつくり上げていきます。こうした意欲的な生活体験をしていくことで、他人のことを考えたり、周囲の状況を考えて自分の要求を自分の意思で抑制する力も育っていくのです。

(3) 生活する力

　幼い脳を豊かに形成していく基本は、「好奇心」を発揮し、驚きと感動の体験を積み重ねていくことです。子ども世界の中でお互いが刺激し合い、

遊びを見習ったり、存在のあり方や、他人との付き合い方を学んでいきます。一つの遊び、あるいは生活など友達と力をあわせて取り組めば、楽しみも倍化し、やり遂げた感激は仲間への信頼と尊敬の気持ちを育み、思いやりの気持ちを育てます。

（1）（2）（3）のように、自然とかかわらせ、初源的な素材と取り組ませるという具体的な保育方法は、大人の手によってつくられる「子ども文化」ではない、子どもが子どもとして生きて、子どもが産み出す『子ども文化』を形成する場をつくり上げ、子ども達一人ひとりが確実に「意欲」と「社会性」を育みました。

■独自の保育を考え・保育を語ろう

保育所保育指針が厚生労働大臣により、平成20年3月28日付けで告示され、平成21年4月に施行となりました。このことは、国の姿勢として保育所が重要な役割を担っていることを明言しており、保育指針の中に、保育所・保育士等の専門的な役割や責務の大切さを示したことに大変意義があります。

大野市公立保育園においても、従来から行ってきた「根っこの保育」を基盤に、入所する子ども達の最善の利益を考慮し、これからも職員の協力体制のもと、それぞれの園の環境等を考慮しながら、子ども達にとって最も相応しい生活の場となるよう、自己研鑽に努めながら保育の質を高めていきたいと考えています。

私たちは20年余り、同じ研究・実践を何度も行い検証してきましたが、これまでの実践の柱は一貫して「生きるたしかな力を育てるために ― 子どもが子どもとして生きる保育」です。"子どもの生活はあそび"とは従来より言われており、実践報告や文献にもよく出てくることばです。しかし、大野市では"ことば"の説明ではなく実践のなかで子どもを中心におき"あそび"を大事にしています。確かな子どもの生活が保障され、それを保育士が支えている点で独自性が明確にあると自負しております。

同じ保育をしていても、子ども達は変わってきています。今の子ども達には、よりキメ細かい誘い、支援が求められます。意欲的で創造的な子どもを育てるためには、常に子どもを観て、その子その子にキメ細かい対応が求められます。自由で柔軟な姿勢での議論が「根っこの保育」を深め、より創造的で強い子どもの絵や造形が産み出されるだろうと確信してのことです。

そして、未来の架け橋となる子ども達一人ひとりが、強く逞しい人間として成長するために、保育者仲間と家庭との連携を重視しながら、今まで以上に、物的、人的環境を大切にすると共に、子どもの権利条約にも記されているように、子どもの人格を本当の意味で尊重し、子ども達が仲間と共に育ち合えるように、更なる研究が後輩たちによって歩み続けられることを願っています。

岡保保育園の取り組み

齊藤 準子（岡保保育園園長）

岡保保育園は福井県福井市の東部に位置し、保育園の後ろに東山をかかえ、四季折々に美しい、田園に囲まれた自然豊かな環境の中にある、岡保地区の住民によって創設された定員90名の民間の保育園です。

■保育の見直し…自然と関わる遊びの保育のスタート…平成10年

今から12年前の平成10年4月に公立保育園の園長だった八木純子先生が途中退職し、岡保保育園の園長に就任されました。

八木園長先生の下、子どもたちが目を覚ましている時間の大半を保育園で過ごしていることを考えると、保育園の保育のありようがとても重要になり、『岡保保育園の保育はこれでいいのだろうか。』『これからの厳しい社会を生き抜く力を育てるために、幼児期を預かる保育園の役割は今のままでいいのだろうか。』…と、原点に戻り、今一度保育を見直していき、保育実践を高めていこうと保育の改革・行事の見直し・子どもの見方の見直しをすることになりました。

そして、「自然と関わる遊びが子どもの生きる力を育てる」をモットーに、子ども主体の保育をスタートさせたのです。

園内からプラスチック製のおもちゃや遊具をすべて排除し、園庭には、水・泥・砂・大きな土山・木片・草・石といった自然の素材だけを使って毎日どろんこ遊びを始めました。お天気がよければ0歳児から5歳児までが外で遊ぶようにしました。岡保地区内は交通量も少なく、のどかに散歩することもでき、大いに散歩にも出かけていきました。

　当初、子どもも保育者もその変革に戸惑い、保育園の環境を変えても、どう対応していいのかわからず、棒立ちになっていました。遊びたくても遊び道具が無い！しかし、いつしか子どもたちは自ら目の前にある自然の素材に目を向け、しゃがみだし、触り始めました。そして、水や木・土に親しみ、どんどん遊びを見つけて遊び始めたのです。園庭の土などは粒子の細かい土や粘土質の土などを吟味して準備することで、いろいろな土を子ども自身が混ぜ合わせて遊びだしたり、水を運ぶことにおいても、プラスチック製のバケツやじょうろはないため、子どもたちなりに、手ですくったり、何かないかなと水を運ぶ物を探し出したり、自分たちで考え、一つ一つ獲得していく様子が見られました。1～3年位の間は暗中模索の期間でしたが、子どもたちが少しずつ自ら遊びを見つけ、夢中になって、友だちや保育士との関わりを持ちながら遊びだす力に感動し、その生き生きした様子が多く見られたことを喜び、とにかく保育士全員でその様子を話し合い、保護者や地域に伝えることに懸命になりました。

■岡保の保育を理解するための保護者への働きかけ（その1）
　最初の頃、保護者の方や地域の人々から、多少なりにも苦情はありました。「毎日外で泥だらけになって遊んでいるだけ！」「自由にさせていて、躾はちゃんと出来ているの？」「話が聞ける子どもになるのだろうか？」…などという内容でした。

　そこで、私たち保育者は、家では、子どもが泥んこ遊びをやりたがるが、洋服が汚れることが嫌！水で遊ぶのは良いけれども、濡れて着替えるのが嫌！風邪を引くのが嫌！…そんな保護者の思いを受け止め、保育園で存分にドロドロになって遊んだ後の洋服を家へ持ち帰るのではなく、保育園で洗濯をして、一切保護者の負担はかけないようにしました。保育園で遊ぶ時の洋服は、㋞と書かれた洋服に着替え、すべて保育園で管理することにしたのです。また、濡れ具合を見て、一日に何回も着替え直すことも配慮し、また、子どもの健康状態に応じて遊びの調節を図り、風邪をひくことのないよう気配りにも努めました。とにかく、自然と関わる子どもたちの嬉々とした様子やつぶやきを保育者が拾い集め、それを保護者に伝え、子どもの保育園での遊ぶ様子を理解してもらうよう努めたのです。

■岡保の保育を理解するための保護者への働きかけ（その2）
　また、『自然との関わりを大切にした保育』の礎ともなられる、当時美方高校教頭で現代美術作家の長谷光城先生の講演会も年1回開催し、保護者や地域の方に【子育てに、今、求められるもの】と題して、進化の出現の順序・幼児脳の形成や今の生活を見直し、これから何を大切にして子育てしていくとよいのか…というお話を聞かせて頂きました。

■岡保の保育を理解するための地域・保護者への理解への働きかけ（その3）…地域との連携
　岡保保育園の保育を進めていくに当たり、岡保保育園の保育の特徴を何より理解・奨励して下さったのが、岡保地区全体を考えておられる岡保公民館でした。館長様はじめ主事の吉田晴美さんたちが、岡保保育園が保育を見直して、自然と関わる保育を行うことにとても理解を示して下さり、地域への理解浸透の為、保育園の保護者はもちろん、小学校PTAや婦人会・壮年会・老人会対象にも、長谷光城先生の講演会を幾度も開催し、また、自然を活かす地域づくりに公民館活動として積極的に取り組んで下さったのです。

　こうした、保育園と地域が一体となって、岡保

保育園の自然を生かした保育を啓蒙することで、少しずつ保護者や地域の方々からの理解も広がり深まっていくことができました。保護者からの良い評価も頂き、口コミで、自然を生かした保育が岡保地区以外にも広がり、その保育を求めて、区外からの入園希望者も増えてきて、平成14年4月からは60名定員を90名定員に変更するまでになりました。

■里山保育のスタート…平成20年

八木園長の下、常に子ども主体の保育であること、時間・空間・仲間の自由を子どもたちに提供することを大切に保育してきましたが、八木園長が平成19年3月に退職となり、4月からは今まで主任保育士として園長の指導の下で保育をしてきた私、齊藤準子が、地域の方々や保護者・職員の後押しも頂き園長に就任することになりました。

以前より、園児数が増えることで、現状の狭い園庭では少しずつ窮屈感を感じていたことや、園庭内だけの自然ではどうにも限界があると思っていて、もっと自然が欲しい！保育園の後ろにある東山を利用した保育が出来ないものか…と考えていました。

ちょうどそのような時に、NHK ETV特集『里山保育が子どもを変える』（平成19年10月）というドキュメントを見たのです。「すごい！社会館保育園の里山保育を実際に見てみたい！」という熱い思いで、保育士3名がすぐに飛行機に乗って千葉県木更津市の社会館保育園へ視察見学に出かけました。社会館保育園では、里山まで、片道1時間かけて歩いて出かけ、里山に着きます。そして、その里山では正しく自然に抱かれて、子どもたちが生き生きと遊んでいるのです。里山での保育を見て共感すること、学ぶことがいっぱいありました。そして、1時間かけて里山へ行く保育園もあるのだから、歩いて10分位で着く東山（里山）を生かした保育はできるはず！東山を利用した里山保育を始めよう！と気持ちを固め、福井に戻り次第、職員みんなで話し合い、行動を起こしたのです。

子どもたちが山の中で自由に遊べる場所が欲しい！とあちこち探索して場所探しを始め、地域の方にもお願いして呼び掛けたところ、保育園から歩いて7～8分で着く4000㎡ほどの竹やぶの提供があり、平成20年10月に「森林・体験学習に供する土地利用協定」を結ばせて頂き、無償でお借りすることができました。

■里山保育の展開

初めての里山。ほとんどが竹林でどのように整地するとよいのか、どのような保育を展開したらよいのかわからず、保育者はノーム自然環境教育事務所の坂本均先生のアドバイスを頂き、まず保育者同士の里山のイメージを作り上げるため、マップ作りを行いました。そして、平成20年12月保護者の方や地域の方・職員の協力を得て、合計24名で里山整地を行いました。竹林のため竹を粉砕するパワーシュレッダーも導入し、200本もある竹をチェンソーで切り倒し、みんなで運び出し、粉砕し、竹と竹を間引きしました。下葉も刈ったりして、山の中に陽が入る、明るい里山ができました。

■里山での子どもたち

新しい年度が始まり、平成21年4月からは数多く里山での保育が展開されました。竹林のため『たけのこ』もにょっこり顔を出し、子どもたちは「たけのこあった！」「ここにもあった！」と喜び、「お宝いっぱいあるね」と筍掘りを楽しむことができました。7月の七夕まつりにはこの里山から笹を「よいしょ！よいしょ！」と運んで来て、七夕飾りに使いました。夏の間も里山の涼しい木陰でいっぱい遊ぶことが出来、冬の間は、適度な間隔で竹が立ち並び、足元一面竹の葉で地面が柔らかく、頭に竹の葉をまき散らす遊びに興じたり、歩いて登ったり坂滑りができたり、雪が降ると、絶好の坂すべりのスペースにもなり、これが楽しくて、小さい1.2歳児も大いに楽しめました。

「今日里山行った～」と子どもたちもお家の方に楽しかったことを伝えていました。保護者も里山に出かけたことを話すお子さんの嬉々とした顔を見るにつけ、「里山ってとってもステキな所」というイメージを抱いてもらえました。

■でかでか山（雑木林）作り…平成21年10月

しかしながら、里山での保育を進めていく中で、竹林の中では竹林の間をくぐり抜けて歩き廻ったり、坂を登ったり滑ったりするだけで、もう少し遊びに広がりが見られません。いろいろな木々や葉っぱ、木の棒で組み立てて遊べるような【雑木林の里山】も欲しいなぁ！と子どもたちの様子を思うと、どんどん欲が深まり、新たに雑木林を求めて、他の土地探しを行いました。「この場所、いいなぁ～」と直感した場所が見つかり、その持ち

主を探し、またまた、運よく提供を許して頂けたのです（平成21年7月）。

今度の場所は東山に登る車道に面し、見渡しも出来る安全な所で、中央には自然に出来た沢があり、ケヤキや楢の木もあって、竹林とはまた違った遊びが展開できる素晴らしい場所でした。その場所を岡保保育園の2つ目の里山として使えることになったことがうれしくてたまりませんでした。地域の方々の温情に感謝の気持ちでいっぱいでした。

平成21年10月再び保護者・地域の方・職員および地主の方にもお手伝い頂き、合計29名で、2回目の里山整地を行いました。自然に流れる沢はあたかも子どもたちの為に作られたかのようでしたし、沢に沢ガニやヤゴなど生き物がいっぱい生息していました。倒木があり整地の際処分も考えましたが、とにかく子どもたちの遊びを見てからにしよう！とそのままにしました。

■でかでか山での子どもたち

今度の里山は保育園から歩いて15分程度で着く場所です。里山は生き物の場所であり、そこに人が入らせてもらっている事を子どもに知らせるためにも、子どもたちは、里山に入る前には、「お山の神様、遊ばせて下さい」と大きな声でお願いし、挨拶をするようにしました。これは、クマなどを追い払う効果もありますが、自分たちが遊ばせてもらっているという感覚はとても大切で、子どもたちに自然への畏敬の念を持ってもらうことも併せて大切なことだと考えました。

自分たちの里山に着くと、子どもたちはそれぞれに散らばります。すぐに沢をのぞき込み、石ころをどけると「あっ、いた！」の歓声が上がり、沢ガニをみつけて大興奮でした。初めは沢ガニを恐る々持っていたのに、すぐにコツを掴みやさしく捕まえていました。木の棒を見つけてきてどっかり沢の淵に座り込み魚釣りごっこが始まりました。そのままにしておいた倒木には、案の定子どもたちは興味を持ったようで、順番に木にまたがり、おしりでずりずりと倒木の先端まで前進していき倒木登りが始まりました。到達点は高さ170センチメートル程もあるのですが、保育者の手を支えに恐々しながらもジャンプして降りることを個々に挑戦していました。わくわくしたり、ドキドキハラハラしながらも自然物を生かして遊ぼうとする力、友だち同士知恵を出し合って遊びを展開し、喜び合う力が育っていることを実感しました。

「この里山は、前の里山よりでっかいし、宝もいっぱいあるし、探検も出来る！」という子どもたちの感想から【でかでか山】と名付けられました。

大体3～5歳児が、年齢別で出かけたり、縦割りのグループになって出かけたりして、1週間に1回の割合で里山に出向いていきました。

■保護者への里山保育の伝え方

子どもたちは、里山での遊びをとても喜び、天気を見ながら計画を立てると、「○日は里山だ！」と勇んでお家の方に報告し、楽しみにし、当日の長靴や靴下の準備は自ら行っていました。

里山での様子は、お便りで知らせたり、ビデオに撮って『ビデオを通して子どもの成長を見る会』でお見せしました。『ビデオを通して子どもの成長を見る会』というのは、保育園での子どもの様子を『発表会』として知らせるのではなく、毎日毎日の子どもの成長振りやプロセスを踏まえて遊んでいる様子を、ビデオに撮って残していくことにして、子どもたちのいろいろな場面でのありのままの様子や表情を編集して、年2回保護者の方に見ていただくものです。

里山の中は決して安全な遊び場ではなく、倒木もありますし、石ころもごろごろしていますし、地面もでこぼこです。しかし危険体験も大切な要素で、子どもが自分で選んで、自分で判断して遊んでいて、斜めにそびえた倒木の先からぴょんと飛び降りたり、丸太の橋をよろよろしながら渡ったりすることで、子どもたちは危険から回避する方法をしぜんと身につけていってくれる！と考えています。どうしても怪我がつきものですから、「落ちたりして怪我をしたら、すぐ病院へ行く」ということを徹底的にしています。保護者の方も、里山で怪我をして文句を言う人は今のところありません。その背景には「怪我をしても楽しい」と子どもたちが親に伝えている事が大きく、「明日は里山に行くんだ！」と嬉々とした顔をお家の方に見せていたり、ビデオを通しての様子を見て、お子さんの顔や様子を見ると、怪我をすることも帳消しとなってしまうのかもしれません。

しかしながら、たとえば山漆など危険な植物の見分け方や害虫など山の中の安全管理の知識や今後子どもたちの遊びの広がりをどうするかを考えるとき、保育者自身が「自然のこと」や「援助方法」

をも学んでおく必要があり、自然体験共学センターの方との連携をとって、いろいろなことを知識として学ぼうと研修にも努めています。

また、9月の下旬になると、クマの出没する頃となります。東山にもクマが出た！という情報が流れ、注意を呼び掛けるファックスや有線放送が流れてきます。こうなると、里山での保育はしばらく自粛です。クマの出没は朝方や夜の時間帯ではあり、日中出ることはない…とのことですが、保護者や地域の方々も心配され、不安も持たれると思いますので、しばらく里山での遊びは控えることとしています。

■でかでか山の拡大…坂すべり・ぶらんこ広場など…平成22年9月

とにかく保育者は、竹林の里山でかでか山に子どもたちと出かけ、そこでの自然との関わりを自ら行っている子どもの様子を子どもの力を信じて、余計な手出し口出しをせずに、子どもたちが何をするのかのぞかせてもらいながら、安全管理を行いました。できるだけ一呼吸おいた後で動き出すように心がけ、じっとだまって見守っていますと「そうしたか！」と子どもの言動に感動することもいっぱいでした。そして、子どもの遊びの中に少しの知恵を膨らましてあげることで、遊びから徐々にまわりを理解するようになってきました。

でかでか山での子どもたちの遊びでは、主にカニや虫など生き物を見つける遊びや、倒木のジャンプへの挑戦や魚つりや電車ごっこ等というようなごっこ遊び…など少し偏りが出てきたようにも感じ、周りの山への関心を示す子どもも出てきて、自分たちのテリトリーを広めようとする様子が見られるようになりました。今の場所より上の方に行ければ、坂すべりやツタを使った遊び・木々を使った遊びも展開できるかも…と考え、里山の広場の拡大を考えるようになりました。

先の里山の地主さんの呼びかけもあって、隣接する山の地主さんからの提供もスムーズに頂け、（平成22年9月）いよいよでかでか山の拡大です。平成22年9月　保護者・地域の方・職員および森林組合の専門の方にもお手伝い頂き、合計29名で、3回目の里山整地を行いました。

山の斜面を生かした『坂すべりスペース』。木の集まりを故意に置いておいた『迷路スペース』。枝で一段一段積み上げた『手作り階段』。ツタを巻きつけた『木登りの木』。木からぶら下がっているツタをそのまま生かして遊べる『ターザン遊びのスペース』。子どもたちが喜んでくれるかも…とちょっとした大人の遊び心も取り込んで広場づくりに励みました。

■ぶらんこ広場での子どもたち

でかでか山を拡大したことは話さず、子どもたちと山かりると、坂すべりができるスペースがあり、子どもたちは意気揚々と何度も坂すべりを楽しんでいました。上に登ると、なんだか今までにない広場が広がっていることに気づき、「なんだ、この広いところは…」とワクワクしながら探険道をどんどん進んでいき、木登りができる木や、ツタが巻きついた木を見つけると、早速挑戦し、空中を揺り動く遊びに喜んで挑戦していました。なによりブランコのように遊んだのが、子どもたちに印象に残ったようで、新たに拡大した広場は【ぶらんこ広場】と名付けられました。

■おわりに

子どもたちはどんどん自然の中に入り、目をキラキラさせて遊べる物を見つけ、挑戦したり、構成したり、順番を守ったり、子ども同士の思いを聞き合って協力し合って遊びを進めています。里山には、保育園の園庭には準備しきれない豊かな自然の素材があり、しかも五感を揺り動かす匂いや空気・音そして言葉には言い表せない雰囲気…まさしく自然に抱かれて過ごすことができます。
「自然と関わる遊びが子どもの生きる力を育てる」をモットーに子ども主体の保育をスタートさせた初心を忘れず、子どもの幼児期の生活に何が大切なのかを、保育者同士の共通理解の下、日々保育していきたいと思います。

この自然いっぱいの里山での保育をいつまでも続けるためにも、まずは里山での日頃の安全意識を高め、地域や保護者の考えに応じながら進めていく必要があります。

そして、子どもの発見や驚き・自分で考えた思いをつぶやきや表情になって表現されるのを、私たち保育者は、傍観的に捉えるのではなく、よく観て、よく聴いて、よく考えて受け止め、子どもの成長をしっかり確かめ合うような保育力を高めていくことが重要なのです。その努力を怠ることのないよう、一生懸命子ども一人ひとりのことを考えた保育をしていこうと強く思います。

▼今日までの歩みと取り組み

③ 出会い

福井・岐阜から全国へ「保育ルネッサンス」

後藤 優（㈲岐阜こどものとも社社長）

■よい絵本の販売活動を通して見た保育

　私は、昭和49年（1974年）頃よりよい絵本の販売（紹介、普及）の仕事を通して、幼稚園・保育園に出入りするようになりました。当時は、月刊保育絵本の主流は「総合絵本」（幼児向けの総合絵本雑誌）で1冊1テーマの物語絵本を子どもたちに与えておられる園は大変少なく、「よい絵本」も多くの園にはまだ十分整っていませんでした。

　テレビが一般家庭に普及した当時、幼児がはじめて出会う本として、物語絵本（よい絵本）の読み聞かせが、子育てや保育の中でいかに大切かを関係者に訴える日々でした。その頃は『ちいさなうさこちゃん』、『おおきなかぶ』、『たんぽぽ』、『どろんこハリー』、『いやいやえん』等を紹介、販売しておりました。

　我が家では3人の子どもたちに、生後4か月頃から絵本の読み聞かせをしていました。子どもたちは3歳前から地域の保育園に入園しました。保育園には「何も教えてもらわなくてもよいから、とにかく子どもたちを遊ばせてやってほしい」と漠然と思っていました。私自身の体験からでしょうか？

　仕事上、絵本・保育・教育等の話を聞く機会にも恵まれました。各分野で活躍中の実に多くの方々の話を、また同じ人の話を何度も聞くことができました。一方で、日々機会があれば、幼稚園・保育園の方々に「よい絵本」の読み聞かせの大切さを次のように訴えていました。

・絵本で大人が子どもに教えることは、たった一つですよ！それは、絵本の楽しさ、面白さです。

・読んであげる本は、「よい絵本」を！

・絵本の言葉、絵、内容は、耳から目から体から子どもたちの中に入り、感じて感じて心も体も発達し育っていく。

　そのような日々の仕事、生活の中で、私の絵本と子どもに対する思いで目の前の多くの保育を見た時と、そこにある大きな隔たりと違いがあるのに悩まされ続けました。

　それは、小学校のように、いつも子どもたちの前に保育士がいる、いわゆる教える・指導する「管理とやらせ」の保育士が主体の保育です。

■上中町立三宅保育所、大野市立春日保育園との出会い

　私は、福井県若狭の上中町立三宅保育所（現 若狭町立）で「今まで見たことも聞いたこともない」とにかく「よく分からない保育」と出会いました。

　今思うと、園舎は木造で古く暗くて、納屋のような感じでした。保育室はガランとして何もなく、あったのはわら、木っ端、竹…。子どもはどこ？保育士はどこ？

　何か惹かれるものを感じ、近くを通ると必ず仕事とは関係なく立ち寄るようにしていました。また、福井県大野市の春日保育園にも三宅保育所と同じようなものを感じ、立ち寄っていました。

　何なんだ、この「保育」は？

■岸井勇雄先生との出会い

　昭和の終わり頃、平成の教育改革の一環として幼稚園教育要領と保育所保育指針が四半世紀ぶりに改められることになりました。

　幼稚園・保育園では、新しい要領・指針についての研修会が始まりました。

そんな折、エイデル研究所より『これからの保育のあり方―新幼稚園教育要領・新保育所保育指針の基本―』岸井勇雄（富山大学教授、前文部省幼稚園課教科調査官）の講演カセットテープ（2時間）が出ました。

私は、仕事中、車の運転をしながら何回も繰り返し聞きました。岸井先生は改定に直接関わられた方で、多くの具体的な例を挙げ、大変わかりやすい講演テープでした。

例えば、「自然のままの本当の保育者は、子どもの中で微かながらに全面的に活動している生命に、全面的にしかも密かについていきながらそれを強め、子どもの中でまだまどろんでいるより全面的な生命を次第次第に目覚めさせ、それを発展させるのである。もう一方の保育士たちは、子どもの内部はからっぽだと思い、やたらに命を吹き込もうとしたがる。いや、そうやって子どもを殺している」

岸井先生が話しておられるような、そんな保育はどこにあるのか？私の見聞きする限り「ない」ではないか？そのように思った時、私の頭の中で、「これからの保育」により近い保育として浮かんだのが、上中町立三宅保育所と、大野市立春日保育園でした。

■新しい視点で見た「子どもが主体の保育」とは

私は、今までの絵本からの視点だけではなく、新しい視点で保育を見、聞き、感じ、理解できるようになっていました。その頃、三宅保育所は場所も変わり、木造の新園舎になり、松宮妙子園長で、春日保育園は木嶋たみ子園長でした。

2人の園長先生から、上中町の「生き生き保育」と大野市の「根っこの保育」について、その誕生の過程と基本的な考え方を詳しく聞くことができました。その話を聞いて私は「よくもまあ、ここまで子どもを信じて子どもに任せられるものだ」と思いました。

その保育は、保育士の目の届く範囲で、子どもの時間的自由、空間的自由、精神的自由が最大限保障された、子どもが主体の保育です。子どもを取り巻く物的環境は、土、石、木、水などの自然を構成する根源的な物が中心です。

上中町立5園と大野市立7園を訪問する中で、保育士の方々からも色々な話を聞くことができました。そして、上中町と大野市の保育の助言と指導をされているのが、当時、県立美方高校の美術教師だった長谷光城氏であることを知りました。

■長谷光城氏との出会い

長谷光城氏に会って直接話を聞きたいと思い、三宅保育所の松宮妙子園長にその旨を申し入れました。

そして、今後のことを考えると、私一人で会うのではなく、保育関係出版社の方が同席した方がよいと思い、季刊保育誌『げんき』編集長の新開英二氏に「若狭の上中町に紹介したい保育と人がいる」と誘いました。

1991年（平成3年）2月、雪のある寒い日の夜、上中町鳥羽の庄司旅館で、長谷先生、松宮園長、新開編集長と4人で鍋を囲んで話を聞きました。

■『げんき』誌上での「生き生き保育」の紹介

私は、上中町の「生き生き保育」は、日本の片隅若狭の上中町に咲いた一輪の白いユリの花のようなイメージを持っていました。

最大限子どもの自由を保障し、保育士が子どもの側に立つ、子どもが主体の保育──。この保育の存在を、全国の一人でも多くの保育関係者に知ってほしい。そして、できることなら全国各地にこの白いユリの花を咲かせたいと秘かに思っていました。

この保育は、すでに昭和61年の福井県の保育大会で発表され、また平成元年の6月に地元テレビ局FBCによって「子どもの遊ぶ権利宣言」という番組で福井県内に紹介されていました。

そして、町内外ではこの保育に対する大変な批判が沸き起こっていました。保育士は「子どもに好き勝手なことをさせている」「子どもに何も教えない」「放任だ」等々。上中町の保育士は、周囲から叩かれ、貝のように口を閉ざしておられました。私は、松宮園長に「生き生き保育」を『げんき』誌上で紹介したいと話しました。最初、松宮園長は「なかなか周囲の人たちに十分理解して頂けない。もうこれ以上批判されるのは勘弁してほしい」と、頑なに拒否されました。しかし、長谷先生が「人の批判に対して、謙虚に耳を傾ける姿勢を失った時、もはやこの保育の発展はない」と松宮園長を説得して下さいました。少し間をおいて、松宮園長が「わかりました」と取材と誌上での紹介を了解して下さいました。

そして、1992年（平成4年）3月『げんき』No.19で、「『無の保育』がそこにあった」、1992

年（平成4年）6月『げんき』No.20で、長谷光城「『子どもの造形展』を私は見た」、1995年（平成7年）3月『げんき』No.30で大野市立保育園「『根っこの保育』をたずねて」が紹介されました。

■子どもの絵

仕事で若狭方面に出張すると、長谷先生にお会いし、色々な話を伺いました。

上中町、大野市の公立保育園では、園舎内の玄関、廊下、保育室等に子どもの絵が額に入れて展示されています。子どもたちの日々の生活、遊びの中から生まれた、私が今まで見たこともない、気持ちの良い絵が展示されていました。

人に指示されて描いたのではなく、一人一人の子どもたちが、自分の自由な意志で、描きたい時に、描きたいように描いた絵です。その絵は、誰でもない、今のその子そのものなのです。

長谷先生は、「子どもの絵は心のうんこだ」「絵を見れば、子どもの生活と体と心の育ちが分かる」「保育を見なくても園庭、保育室を見れば、保育が分かる」「そこに生活の痕跡があるから」と、自信を持ってはっきりと言い切られます。

長谷先生は、なぜ、どうして、そう言い切れるのか？ 当初、私は半信半疑で違和感さえ覚えました。しかし、何回も会って話を聞き、質問し、私も勉強をする中で、だんだん理解することができるようになりました。そして、長谷先生に人の育ちと子どもの絵などについて持っておられる知識を全て出して頂こうと思いました。

■季刊誌『げんき』の表紙の絵

私は、以前より『げんき』の表紙と絵について、疑問を持っていました。表紙がビニールコーティングされていないので、すぐ擦れて汚れること。当時の表紙に掲載されていた絵が『げんき』のイメージとして十分に生きていないこと——。そこで、新聞編集長に、長谷先生にお願いして子どもの絵を表紙に採用してはどうかと提案して、現在のような表紙がNo.20から実現しました。

■保育ツアーの開催

この「子どもが主体」の保育を、多くの保育者に理解して頂くためには、百聞は一見に如かず、百見は一感に如かず、と考え「保育ツアー」を1993年（平成5年）6月13日（日）、14日（月）に、参加者26名で実施しました。上中町立「生き生き保育」、大野市立「根っこの保育」等の、子どもの生活の場である園舎、園庭、保育室、そこでの子どもの生活と絵を見て頂き、交流していただきました。

参加者の白鳥幼稚園槇沢晃憲園長は、後日私にこのように言われました。「なぜ、もっと早く紹介してくれなかったのか？ 新要領について、多くの人の話を聞き、園を見学し、本を読んだが、よく分からなかった。今回、大変よく分かった。今までいかに無駄なものを買ってきたか？ もう買わない。今まで先生は子どもたちにいかに無駄なことを言ってきたか？ 口にチャックをする。スピーカーのスイッチを切る。できることはすぐやる」と。

◆大野保育ツアー
　1994年（平成6年）10月23日（日）、24日（月）参加者約65名
◆上中保育ツアー
　1994年（平成6年）11月20日（日）、21日（月）参加者約50名
◆大野保育ツアー
　1995年（平成7年）10月22日（日）、23日（月）参加者約30名
◆上中保育ツアー
　1995年（平成7年）11月19日（日）、20日（月）参加者約50名

■こどもの文化講座

当時、私は毎年「こどもの文化講座」のタイトルで、岐阜と福井で、日曜日の午前と午後の4時間、日帰り有料の保育士研修会を開催していました。

◆第13回こどもの文化講座
　保育ルネッサンス＜幼児画研修会＞、会場：飛騨宮村保育園、期日：1997年（平成9年）11月23日（日）24日（月）、講師：長谷光城、参加者約100名
◆第14回こどもの文化講座
　保育ルネッサンス＜保育研修会＞、会場：加古川市東播幼稚園、期日：1999年（平成11年）2月27日（土）、28日（日）、講師：梅本妙子、長谷光城、参加者約120名
◆第15回こどもの文化講座

保育ルネッサンス＜保育研修会＞、会場：安八町結保育園、期日：2000年（平成12年）3月11日（土）、12日（日）、講師：梅本妙子、長谷光城、参加者約300名
◆第16回こどもの文化講座
保育ルネッサンス＜保育研修会＞、会場：三方町中央保育所、期日：2000年（平成12年）11月25日（土）、26日（日）、講師：長谷光城、森上史郎、参加者約160名

1994年（平成6年）は長谷先生に講師をお願いして開催しました（主題：『「今」を問い、子どもを考える』、①2月20日（日）岐阜会場、約300名、②2月27日（日）福井会場、約180名、③3月13日（日）土岐会場、約100名。3公演で参加者合計580名）。

この講演内容は、エイデル研究所の新開編集長によって、『今を問い、子どもを考える「子育てルネッサンス」』として出版され、多くの保育者の方々に紹介しました。

■大会「保育ルネッサンス」

私は同時期、「こどもの文化講座」の内容を、絵本・保育・子どもの体・子どもの絵等、充実するため、一泊二日の大会を開催したいと考えていました。そして、大会の名称をどうするか悩んでいました。

機会があったので、福音館書店の松居直氏に相談したところ、即、「『ルネッサンス』ですよ」と言われました。保育士からの子どもの解放を目指し、大会「保育ルネッサンス」を開催することになり、長谷光城氏に、講師兼顧問をお願いしました。

◆保育ルネッサンス
1995年（平成7年）8月26日（土）、27日（日）、会場：名鉄犬山ホテル（以後同じ）、講師：長谷光城、松居直、大島清、協力：福音館書店、エイデル研究所、参加者：約330名

「保育ルネッサンス」の案内パンフレットの制作については、いろいろと考えました。パンフレットの紙の色は、肌と土を意識して、表紙の「絵」には『おなかのすくさんぽ』片山健文・絵（福音館書店刊）の一場面を使用しました。

◆第2回保育ルネッサンス
1996年（平成8年）8月24日（土）、25日（日）、講師：長谷光城、百々佑利子、岸井勇雄
◆第3回保育ルネッサンス
1997年（平成9年）8月9日（土）、10日（日）、講師：長谷光城、加古里子、山田真
◆第4回保育ルネッサンス
1998年（平成10年）8月22日（土）、23日（日）、会場：名鉄犬山ホテル、講師：長谷光城、松宮妙子、鈴木康司、梅本妙子
◆第5回保育ルネッサンス
1999年（平成11年）8月21日（土）、22日（日）、会場：名鉄犬山ホテル、講師：中村柾子、中川志郎、森上史郎、長谷光城

◆第6回保育ルネッサンス
2000年（平成12年）8月19日（土）、20日（日）、会場：名鉄犬山ホテル、講師：岩倉正城、元永定正、佐々木正美、長谷光城
◆第7回保育ルネッサンス
2001年（平成13年）8月18日（土）、19日（日）、会場：名鉄犬山ホテル、講師：山田真理子、阿部ヤエ、工藤直子、長谷光城
◆第8回保育ルネッサンス
2002年（平成14年）8月24日（土）、25日（日）、会場：名鉄犬山ホテル、講師：安藤節子、赤西雅之、毛利子来
◆第9回保育ルネッサンス
2003年（平成15年）8月23日（土）、24日（日）、会場：名鉄犬山ホテル、講師：吉本和子、野坂勇作、河合雅雄
◆第10回保育ルネッサンス
2004年（平成16年）8月21日（土）、22日（日）、会場：名鉄犬山ホテル、講師：長谷光城、井上修子、岸井勇雄
◆第11回保育ルネッサンス21
2005年（平成17年）8月20日（土）、21日（日）、会場：名鉄犬山ホテル、講師：長谷光城、田島征三、吉野尚也
◆第12回保育ルネッサンス21
2006年（平成18年）8月19日（土）、20日（日）、会場：名鉄犬山ホテル、講師：まついのりこ、梶山俊夫、長谷光城、田澤雄作

■保育ルネッサンス＜幼児画大講評会＞の開催

平成11年11月、上中町河内で、長谷先生を講師に上中町と大野市の公立保育園の絵の講評会があり、私も参加し、大変多くのことを学ばせて頂きました。

上中町、大野市の公立保育園以外にも、「子どもが主体」の保育を実践される園が出てきました。

保育者は、自分の園の子ども、保育、絵を見ているだけでは限界があり、成長も発展も期待できないのではないか？　もっと他の園や地域と交流し、見聞する必要があると考え、＜幼児画大講評会＞の開催を決意しました。

◆第1回保育ルネッサンス＜幼児画大講評会2001＞
2001年（平成13年）11月10日（土）、11日（日）、会場：野坂いこいの森　敦賀市立「少年自然の家」、参加者：35園、約130名
◆第2回保育ルネッサンス＜幼児画大講評会2002＞
2002年（平成14年）11月9日（土）、10日（日）、会場：福井県立三方青年の家（以後同じ）、参加者：31園、約120名
◆第3回保育ルネッサンス＜幼児画大講評会2003＞
2003年（平成15年）10月25日（土）、26日（日）、参加者：25園、約120名（鹿児島、別府1）
◆第4回保育ルネッサンス＜幼児画大講評会2004＞
2004年（平成16年）11月13日（土）、14日（日）、参加者：26園、約140名（鹿児島2、熊本12、徳島6）
◆第5回保育ルネッサンス21＜幼児画大講評会2005＞
2005年（平成17年）11月12日（土）、13日（日）、参加者：25園、約170名（徳島10、熊本8、鹿児島2、千葉4）
◆保育ルネッサンス21＜子どもの絵の会2006＞
子どもの絵と造形研究in若狭…2006年（平成18年）11月11日（土）、12日（日）、参加者：49園、約200名

■家庭・地域社会の教育力の低下

　1955年（昭和30年）頃より、一般家庭にテレビ等、電化製品が普及しはじめ、やがて自家用車の時代の中で、家庭、地域社会から、広い意味での教育力が低下したと言われるようになりました。

　それ以前の時代には、家庭、地域社会には、子守唄、わらべ歌、昔話等があり、子どもたちが群れ遊ぶ姿が見られました。全く変わってしまった現代の家庭、地域社会の中で、子どもが人として育つために、絵本の読み聞かせは最後の砦であり、人と自然との関わりが求められています。

　そのことを意識した子育てと保育が、今必要だと思います。

■気になる子

　最近、幼稚園・保育園を回っていて、よく耳にする言葉に「気になる子」があります。これから更に多くなり、「気になる子」が普通になってしまい、忘れ去られる大変恐ろしい時代が、すぐ目の前にきています。現代の、お金さえあれば物質的に豊かで便利な生活、社会は、本質的に子どもが人として育ちにくい社会だと思います。

　子どもが育つ過程で、人と自然との関わりが薄れ、プラスチックとかテレビ等の人工物、機械だけの関わりの中では、子どもは人として育ちません。それは、多くの子どもに関わる方々が、以前から指摘しているとおりです。

　第1回保育ルネッサンスで、医学博士大島清氏は、「子育ては仏のまなざしと本物でないと子どもは育たない」と話されました。子育てには、仏の遠くを見るまなざしが大切で、目先を見ていてはダメだ、と。偽物、紛い物では、子どもが育たない、本物でないと育たない。プラスチック、テレビではなく、人と自然等の本物の環境の中で、はじめて人は人として育つということです。

　したがって、現代社会においては、大人は当然「仏のまなざし」「本物」を意識した子育て、保育をするべきです。しかし、時代に流され、それができていない、できないのが現状です。残念ながら、その行き着く先が見えるようです。

■「子どもが主体」の保育とは

　「子どもが主体」の保育とは、保育士は、子ども自身が、その時その場で、自分の今の能力で考え、判断し、行動することを見守る保育です。そのための人的、物的環境を整えて、子ども自らが育つのを待つことが重要です。

　主体性は教えて身につくものではありません。乳幼児期からの、その子自身の主体的な生活の中から育ち身につくものです。

　保育士が準備せず、見守りもしない、放任では子どもは育ちません。かといって、保育士がいつも子どもの前に先にいて、手出し・口出しの至り尽くせりの保育でも、子どもは育ちません。

■先生が主体の保育から、子どもが主体の保育に

　子どもに教える保育から、子どもを育てる、さらには子ども自らが育つ保育に変えることは、本当に大変なことです。周りのすべての大人（保育士、教師、行政、保護者他）を敵に回すことになると言っても過言ではありません。

　私は長年、その様子を見聞きしてきました。明治以降、長年にわたって日本の保育関係者自身がまいた種は、どんなにつらくても、保育士自身が刈り取らなくてはいけないと思います。

　しかし、近年の保育現場の状況は、保育をされる子どもの側に立つのではなく、大人の側に立つ保育が多いように思います。多くの大人は、そのことに気づいていません。

■ひろがった交流

　2006年（平成18年）を最後に、㈲岐阜こどものとも社として、保育ルネッサンス・幼児画大講評会等の活動を停止しました。色々な意味で、その時だと思いました。

　私共が主催する研修会には、岐阜・福井両県以外からの参加が少なからずありましたが、2003年（平成15年）頃より、熊本・鹿児島・徳島の各県からの参加者が目に留まりました。何かを求めて、強い意志で参加しておられるのを感じました。全国創造美育協会会員の保育園の方々でした。

　『げんき』「保育ルネッサンス」等をきっかけに、長谷先生との交流が始まり、深まりました。長谷先生が、『げんき』で取り上げておられるように、まさに「保育ルネッサンス」に取り組まれての成果は、子どもたちの絵にはっきりと見て取れます。勇気ある素晴らしい保育者集団に、心から拍手を送ります。

　この本が、一人でも多くの保育関係者に読まれ、「子どもが主体の保育」、白いユリの花が全国各地に咲き、子どもたちの目がキラキラと輝くことを願わずにはいられません。

福井の活動と熊本創美の出会い

山田 温子（光輪保育園主任保育士）

■混沌

　平成13年の春、当時定員60名常勤保育士7名の当園は20年近く務めたベテランが2名退職し、新しい出発を迎えていました。子どもが絵を描く保育・生活、しかも自由に描くということをどのように新職員に伝えたらよいのだろうかと悩んでいました。一日一日は矢のように過ぎ去ります。職員の交代は世の常です。これまでも紆余曲折はありました。しかし、自己の遊びの体験を踏まえ、保育の経験を積み、勘のよい保育士たちは日常の保育を綴り続けてきました。創美でよく語られた自己変革、自由、心の解放などの抽象的言葉もそれなりに理解していました。それが、世代交代とともに保育を綴った糸が切れかかった状態でした。私もうろたえ、戸惑いましたが、新職員も不安に思ったことでしょう。

　そのころ創美では絵の診断の是非が批判されながらも、保育を問題にすることなく、診断で終わりがちでした。絵の診断は見る人によってそれぞれ違った内容を探るため、保育士はあれもこれも知りたいと子どもの絵を持って先輩会員を尋ね回るという受け身的行為が横行していました。診断が精緻を増すにつれ自分で考える力が失われていったのかもしれません。診断にからめ取られる感じです。このことには会員からも批判是正の声が上がりましたが根本的な変革はできませんでした。診断から生み出されるものが保育の中に見いだせず先行きに黒い雲がかかっていました。絵の描かせ方も創美の会員一人一人異なり、新人は面喰います。私たちはいっそマニュアルをつくったらどうかと提案し、色の数、筆の大きさ、準備の要点、心構えなどのアンケートをとったこともありました。しかし、一家言それぞれでマニュアル化できませんでした。

　子どもが絵を描く姿がだんだん少なくなっていきました。私も職員も混沌とした時が過ぎました。

■女性三人…『げんき』

　鹿児島の俵積田さんが全国セミナーに「これ見てごらん」と『げんき』という保育雑誌を持ってきました。『げんき』の表紙には子どもの絵がのっていました。創美と似た表現方法です。しかし絵はいいものでした。どうしてこんな絵が生まれてくるのだろうと思いながら本を眺めていた平成14年、№75に次の写真が載りました（67頁）。「自然とのふれあいがいい絵を産み出す」というタイトルの下に、○風を形にする…風が吹く日に園庭にビニール紐を張り巡らしている子どもたちの姿。○雲の大きさを測る…空の雲を見上げて手を広げている子どもの姿。○水紋をつくる…みずたまりに手で水模様をつくっている子どもの姿。○雨の形を探る…降る雨を傘で受け止めている子どもの姿。という4点です。

①雲の大きさを測る
②風を形にする 
③雨の形を探る 
④水紋をつくる 

　いずれも福井の保育園の子どもの写真です。見過ごしがちな子供の姿や遊びを見る視点にとても明確な保育を問いかける空気が溢れていると思いました。好奇心溢れる子ども達が傘の中で雨音を聞く。それは傘を介して雨粒の大小、強弱、速度など雨を実体化している行為だと捉えています。ビニールに唸る風の音、揺らぎ形を変える水も同じです。遊びに含まれる実験、発見、驚き、知の力を感じます。面白いなあと思いつつも忙しい日々は容赦なく過ぎていきました。

　その頃、四国の当時公立保育園所長で全国保育協議会副会長をしていた創美仲間の富田さんから電話がありました。「温子さん、香川県であった研修会の特別部会で私たちと似ている活動をして

いる公立の保育園の発表があったのよ。感動して、もし指導者がいらっしゃったらお名前をと聞いたら、長谷先生という方だった。自由画を描いているのよ。げんきの表紙にあったでしょう。」

保育の現場と離れることができない女性たちは行き詰った感のある創美活動に何か風穴を開けたいと願っていました。ところが、自由画を描いている保育園が他にもあった。保育や、子ども観も似たところがある。しかもその指導者は「げんき・子どもの絵や造形が、子どもの育ちを語る」の筆者と同じである。地底から鉱脈が出てきたように三人の女性のばらばらの情報が一つに繋がっていきました。

■娘と二人で

平成15年3月に父が亡くなり、土、日曜日に時間ができました。『げんき』に第9回保育ルネッサンスの研修案内があり、夜7時より「幼児画講評会」があるとありました。創美の中でしか子供の絵を見たりすることはなかったのですが、外の世界に目が向けられてきた私は「これかなあ」と思いました。行ってみたいが一人ではどうしようとためらっていると娘がさっさと申し込みをして同行してくれました。

研修の合間に、富田さんよりお名前を伺っていた長谷先生にご挨拶に行きました。「熊本で創美に関係している山田です」と言ったのでしょうか。「何処から来た」という感じで、娘と「怖かったね」と話しながら幼児画講評会を待ちました。夕食後のくたびれが出るころ、福井の先生たちを主に子供の絵をもった保育士さんが集まっていました。こどものとも社の後藤さんたちが手伝って木枠を工面して、壁一杯に自由画が貼られていました。会は淡々と進んでいき、遠来のお客様ということで、良いと思う絵を理由とともにもとめられました。沢山の絵を前にし、変なことを言ってはいかんととても緊張して一枚を選びました。帰路、猿山を見ながら娘と「お母さんだいぶん緊張しとったよね」「そうよ、何言ったのかおぼえてない、肩こったあ」「試されたんかな？」などと話したことでした。

夕食後、大きなホールの中に固まって集まり子供の絵を見ていた保育士さん達の姿。同じ自由画をやっているということで「この絵どう思います？」と話しかけてこられた方。イーゼルの作り方を教えてくれた人。どの人も見ず知らずの人でした。でも、同じようなことを考えている人たちがいることを知り来たかいがありました。それは午前の部ではなぜか大手をふって開かれる研修会ではなかったけれど、保育ルネッサンスとは深く通ずるものがあるのです。

■福井三方青年の家・幼児画大講習会

同年11月15、16日福井県立三方青年の家での保育ルネッサンス幼児画大講習会に出向くことにしました。経緯はたぶん、「きみは創美でやっているんでしょう。ぼくたち福井でしていますよ」という会話位はあったことと思います。『げんき』で福井の幼児画講習会の案内を見て、今度は、長谷先生を教えてくれた四国の富田さんを誘いました。富田さんは四国の創美の仲間を誘い、初めての道を自家用車でやってきました。熊本では創美仲間で主任保母の千原さん福岡さんを誘い、彼女たちは其々の保育園の保育士さんを同行しました。彼女たちも絵が生み出されてくる源の保育の現場のあり方に悩み、このままでいいのだろうかと疑問を持っていました。鹿児島から俵積田さん、私の園からは西村、木村、娘、私の4人です。

琵琶湖をめぐり山間を抜け駅に降り立つと、長谷先生が保育士さん達と自家用車で出迎えに来て下さりびっくりしました。三方五湖という豊かな湖や縄文遺跡博物館が近くにある静かな所でした。木枠に年齢別、保育園別に絵を貼って並べ、参加者と長谷先生とで良い絵を選んでいきます。一次選考をした後二次選考で3、4点を残し、0歳から5歳児まで並べました。見たことがないような絵がありました。私たちも絵を持って行きましたが、千原さんのところがやっと残ったと記憶しています。とにかく、絵ではつらい立場でしたが、寒い土地へようこそと座布団付きで迎えられ、熊本とは全く風土が違う裏日本で、子どもの自由画の文化に出会ったということは新鮮で楽しい出来事でした。また、保育士も自分で絵を描いてみようという体験研修の時、机間巡視をされた長谷先生は犬山の怖いイメージは全くありませんでした。声のかけ方、雰囲気など、子供にはこうして勇気という励ましを与えなくてはいけないのだと実感しました。

■福井の保育を知る

翌日、残った所長と私たち熊本の3人は保育所の視察に回りました。以後、何度か施設の見学

には伺うのですが次のことに気づきました。施設は子供に媚びるような色合いではなく風景に溶け込んでいる。保育室や廊下は画用紙の余白のようにすっきりとして空気の流れがよい。子どもの絵が点々とかけてあり、余計な装飾がない。遊んでいる子どもの表情豊かな手の写真などが掛かっている。室内はさっぱりと片付けてあり、一角に絵を描くスペースがある。野の花が活けてあり、絵本の貸し出しがされている。玩具らしきものが見当たらない。富田さんが何もないのかなと戸棚を覗いて大笑いをしました。事務室・職員室の机上に書類一つ置いてない超すっきりした空間も心に残っています。園庭は、水、土、木、石、粘土といった自然物を主として固定遊具・ジャングルジム等はほとんどありませんでした。大きな土山、土管、砂場、子供の小屋、飼育小屋がありました。園庭と保育室をつなぐ縁側があり、これは大きなヒントでした。全体として殺風景と思われたほどです。どうして遊ぶのだろうと思いました。その後、福井の保育の「上中の生き生き保育」、大野の「根っこの保育」のお話を伺いました。福井放送で流されたビデオも見せていただきました。映像やお話をお聞きして共通しているところがありながら、子どもの遊びを観る視点が深く、すぐ全容は理解できませんでした。固定遊具を取り外すことで保護者から猛反対を受けたこと、子供に自由をとやりすぎて批判を受けたことなど共通の悩みもありました。私たちのような一私立保育園では苦労話の笑い話ですむことも、公立の保育園がそろって泥遊びばかりではさぞ風当たりがひどかったことと思います。子供に自由をという精神は共通していて、子どもの目が輝く嬉々とした姿を重んじる保育を、保育士さん達が体を張って具現されていました。ただ遊ぶという事がどういう意味を持つのかということを具体化するために、遊びの記録を写真にとったり、子どもの行為を言語化したりするなど教えられることが沢山ありました。

■創美・鳴門セミナー

平成16年8月8～10日鳴門全国セミナーに、長谷先生と奥さまとその親友（二人とも福井の保育改革に携わっておられた）を四国の創美がお呼びしました。長谷先生には「今を問い保育を考える」という演題で講演をしていただきました。私はこのお話は創美の会員方に受け入れられるのだろうかという心配が駆け巡りました。喜田先生がうんうんと頷いて聞いていました。この全国大会を機会に長谷先生のお話の波紋は広がっていくのです。

■園長先生福井を訪ねる

その年、8月犬山での保育ルネッサンスには天草あゆみ保育園千原夫妻、もぐし保育園福岡夫妻、それに私達が参加し、研修会終了後千原園長先生と共に福井を訪れました。ここでやっと園長先生・男性の登場です。天草より田舎で、着替えを買いたくてもコンビニがないと千原先生は驚いていました。パチンコ店、学習塾などは見当たりませんが、沢山の歴史的価値のあるお寺、縄文文化の栄えた三方五湖周辺、などを案内していただき、美味しい蕎麦や夏牡蠣など海の幸を御馳走になりました。

■福井の保育・長谷先生熊本へ

その年、11月27日、光輪保育園保護者会の講演に長谷先生をお呼びしました。演題は、「子育ていまにもとめられるもの」でした。その晩、光輪寺本堂に子どもの絵を貼って熊本の創美会員で見ました。翌日、画廊キムラで「子どもがいい絵を産み出すには」という題で熊本の創美研修会を持ちました。この日が福井の保育とその指導者、長谷先生が熊本に来られた第一歩でした。講演の前の晩、焼肉屋で飲み慣れない（福井はお酒）焼酎を随分飲みすぎてピアノに寄りかかっての講演だったそうです。創美の喜田先生もいらっしゃいました。沢山の会員,保育士さんが集まりました。良い絵を選ぶ時、喜田先生と長谷先生の意見が違ったらどうしようとはらはらしましたが、そんな事はありませんでした。たいてい一致するのです。喜田先生は当時体調がすぐれず、そのため長谷先生にお願いしたのだと思います。

喜田先生は作家としての長谷先生をご存じだったと思います。お二人は別室でお話などされ、喜田先生は宿泊を伸ばして研修会にも参加されました。有難い交流でした。今思えば、福井には木水育男さんという創美創立委員であったすぐれた教育者がいらっしゃり、長谷先生は直接その薫陶を受けられていらっしゃるのですから古い知己に出会ったようなものではなかったでしょうか。その根底には創美の精神が同じく流れていたのです。

その後は福井と交流を深めながら研修会を定期的に続けています。あれから6年半が過ぎましたが、その間、考えの相違で袂を分かちそれぞれの道を歩んでいる仲間もいます。藤沢周平の「周平

独言」に（記憶というものは、その人間にとってかなり偏った残り方をするものらしい……）という文がありました。創美に関することなど心に残る記憶は人それぞれに異なる意味を持って残っていることでしょう。それは違うではないかというところがあるかもしれませんが、私の記憶を辿り熊本と福井・長谷先生のご縁の発端を書きました。

■今思うこと

　自由画活動の絵は、見てもらう、診断してもらうことに傾きがちでした。しかし、子どもの遊びや、遊びの中での造形物にこそ美術文化が育まれている、幼児期は美術文化であるという根源的な視点を得た保育士は遊びや造形物を写真で記録し、子どもの自由画との関係を考察し言語化していくことで、子どもの絵を保育士が主体的に観る力が少しずつついてきました。また、保育士として子どもの遊びを深め、遊びと共にある造形活動をどう励ましていくとよいか等の自己課題を持ち仲間と学び合っています。美術史の勉強や画家の絵を見る機会を得ることで視野も広めています。

　子どもの必然である絵を描く行為を励ましていきたいものです。また、子どもの絵から感情を読み取り、必要な手立てを子どもの生活、親との会話、そして遊びの中に講じていきたいと思います。

ふるさと再発見―肥後古代の森

佐々木 法音（かもと乳児保育園園長）

■地元の古墳の存在

　長谷光城先生が山鹿に来られた時の話です。「佐々木さん山鹿にはチブサン古墳があるでしょう。あそこの装飾壁画は、日本美術史の最初に載っていますよ」と言われました。

　私には何の事だかわからなかったのですが、本を見てビックリしました。確かに山鹿地域には、装飾古墳が沢山あるのは知っていたのですが、まさか日本の美術と関係があるとは驚きでした。

　私の子供のころのチブサン古墳やオブサン古墳は遠足の場所で、古墳の上でおにぎりを食べたものでした。そんなに素晴らしいものが山鹿にあるということは、他所にいろんなものを求めていた私にとって「灯台下暗し」だったと反省しました。

■ふる里のすばらしい子育て環境

　「かもと乳児保育園」を始め、子供たちの絵を見て語るようになって30年になります。環境が子供たちの成長に大きくかかわり、その大切さや影響の大きさは分かっていたのに、こんな素晴らしい古墳が近くにあることに気付かなかったのです。チブサン古墳を管理している山鹿市立博物館では、埴輪や土器、土偶が沢山あり古代の人々の生活の様子や思いが伝わってきます。菊池川流域の集落には、赤土がホクホクしていてまるで生きているように感じられます。

　熊本市内の保育園を始め、牛深の保育園からは10トントラックで赤土を買いに来られました。赤土に水を加えるとトロトロの気持ちいい泥の温泉ができ子供たちは温泉気分です。また、子供たちの体と同じような大きさの赤土の芸術作品も出来あがります。泥んこ遊びを沢山する子供は、水彩画も大きな作品になりますし、子供の発達は絵に表れます。

　これらのことから自分のふる里にはこんなに素晴らしい子育て環境があり、子育てのシステムが隠れていたのかと改めて再発見でした。

　今、かもと乳児保育園の自然体験では、里山体験とワークショップが始まりました。毎月1回の木工作家によるワークショップ活動や里山体験の中で、夏は山でのキャンプ、そしてカブト虫とりや川遊び、秋はアケビなど山の食べ物を食べるの

オブサン古墳

です（今年のドングリ拾いは親子イノシシのため全滅でしたが）。

これからは、古代の森の「チブサン古墳、オブサン古墳、弁慶が穴古墳」など古墳の周りのいろいろな山々への保育活動もやってみたいと夢が広がっていきます。

■幼児期の美術文化活動

長谷光城先生との出会いが肥後の装飾古墳の発見から、子供たちの泥んこ遊びへと繋がり又、フィンガーペインティングなどの人切さ、絵画から彫刻、平面から立体の造形活動、豊かな里山自然体験など次々と子供たちの世界が広がり、たくましい子供たちを育てる保育システムや保育環境ができました。

小学校時代の文字文化に対して、幼児期の美術文化活動は、児童の感性をしっかり育てるものです。子供たちの泥んこ遊びと絵の関係は、子供たちの心の育ちと深い関係があり、今まで見えなかったものが沢山見えてきました。

これらは子供たちの普段の保育や生活そして泥んこ遊びでの砂や土、石との格闘から始まる造形活動や絵画活動などで、子供たちの生み出す絵のすごさには目をみはるものばかりであります。

先日、5歳児の具象的でやや概念的な絵が、抽象的な絵に変化していく過程を園長と保育士で見つけました。形のある具象的で概念的なものからその子だけしか描けない抽象の絵を描き出していく様子を目の当たりにした保育士は、その子の絵を見ながら鳥肌がたつほどの感動と喜びにひたっていました。

保育士が感無量の喜びを感じる一生忘れられない子供たちのすごい姿は、創美とのすばらしい出会い、そして、福井の保育や長谷先生との出会いによるものです。

チブサン古墳の装飾（熊本県立装飾古墳館）

チブサン古墳の装飾にそっくりの子供の絵を見つけました。

▼今日までの歩みと取り組み

④ 保育の充実を求めて

もぐし保育園の取り組み

福岡 得史（もぐし保育園園長）

はじめに

　現代の子ども達は、大人社会を反映して、テレビやテレビゲームなどバーチャルリアティの世界での遊びが多くなり、対人関係や人とのコミュニケーション能力に欠けるきらいがある。

　また、自然体験や生活体験も十分でなく、その中でも特に気になるのは、子ども達の群れて遊ぶ姿が見られなくなったことである。群れて遊ぶ姿の中にこそ、お互いを「しつけ」合うとともに、優しさや思いやりなどをはぐくみ、社会能力（生きる力）を身につける力を秘めていたのである。

　子ども達の健やかな成長を願うとき、子ども達が群れて遊ぶ姿の再生こそが、急務であるように思う。ほとんどの子ども達が、保育所や幼稚園に入園し、教育や保育を受けている現在、その子ども達を預かる保育所の新しい役割として、共に育ち合う群れて遊ぶ姿が、強く求められている。そのことを自覚した私たちは、群れて遊び共に育ち合う保育に取り組み、子ども達に生きる基本となる力を育むことを目的として研究に取り組んだ。

■自然との関わりを重視

　現代の私達は、豊かで便利な生活を営んでいる。しかしその豊かさと便利さが、子ども達の健やかな育ちを阻害してきている。子どものころに十分に体験しなければならない自然体験や、生活体験が不足し、子ども達の脳の回路が、十分に開かれていかない。私達人間の脳は、40数億年の生命の歴史を抱え込んだものだと言われる。海や湖などの水や、野山の緑やたき火に心が和むのも、遺伝子にしまい込まれた、遠い生命の先輩達の経験の積み重ねがあるからである。しかも、一人の人間が、体内に宿り誕生し成長する過程は、その長い人類の歴史そのものを体験するように仕組まれている。その人類の歴史の大部分は、自然の中での狩猟の時代であった。自然から無限の情報を受け創造と工夫を積み重ね、今日の生活を築いてきたのである。子どもが、外で遊ぶのは、人類が野生であった時代の記憶の復習であり、虫取りや土こねに夢中になるのは、人類が経験してきた生活の追体験を求めていると言える。

　人間が人間として成長していくために、手抜きしてはならない学習をしている。子どもの時にこのような学習を十分することによって、人間としての土台を確かなものとして大人への成長が約束される。このような理由から、私たちの保育環境として自然と自然素材、水、土、木、石、小動物、植物と遊ぶように努力し、自然と原始をキーワードとして研究を進めることとした。

　自然との関わりを重視する保育に取り組む以前の保育は、木は目を突いたりするから危ないとか、石は人に投げて危険だとかの悪い要素だけを考え、子どもの遊びの素材から取り除いていた。しかし、よく考えるとそれらの素材が、子どもの遊びの材料となるのが当然であるべきであり、限られた遊びしかできないおもちゃに頼るのではなく、自然素材とかかわる遊びは、創造性や意欲を生み出し、また、遊びの発展に繋がり、仲間と共に行う造形活動（遊びの延長）は、仲間との繋がりや友達としての関わりが出てくると思う。そのためにも、既成のおもちゃではなく自然素材を重視することとした。

■群れて遊ぶことを大切にする

　保育姿勢としては、子どもが主体となって子ども自らが遊び（子どもの生活はすべて遊び）を発

見し、拡げ、深め、共に遊び合う(群れて遊ぶ)ように努めた。このことは、子どもが子どもとして生きて、子どもが生み出す子ども文化が形成される、豊かな場と時を提供することとなる。そのことが、保育園に求められる新しい役割を果たす保育園となり得ると考える。それらのために以下のような取り組みを2年間に渡って推進した。

取り組みの内容
(1) 環境を考える
(2) 保育姿勢を考える
(3) 保育内容を考える

■環境を考える

人間の乳幼児期の育ちを考えるとき、保育の人的・物的環境は、決定的である。まず目に見える物的環境を見直した。

基本的には自然に抱かれ、体と心で自然を感じる体験や自然を形成する水、土、木、石と深く遊べる環境になるように努めた。これまでは、三輪車、固定遊具、既製のおもちゃを使って遊んでいたが、それらをすべて撤去し、旧園長自宅の古い家を解体し、園庭にあった非常階段をも撤去し園庭の拡張工事を行い、環境を整えた。

(1) 散歩の充実
※目的　散歩に行くことで、自然との一体感を味わうとともに、園庭での遊びを豊かにする。

1年目

これまでは、目的地に急ぎ目的地で十分遊ぶと言うことが、主であった。散歩とは、本来、その散歩する道々での自然とのふれあい、情感体験をねらいとすべきである。「自然を体で感じたり、心で感じたり、自然と一体になる」などの情感体験が、自然素材との素材や、植物、小動物との発見、出会いなどを豊かにして遊びそのものの豊かさにつながる。

今日まで行っていた、散歩道でのさまざまな遊びを記録し、どこに行ったらどんな体験ができるかを、職員全体が把握し、豊かな散歩道となるよう様々な検討を加えた。

2年目

二年目にはいり、「○○に散歩にいきたい」といい出すとクラスに関係なく「ぼくも、わたしも…」といって散歩に行くようになり、自分の気持ちを素直にいえるようになってきた。散歩道では、ウサギのえさをとったり、川の流れを見たり、小動物や虫と遊んだり、道々での楽しさを味わえるようになり、行きたい子どもが行きたいところへ行って楽しめる散歩に切り替わってきた。自然を体で感じ、心で感じ、自然との一体感を得る時々が増えている。

また、現在では、散歩に行って小川の水が気持ちよさそうだと、そのまま水遊びに発展し、本当に水に触れ、楽しんで遊びに熱中してしまうなど、以前には見られなかった遊びの発見であり、また、創作活動の為「○○にいって○○が採りたい」といい、その素材で創作活動を始めることもあり、遊びとしての成長である。

(2) 園舎の空間を変える
※目的　子どもが子どもとして生き、子どもが生み出す子ども文化を形成しやすい空間を作る。

1年目

子どもが想像力を働かせることの出来る「おもちゃ」を残し、1つの方法でしか遊べないような「おもちゃ」は撤去した。保育士が子どもの目を持って、自らが納得できる空間を作るように心がけた。保育士自らが、というのは、大人から見ても美しい、心地よいと思える芸術的空間のことであり、子どもだからがちゃがちゃしていて楽しそうなら良いという考え方を変えた。

2年目

大人が子どもの為によかれと思って作った、壁に飾る装飾物は、子どもに既成の概念を植え付け自らの発想を貧弱にし、依頼心を育ててしまう面がある。また、子ども文化を生み出させるマイナス要因として働く。故にそれらを撤去し、芸術的空間となるように、散歩でとってきた花や草花などを飾ったり、子ども達が遊びの中で作った泥団子、木工、絵画などを飾ったりして、子ども世界が拡大するように工夫した。

(3) 入り口の空間を変える
※目的　子ども自らが生み出した文化を展示し、園全体に創造的な雰囲気を醸し出し、意欲をほめる場とする。

屋外階段撤去工事

１年目
　登園降園の際、親子で通る入り口を見やすい通路にするため、環境を整えて、その日作った作品（泥団子、木工、絵画）を並べ、子どもが生みだす子ども文化の展示所とした。

２年目
　子ども達が行き来して生活する階段スペースなどは、自然の花々、子ども達が遊んで作った物等を展示して、１年目の通路等とともに、子どもが生みだす子ども文化を親子で鑑賞し会話の弾むものとして工夫している。
　季節によって遊びの素材に変化があり、いつでも園児の造形作品の展示が出来るわけではないが、遊びの過程で作り上げられた造形作品は出来るだけ展示し、園児が保護者に説明し、親子の会話が出来るように工夫している。
　親子の会話から保護者がぜひホームページに載せて下さい等の要望が出されていることを見ても分かるように、園児と保護者との会話、子どもの成長で重要な部分を占めていると思う。また、展示された作品を見ることによって、他の園児達も創作意欲が湧いてくるきっかけにもなっている。

(4) 園庭の空間を変える
※目的　自然に抱かれ、自然素材と十分に遊ぶことが出来る園庭を作り、子どもが遊びを発見し、遊びを拡げ、深め、ともに育ち合う保育を展開できるようにする。

１年目
　園庭の横にこれまであった古い家屋を取り壊し、園庭を拡張し、赤土の山、赤土と砂を混ぜた土の山、新たな砂場（乳児用の箱庭的砂場、赤土の山）を整備した。今日までは、主に遊具的に使用していた、高床式二階建ての大きな木造小屋を、オープンエアーコスモス工房として位置づけ、一階に土（粘土）工房、二階に木工房として必要な物を準備した。このことは、園舎と園庭をつなぐ、中であって外、外であって中である空間を子ども達に提供した。

２年目
　旧家屋を撤去したことにより、運動場が非常用階段で二分されたため、その非常階段を取り除き、園庭を一体のものにした（非常用階段は、新たに螺旋階段で設置した）。併せて、砂場などがより生きて使えるよう遊具の整備をし、ジャングルジムやブランコなどは撤去した。また、園庭につながる山に細い山道をつけ、日常の遊びが立体的に、平面的に広がるように整備した。
　園庭空間を変えた事により、今まで既成のおもちゃなどで遊んでいた園児は、何をして（どんな事をして）どんなおもちゃで遊んでいいかわからず遊びに戸惑いもあり、不安そうにしていたが、職員の誘いや関わりなどにより、少しずつどろんこ遊びや水遊びに夢中になり、どろんこ遊びで洋服が汚れても叱られない事がわかると遊びも大胆になり、次から次へと遊びが発展し、園児の表情も生き生きとしてきた。子ども心に、汚したら叱られるという観念を取り除き、安心して遊べる環境設定をすることも大切になってくるので、保護者の理解を得る事が大切になってくる。そのためにも、遊びの重要性をことあるごとに保護者に説明し、理解してもらうことが大切になってくる。

土山で遊ぶ姿（改造後）

(5) 絵本の部屋及び研修室の整備
※目的　子どもが子どもとして生きて、子どもが生みだす子ども文化を豊かにするために、大人が子どもによかれと思って作った子ども文化を効果的に与える。保育室から離れたスペースに研修室を整備することで子どもの様子を離れて見て考える場とし、また、積極的な研修を期待した。

研修の効果や成果として、職員一人一人が自覚し、意識を持って子どもとの関わりや見る目を養い、保育士としての能力や質の向上を図り、遊びに対する思いや子どもの行動に対し、この次はどの様に遊びが発展していくのかを少しずつ見据えることが出来るようになった。また子どもの描いた絵に対しても、今まではただ描かせるだけであったものが、子どもの描いている姿や作品などに対し、感動を持って見る目を自分自身で育ててきていると思われ、一人一人の職員が保育士として成長してきていると確信している。

■保育姿勢を考える

物的環境の見直しに伴い、今日までの保育を担ってきた、遊具や用具なども取り払った。すべての子どもたちは、自らを高めようとする自己学習力を持っている。その力を発揮出来るように子どもを信頼し、子ども一人ひとりを観察し理解を深めるために、長谷光城の言う像派（子どもはこうあるべき、目指すべきとの一律な考え）から観派（子どもの本当の姿を理解し寄り添う）の保育士をめざし、自己変革を目指した。そのために以下のように、保育士の意識改革をすすめた。

(1) 待ちの保育

保育士の意識改革として、先ず、観派になるために待つ姿勢を大事にして、子どもをよく観ることからスタートした。指導性は、当然求められるものの、子どもの自発性を重視した。そのためにスピーカー、デッキなどからの音を消し、大きな声を慎み、子どもの目線に合わせて子どもとのコミュニケーションを心がけ、「こうしなさい」という命令的な言葉がけを、極力少なくしていくよう心がけました。

どうかすると、放任ととられかねないこともあったが、声をかけたくなるのをじっと我慢し、子どもの様子を見ながら待ちの保育に徹することにより、子どもの遊びが活発になってきたことが確信された。

(2) 豊かな時間の回復

登園した子ども達は、園庭で自由に遊び、ある一定時間になると片づけをし、各クラスに入り、お集まりをして設定保育を行っていた。しかし、そのサイクルは、子ども達本来の時間でないことを子ども達の動きから知ることになった。そして細切れになっていた保育の時間を見直し、自由に遊ぶ時間を拡大した。

(3) 保育士の共通理解を深める

実践を深める中で一人一人の保育姿勢に差異が生じてくる。待ちの姿勢で共通理解をしていても、具体的な場面になると一人一人の対応が異なる。その人その人による小さな違いを違いとして認め合いながら、手を取り合っていく集団づくりを心がけるべきである。違いを認め合いながら、手を取り合う保育士集団が、子どもの活動を豊かなものにし、子どもの自由な行動を保障していくことになる。そのために園内研修に努め、保育士の職員集団の力を高めていくようにした。

この研究を開始した平成17年以降は、園内研修一月1回行い、時には講師を招いた。また、園外研修―グループ研修（熊本創美）も年間に数回行った。

やはり、一人一人の能力は限られているので、すべての職員一人一人がそれぞれの能力を発揮できるよう研鑽を積み、管理者としては、個の集団として発揮できるよう設定してあげることも大切になってくる。

(4) 自然素材との遊びをまとめ、個人記録の在り方を考える

もぐし保育園の保育を確立するために、「素材と遊びの深まり」と「個人の成長記録」の記録様式を作成した。

■保育内容を考える

人間の乳幼児期の育ちを考えるとき、自然に抱かれ体と心で自然を感じる体験や、自然を形成する水、土、木、石と深く遊べる環境を用意することで子ども達が自ら遊びを見つけ、拡げ、深め、自然と一体となって遊べるよう保育内容を見直した。

(1) 自然素材との遊びから
①水とのふれあい

水は柔軟で自由自在に変化を見せる。子どもにとって水での遊びは、自由な心を獲得し本能的意欲を満たしてくれるものである。胎児が羊水の中で育っている為か、幼児期は水で遊ぶことを大変喜ぶ。水との遊びは心を安定させ豊かな感性・感覚を育てる土台を作ることとなる。

②土とのふれあい
　子ども達はどろんこ遊びが大好きである。水や土にまみれて遊ぶことで心の抑圧、葛藤、欲求不満など、心の底にたまっているものを解消してくれる。こういう遊びを体験して子ども達は、自然の暖かさ、気持ちよさを肌で感じ取り、心身ともにすがすがしく洗われ、次の活動の意欲へとつながる。
　泥んこ遊びの嫌いな園児もいるため、どのようにかかわっていくか職員ともども検討しているが、一人一人の園児と泥団子を作るなどのかかわりを持ちながら、少しでも泥んこ遊びに興味を示すように心がけながら遊びに関わっている。

③木とのふれあい
　子ども達にとって木は、無限の可能性を持っている。草とともに命を感じる素材（木）は、触ったり、臭いを嗅いだり、並べたり、切ったり、折ったり曲げたりして遊びを深める。野山で出会う生きた木、枝、実、葉などから、五感を通して命を感じていく。
　木の遊びは、いろいろな想像力を発揮させる。一人で創作や造形活動する遊びから、集団で造形作品等を作り上げるパターンに発展したりしやすくなる。遊びの内容も、板や丸太をただ並べるだけから、板や丸太・角材などを利用し、簡単な家造りから進化した高度な家づくりに発展していく。子どもの想像力は素晴らしいものがあり、「3人よれば文殊の知恵」と言われるように、子ども達が集まって集団で行動するときは、いろいろなアイデアが出され、素晴らしい造形作品が生み出される。これも遊びの発展があってのことであり、既成のおもちゃで生み出される造形作品と自然素材での造形作品の違いも考えられる。

④石とのふれあい
　石は、自然の中で、長い風雪によって作られた。一つとして同じ物はなく、子どもたちの遊びの中で、昔の人が作った道具に似たものを作ったりして遊びを深める。
　このような体験は、豊かな創造性を培う。
　石の遊びとしては、ただ並べて遊ぶことから、仲間との共同制作に繋がったり、いろいろな物の形や造形などに発展し、遊びとして高度な物に成長している様子がうかがえる。
　自然を観察する力が、作品につながり、素晴らしい造形作品となってきている。

⑤動物体験
　子ども達が、小さな生き物と関わり、生きる営みのドラマを見つめる体験は、感動とともに命の尊厳や、思いやりの心を育てる。
　命の大切さを学ぶためにも、動物とのかかわりは大変重要である。ダンゴムシやミミズなども子どもにとっては、大切な遊びの教材の一つでもある。

⑥情感体験
　子どもが外に出て自然に抱かれ、自然に触れる体験は、命が命のふるさとに帰ったように心が安らぐ。このように自然に抱かれるとき、触・嗅・味・視・聴の五感が統合され、鋭い感性を育む。

(2) 群れて遊ぶ保育
①意欲を育てる
　子ども達が意欲を持って自ら遊べるようになるためには、まず何をしても許してもらえるという、解放感と安心感を子ども達に与えることである。そのことで信頼関係を持つことにより、自発的に身近な事物や出来事に関心を示して、自分の意志で何かをしようとする意欲が発揮される。そのためには、保育士が子どもを認め、子どもにまかせる生活を多くする「待ちの保育」が、求められる。

②社会能力を育てる　—群れて遊ぶ—
　子ども達の主体的な遊びが定着してくると、お互いに声を掛け合い年齢の枠がとれて、遊びの中から異年齢のグループが生まれる。その中でお互いの力を認め合い、思いやり・優しさが生まれ助け合ったりして子ども達自身でルールを作り新しい遊びを作り出していく。このように子どもが子どもとして生活する姿の中に、力強く仲間と育ち合う力、互いに躾け合う力（育て合う）、やさしさや思いやりが、着実に培われていく。
　集団の中では、何かとトラブルが起きやすいが、園児たちは遊びの中で、互いに話し合ったりする事により、園児自らがしていい事・悪い事の規則やルール作りを行い、ルールを守らない人は遊びの中に入れない等、法治国家として規則を守る事の重要性や社会性を学んでいる。

③表現力を高める

自然を形成する素材と関わり遊びを発見し、拡げ、深め、共に育ち合う仲間関係を作り、遊び込んだ痕跡がまさしく造形作品として残る。その造形作品を見るとき、子どもの心の充足と心の成長、感情の起伏とふるさと体験の深まりが読み取れる。子どもの絵画も同じで、子どもの好奇心の充実による心の躍動を伝えてくれる。また造形や絵画は心を発散させ、心を安定させ、意欲を持たせてくれる力をも秘めている。

　その年その年の園児の性格・行動にもよるが、どの子も発想力は豊かなものを持っており、園児の造形作品や絵画も力強い作品が生まれだし、創意と工夫の跡がうかがえるものが多くなってきている。

④子どもが生み出す子ども文化の形成

　大人が子ども達によかれと思って作った子ども文化だけではなく、子どもが子どもとして生きて、子どもが生み出す子ども文化をより重視したい。そのような子ども文化を形成しやすいのは、保育園での生活である。今の子どもに不足しているのは、今の生活体験や今の生活に至るプロセス体験である。その為には、自然素材を使って、遊びを発見し、拡げ、深め、共に遊ぶ中で、遊びとしてそのプロセスを体験することが重要だと考えている。そのような体験が、生きる術を身につけ、人間として豊かに生きていく基礎となる力をはぐくむことにつながる。そのことがここで言う、子どもが子どもとして生き、子どもが生み出す子ども文化の形成につながる。

■今後の課題
(1) 環境について
　①物的環境については、それぞれの空間がいつも整備され、子ども達が「今日はこれをして遊ぼう」と、より意欲が高まるように配慮する。いつ、どの素材を提供するか、片づけるか、子どもの状況に合わせて出来るようにする。
　②散歩については、"自然素材との遊びの助けとなり得る散歩"ということを念頭に置き、道草等での遊びを想像し、より豊かな散歩を開拓する。
　③子どもが子どもとして生き、子どもが生み出す子ども文化の形成を大事にすると共に、大人が与える文化(絵本、童話)についても重視し、よりいっそうの整備を進める。
　④保育士の資質向上のために、保育室と離れたスペースに置いた研修室を活用するため、より一層の整備を進める。

　遊びの素材の準備は大切なことであり、何を準備してあげるか、また、どのような種類か、大きいものか小さいものか、その準備の仕方によって子どもの遊びも大きく変化する。大きな素材は遊びも大胆になり、小さな素材は複雑な造形作品に仕上がったりする。子どもの状況により素材の準備が重要になってくるので、今後とも研鑽を積みながら配慮していきたいと思う。

(2) 保育姿勢について
　①待ちの保育をしていく中で、子ども一人一人の状況を園全体で共通理解し、きめ細やかな支援・指導のあり方を共有するよう努める。お互いがプロ意識を持って、常に子どもの気持ちを第一に考える保育士を目指す。
　②保育士同士、お互いに違いを認めながらも、その違いを生かし、共同性を発揮し、子どもを主体とする保育を推進する職員集団の形成に努める。
　③自然素材を使っての遊びの姿を把握し、保育士自身が、次の遊びのイメージを描けるまでに力量を高める。
　④遊び(生活)と絵のつながりを明らかにし、その子の成長を援助するために、家庭との連携を深める。そのために絵の読みとりの力をつける。

　研修の成果が少しずつ現れてきて、子どもを見る目、待ちの保育、子どもとの関わりなど一人一人の職員の資質の向上が見られる。

(3) 保育内容について
　学ぶ力・生きる力を育てる園生活(群れて共に育ち合う保育生活)の充実を目指す。その為に遊びを発見し(好奇心の充溢)　→　遊びを拡げ(意欲と自発性の重視)　→　遊びを深め(自信を持って自ら獲得する姿)　→　群れて遊ぶ(豊かな人間関係の中で共に育ち合う)道筋をより確かなものにするよう努める。加えて思いやり、優しさ、教え合う、かばい合う、お互いに「しつけ」合う。ここへ行き着くと言うことが分っての「待ちの保育」を実践する。

(4) その他
　保育所の役割とともに家庭での役割を考え再認識し連携する
　①よく遊び、よく食べ、よく寝るという基本的

生活習慣の確立を求める
　②卒園までには、時を守り（早寝早起き）、礼を正し（挨拶をする）、場を清める（身の回りの整理整頓）等の生活力を身につける。
　③お互いに、子どもの当たり前の生活を大事にしあう：食事（3食しっかり食べる）、テレビ（親子共々いい番組のみ見る、出来るだけ見ないようにする）、お手伝い、コミュニケーション（常に子どもの目線で話す）等。
　④保護者に園の方針・保育内容を伝え、家庭の役割、園の役割を共通理解し、真の連携を図っていく。
　⑤子どものことで、驚き、発見、工夫等の成長が見られたとき、お便り、口頭などで保護者に伝え、保護者と共に子どもの成長を喜び合う関係を構築する。
　遊びに熱中した園児は必ず伸びる、また成長していくという確信のもと、保育に取り組んでいますが、子どもの能力を信じ、一人一人の子どもの成長を願いながら保育に取り組む姿勢を継続させる事が、保護者の理解を得るもとになる事と思い、いろいろな形で情報発信しながら、園と家庭を結び付け子育ての一端を担っていきたいと思う。

おわりに

　保育環境を変え、群れて遊ぶ保育に取り組み、子ども自らが、自然に抱かれ自然を形成する物で遊べるよう努力してきた。今までの設定保育では、一斉指導となり、出来ない子には、そのことをやらせるための指導となっていたが、子どもを主体とし、自由を拡大した保育では、一人一人の思いを大事にし、一人一人にきめ細かな援助ができるということを確信するに至った。だから、保育姿勢としても、子どもが主体となって、子ども自らが遊びを発見し、拡げ、深め、群れて遊ぶよう待ちの姿勢が強まった。このようなことから、子どもが子どもとして生きて、子どもが生み出す子ども文化が形成される豊かな場と時を提供し、新しい役割を果たす保育園として、生まれ変わりつつあるのではないかと確信している。
　平成21年度卒園児の保護者から次のようなお便りをいただいた。原文をそのまま掲載する。

　　先日、とってもうれしい出来事があり、今回お手紙を書きました。
　　ちょうど1年前、卒園の際、○○の絵を額に入れ、卒園児の記念として頂いた絵をかざっています。
　　その絵を見て、○○が急に「この絵は、ワニが2匹向き合って、周りのニョロニョロしているのはへび。その中の丸いのは、ダンゴムシとおにぎり。そしてまわりの赤い所は土。みんなが仲良く輪になっておにぎりを食べているところ」と解説。
　　はじめて聞いた話で、まるで物語のようでもあり、また、もぐし保育園の教育（保育）のめあてであった輪をつくり、群れをつくり…と言うことを思い出し、やっと今になって分かってきたこの絵の本心を知り、つい先生へお伝えしたいと思いました。
　　共に支え合い、愛すると言うことを忘れていたように思え、日々の忙しい生活の中でも、子ども達は成長しているんだと考えさせられました。もぐし保育園で過ごし学んできた友達と協力し、考え、新しい物を作り出していくという事が今やっとあかされてきたようにも思えます。
　　小学校生活では、マイペースながらもこつこつと頑張っています。二学期では、友達にやさしく声をかけこまっている友達を助けている様子も見受けられたようです。もぐし保育園の先生には、感謝の言葉でいっぱいです。

　このお便りを読ませていただき、一人一人の園児と関わる中で成長している子どもの姿、また、保育者としてもっと自信を持って今後の保育に取り組んでいかなければと思う反面、保育者冥利に尽きるのではと思っている。
　今後も、保護者の理解と協力を得ながら、保育に取り組んでいかなければと心新たにしているところである。
　まだまだ、私たちの保育改革は始まったばかりで、今後も職員共々研鑽を積んでいく事が大切で、自信を持ってこれからの保育に邁進していきたいと思う。なお、最後に、この研究に当たっては多くの参考文献を読ませて頂き、参考にさせて頂き研究を進めて来た。

※この原稿は、「平成17年～18年の2年間に渡る、もぐし保育園での保育改革」を、その改革内容と取り組み、その思いと経過等についての研究発表（平成18年11月千葉県幕張メッセ）の原稿をもとに、一部修正を加えてまとめました。

ひまわり保育園の取り組み

阿部 浩紀（ひまわり保育園副園長）

■保育改革以前

　私は一般企業の勤務を経て平成16年にひまわり保育園で勤務を始めました。当時のひまわり保育園では、一方では生活面で子どもへのきめ細かい配慮と丁寧な保育を心がけ、設定保育できめ細かい指導を行うことで子どもの能力を高めようとし、他方では自由で主体的な時間もできるだけ確保し、外で元気に活動することにも力を入れていました。保護者のニーズに合わせ行事にも力を入れ、年間の保育計画は運動会や表現会を中心に策定し、行事間際になると行事の練習が子どもの主な活動になり、子どもの両親、祖父母などが見に来られるように近くの小学校の体育館を借りて大がかりなものになっていました。

　運動会のプログラムは保育士が綿密に計画を立て、短い時間にたくさんの種目を詰め込み分刻みで運営し、"見せるための運動会"になり保護者にも喜んでいただいていました。そういったことから、保育園は非常に人気が高く、「ひまわり保育園に入りたくても入れない」という声を良く聞き待機児童も大勢いました。

　外からは比較的評価の高い保育園だったのですが、内部では保育雑誌等でよく話題となる問題で溢れていました。私が感じた問題は、①子どもの発達、②保護者へのサービス、③職員組織に関するものでした。それぞれで感じていた問題は以下のようなことです。

　①子どもの発達に関して、情緒が不安定な子ども、指示をしないと動けない子ども、大人が相手をしないと自分では遊べない子ども、他の子どもをよく攻撃する子どもなど、いわゆる気になる子どもが増加傾向にありました。保育園ではきめ細かな配慮を行っていましたが、ひどくなる一方の子どももおり、何が原因かはっきりと分からず対応に苦慮していました。

　②保護者へのサービスに関して、保護者の要求に良く応えていたので、保護者からの人気はありましたが、一部の保護者からの要求が段々と高まり、全て応じるのが難しくなっていました。また、保護者も多様化していたので、保護者の希望に対してこちらをたてるとあちらがたたないといった状態でなかなか決定が出来ず、月一回の職員会では大半の時間が保護者対応に費やされていました。

　③職員組織では、クラスリーダーの保育観の違いによる派閥ができていました。考え方の主な違いは子どもを「自由」にするか「管理」するかでした。様々な場面で「自由」と「管理」の議論がありましたが、「自由」と「管理」は水と油で折り合いがつかず、クラスリーダーがそれぞれ自分のやり方で保育を行うことが多く、クラス保育になりがちでした。若手職員はクラスリーダーにより考え方を変えなければならなかったうえ、保育観の異なる職員への不満、中傷を聞くこともあり職員組織の雰囲気が悪く、若手職員の定着が悪かったように思います。

　こういった状況を改善するため、様々な研修会に参加し、保育に関する本を職員間で読み、良いと思われる方法を職員会議で話し合い取り入れました。しかし、どの方法も対処療法であったようで、取り入れてすぐには多少の改善があったように感じましたが、別の問題を生み出すことも多く、全体的な状況は悪化しているように思えました。

■創造美育協会の研修会

　保育の質を高める取り組みの一つで、徳島県創造美育協会が主催する勉強会に職員が自主的に参加していました。徳島県創造美育協会の勉強会では、参加者が熱心に子どもの様子や絵について語り、子どもに対する思いが伝わり、保育界に身を寄せて間もない私にとって非常に刺激を受け勉強になるものでした。ひまわり保育園の職員もその研修会に出来るだけ参加していました。

　当時、保育園で行っていた多くの設定保育の合間に子どもに自由画を描かせることは非常に骨の折れることでしたが、研修会に自分のクラスの「子どもの絵」を持って行くと、自分の保育も語れ、先輩の先生方からアドバイスを頂けるので、熱心な職員は時間を見つけては子どもに自由画を描かせ、夜遅くまで残って絵の整理をしたり絵について話し合ったりしていました。

創造美育協会の諸先輩方は精力的に魅力的な保育活動を行っていました。勉強会でその活動の内容を聞き、自園でも出来そうな活動を保育に取り入れていったので、徐々に子どもの活動や行事が増えていきました。そのことで保護者の評価はさらに良くなり、職員は大変ながらも充実感を得ていましたが、活動や行事が増えたことでその準備に追われるようになりました。職員は子どものために必死に頑張っていましたが、そのかいもなく子どもの絵や子どもの様子が良くなる兆しはありませんでした。
　子どもの絵や子どもの様子が悪くなっているのは全国的な傾向であったようです。私は創造美育協会の全国セミナールに2回ほど参加しましたが、年配の絵の先生方による子どもの絵の総評は「年々絵が幼くなっている」というものでした。3歳児までの子どもの絵はいいものがあるが4歳児、5歳児になると昔の子どもの絵と比べて幼く感じたようです。全国セミナール参加している保育園は、どの保育園も子どものことを思い熱心に保育を行っていましたが、4歳児以降に子どもが思ったように伸びなかったり、様々な問題を抱えている子どもが増えていたりすることに悩んでいるようでした。
　私は、創造美育協会に参加している保育園だけでなく、全国的に様々な保育方法が研究・実践され、以前にも増して子どものことを思い頑張って保育をしているにもかかわらず、子どもの様子が悪くなっている状況に、行き詰まりを感じました。このまま同じようなことを続けていても状況は悪くなる一方だと。そして、現在一般的に信じられている子育て及び保育理論は根本的に進んでいる方向がおかしいと思い始めたのです。そこで、一度創造美育協会の活動から距離を置き保育を今一度見つめ直そうと考えていました。

■本物との出会い
　そういった頃、平成16年に創造美育協会の全国セミナール鳴門大会でひまわり保育園の阿部和美副園長が長谷光城氏の講演を聴き、感銘を受けたことが保育改革の転機となりました。副園長が講演会から帰ってきてから、私に興奮しながら講演内容を語っていたのを覚えています。私は講演を聴くことが出来なかったので長谷氏の著書である「子育てルネッサンス」を早速読ませて頂きました。
　「自然の中で自然素材と語らい自由に遊ぶことが、子どもが子どもとして生きる道である。」著書では、種としての人類の発達の歴史とともに、個としての人間の発達の道筋が理路整然と語られ、それに基づき福井県で現在も行われている保育実践の記録がありました。そこには、本物の自然の中で生きている本物の子どもの生活と遊びがあったのです。
　今まで私たちがよかれと思い行っていた保育方法と方向が逆の内容でした。私の前の壁が崩れ去って行く感覚に襲われました。『バカの壁』は養老孟司氏の著書ですが、私もこれまで生きてきた中で文化、習慣、伝統、教育、メディアなどの影響を受け、知らず知らずのうちに壁を作っていたのです。この保育方法を行えば今、私たちが抱えている子どもの問題、保護者の問題、職員の問題のほとんどが解決出来ると思いました。しかし、その時は根本からは保育を変えることが出来ませんでした。なぜなら、保育園は問題は抱えつつも保護者からの評価は高く、保育園全体としては大きな変化を望んでいなかったのです。玩具や声かけを減らすなど、少しは改革を試みましたが、大きな改革は出来ないまま一年が過ぎました。
　平成17年度の徳島県保育事業連合会主催保育夏季大学で、私は初めて長谷光城氏の講演をお聞きしました。講演の中で、数々の子どもの遊びがスライドフィルムで紹介されましたが、その遊びは個々に力を付けた子ども達が力を合わせなければできない数々のダイナミックな遊び・造形物でした。自然環境の中で大人が見守り、子どもが主体的に育ちながら力を付け、大人の力を借りず子どもだけで造られたことを聞いて、講演での保育方法で育った子ども達の力が本物であることを確信しました。この時のひまわり保育園の子どもの力ではとうてい同じことはできないことに愕然とし、大人が子どもによかれと思い様々な指導や規制をしたために子どもの力が失われ、同じ年齢でこれほどの力の差が出来てしまっていることに、子どもに対して申し訳なく思いました。そして、子どものため、また日本の将来のために保育改革を決意したのです。それから、改革方法やその影響など脳内に様々な考えが頭を巡り、非常に興奮し、一週間くらい寝られない状態が続きました。それくらい私の脳の中枢に響く思想だったのです。

■保育改革
　まず心がけたのは、子どもが自由な雰囲気で過

ごせるように、大人からの指示・命令などを出来るだけ少なくすることでした。その過程で分かったことは、指示・命令をしなくても大丈夫な環境を創らなければ、自由な雰囲気での保育が難しいということでした。その頃、広いとはいえない園庭に、三輪車やスケーターなど動く遊具や、大型の固定遊具や回転遊具、バケツやスコップなどがたくさんありました。そのため、子どもがそれらのもので遊ぶ場合に、たくさんのルールを作って保育士が絶えず目を配り、子どもに声掛けをしなければすぐに喧嘩になり収集がつかなくなったり、使い方を誤り大きな怪我につながったりすることがありました。そこで、子どもが自由に活動するために、大人がルールを決めなければ遊ぶことの出来ない遊具を少しずつ撤去することにしました。

園庭の遊具が少なくなるにつれて、子どもが屋外で遊ばなくなり、屋内の玩具で遊ぶことが増えてきました。屋内には子どもがよく遊べるように大人が工夫して作った玩具がたくさんありました。子どもはそれらに依存しやすく、屋外の自然に関心を向かせようとしませんでした。子どもが自らに屋外に出て自然の中で遊ぶようにするには、屋内の玩具も少なくせざるをえなくなりました。遊具や玩具に依存的だった子どもは、自然物以外のモノが少なくなると、しばらくの期間は保育士にモノをねだったり、保育士から離れることが出来ず遊ぶことが出来なくなったりました。興味深かったのは、これまで聞き分けがよく、保育士の考えるように遊び、手がかからなかった子どもにその傾向が強いことでした。

しかし、時が経つにつれて"何をしても許される"ことや"大人の機嫌をとらなくてよい"ということが分かってきたのか、自分でしようという意欲が大人の想像以上に出現し、屋外の自然物で遊ぶ子どもが増えてきました。

この変化の過程を見て、大人の指示、命令が子どもの意欲・活力を奪っていることや、現代の子どもが大人やモノに依存しすぎており、内なる創造力が失われていることに気が付きました。子どもはモノがあれば容易に依存してしまうので、モノから自由になることが難しくなります。自由でなければ自然の中で大人の考えを超えた創造力に溢れた遊びを行うことが難しいことが子どもを観察して分かってきました。改めて「自由＝自然」であることを感じました。こうして、保育士の保育姿勢と環境が相互に関係し必然的に、「子どもはより自由に、環境はよりモノが少なく」という方向へ進みました。

■安全面の配慮

　子どもの意欲や能力が高まってくると、これまで考えもしなかったことで困らせる場合や危険なことも出てきました。例えば、高いところへ登ったり、室内で全力疾走したり、モノを投げたり、入っては困るところへ入ったり、壁紙を剥がしたり、数え上げればきりがありません。また、自由になったばかりなので解放感に浸り、感情を調整すること出来ず抑えが効きませんでした。子どもの意欲を失わせないようなるべく禁止せずに対処するには、これまで以上に子どもの様子や環境に目を光らせ、職員間で連携をとりながら知恵を絞る必要がありました。しかし、対策を考えても、子どもが大人の予想を超えた行動をすることもあり、大人との知恵比べとなりました。例えば、高いところへ上れないように、足をかけることが出来ないようにすると、より小さい場所に足の指をかけて上ることが出来るようになったり、何人もの子どもが台になって上らせたりするようになりました。かなりの対策をとりましたが、そのようないたちごっこは現在も続いています。大人にとっては非常に困ることですが、子どもの能力の高まりに感動し、嬉しくも感じます。

■職員の意識の変化

　保育改革をするにあたっては、職員がこれまで学んできたことや、実践してきた保育と大きく異なる部分があることから不安や疑問が少なからずあり、改革当初、職員は次のような疑問や不安を感じていました。

・集団生活の中でどこまで自由を与えることが出来るのか。
・子どもの欲求をどこまで聞くことが出来るのか。ワガママになったりしないのか。
・玩具や遊具が無く、自然素材を使って子どもだけで遊ぶことが出来るのだろうか。
・しつけや訓練（トレーニング）をしなくても必要なことが身に付いていくのだろうか。
・保育方法が良いことは分かるが保護者の理解が得られるのだろうか。

　疑問や不安は、職員がこれまでの子ども観を変

えることができず、大人が思い描いている子ども像に導かなければならないと思い込んでいることから起こっていました。そのため、保育ではありのままの子どもを観るように努め、子どもの行動をよく観察、記録しました。そして月に数回、夜に研修会を開き、記録した子どもの様子と参考文献と照らし合わせながら意見交換し、ありのままの子どもの姿について理解を深めました。

また、先進的に保育実践を行っている福井県若狭町や大野市の保育園に職員が交代で見学させて頂き、保育園の環境や子どもの様子を見せて頂いたり、沢山のアドバイスを頂いただいたりしました。見学させていただいた職員は勉強になるとともに勇気を頂きました。そして、子どもを信じて保育をしているうちに、子どもには職員の予想以上の力がついてきたので、疑問や心配は杞憂であることがわかり、さらなる保育改革の自信へと繋がったのです。

■保護者の意識の変化

保育園の環境や職員の子どもへの対応がこれまでとは異なるため、保護者からは賛否両論が聞かれるようになりました。そのため、保護者がどのように感じているかを把握し、疑問や不安を解消するために保育説明会を数回行いました。初期の頃の保育説明会で聞かれた賛成意見は次のようなものでした。

・これまでは行事などが派手で子どもを一生懸命頑張らせすぎていたし、保育士も無理をしすぎていたのではないか。
・これまで、木や石など自然の素材を使っての遊びをしていなかったのが不思議で、そのことについての違和感はない。
・これまでの事を捨てて、新しいことに積極的に取り組む姿勢は良いと思う。

一方、疑問や不安は次のようなものでした。

・服や靴が非常に汚れ、洗濯物が大変になった。
・しつけや訓練をせずに小学校へ行った時、きちんと出来るかどうか不安である。
・自然だけで遊びの選択肢が少ない。他の遊びを教えたり、指導をしたりして欲しい。
・木や石で遊ぶことや喧嘩による怪我が心配である。

・園内と園外でして良いこと悪いことの基準に違いがあり、子どもが混乱するのではないか。

保護者の疑問や不安に対して、保育説明会の中で子どもの保育園での生活の様子を映像で紹介しながら子どもの発達について説明したり、個人懇談の事前調査としてアンケートを行って意見を聞いたりし、個人懇談で子どもの様子を伝えながら丁寧に説明し理解を求めました。何度も丁寧に説明を行うことや子どもに少しずつより良い方向へ変化が見られたことで、徐々に保護者の理解が深まっていきました。また、保育改革当初は小学校へ上がった時に慣れにくい子どもがいたようですが、6年経った今ではそういった声もほとんど聞かれなくなり、逆に意欲的に楽しんで行っているとの声が増えてきました。

■子どもの変化

子どもが自由に自然とかかわり始めると、年々逞しく野性的になっていき、その姿は自然そのものに近づいていると感じます。自然素材と戯れ意欲的に友だちと力を合わせて遊ぶ姿は感動的です。本物の遊びをした子どもは総合的に発達するので、5歳児にもなれば自然と生活力も身に付いています。場の雰囲気に応じた対応も出来てきます。大人があれこれ指導していた頃より力が付いているのです。何故そうなるのか。そう発達するように仕組まれているとしか説明のしようがありません。

■生活の変化

保護者に保育方法についての理解を得るために、子どもの発達に関する理論や保育園から観た子どもの様子を伝えるだけではなく、客観的な指標でも伝えることを試みています。一つは家庭生活アンケート調査、もう一つは体力調査です。

家庭生活アンケート調査では、保育改革を行ってから就寝時間とテレビの視聴時間に大きな変化が見られました。平日の就寝時間の5歳児の変化は、平成18年に平均約21:20であったのが平成23年には平均約20:45になりました。平日のテレビの視聴時間の5歳児の変化は平成18年に約2時間であったものが平成23年には約44分になりました。昼間屋外で全身を使って精一杯遊ぶことにより、家に帰る頃には疲れ切っていてすぐに寝てしまうようです。

就寝時間が遅くなることによる睡眠不足では、

成長の遅れや食欲不振、注意や集中力の低下、イライラ、多動、衝動行為等の影響があるといわれています。テレビの長時間の視聴は、集中力が弱い、落ち着きがない、衝動的などの注意欠陥障害になる危険性が大きいと言われています。保育改革を行ってから子どもの発達が以前とは見違えるようになり、落ち着きが見られるようになったのは、子どもの保育園での遊びが充実すると共に、家庭での生活がより自然状態になってきたからだと考えられます。

体力調査は定期的に全国調査が行われている幼児運動能力検査とその改訂版（東京教育大学体育心理学研究室作成、25m走、立ち幅跳び、テニスボール投げ、両足連続飛び越し、体支持持続時間の5種目）を用い、平成22年度に初めて実施しました。年齢は4歳児と5歳児です。結果は、4,5歳児ともにすべての種目で全国平均より高く、年齢が半年から一年上の子どもの記録と同じくらいでした。徳島県の小中学生の体力は全国順位で低迷していますが、同じ地域でも自然の中で自由に育った子どもの能力の高さは抜きんでています。

■さらなる改革へ

保育改革が始まってからの6年間、「子どもが子どもとして生きる」ということについて考えてきました。ありのままの子どもを観ていると「子どもは自然」であることがよくわかります。「子どもは現実」といってもいいでしょう。現実とは、良いことも悪いことも全ての事象を内包しています。一方、現代の大人はどのような存在でしょうか。ありのままの子どもを観ていると「大人は概念」だと感じます。大人が長い歴史の中で考えた「あるべき姿」の概念を所謂「大人」として現実の世界に表してきましたが、概念が暴走し現実の人間が概念に振り回されています。現代の日本の子どもは、以前に比べ大人と一緒にいる時間が増加し、大人も積極的に影響を与えているので、容易に大人化＝概念化しています。「おとなしい（大人しい）」子どもが増加し、ほとんどの子どもがそうなってきていることがその状況をよく表しているでしょう。現在の日本では本来の子どもらしい子どもは、ほとんどいなくなってしまっているのではないでしょうか。

人間は学習能力の高い動物なので、子どもは身の回りにある大人や大人の影響を受けたものに容易に影響されてしまいます。これは現代の日本に生きている以上、逃れようもありません。しかし、その中でもできるだけ長く「子どもが子どもとして生きる」状態を続けられる環境を作ることがこれから求められるのではないでしょうか。

ひまわり保育園でも、現代の日本社会と折り合いをつけながら、さらなる本来の「子ども」を追求していくのがこれからの課題であると考えています。

済生会松山乳児保育園の取り組み

武智 孝子（済生会松山乳児保育園園長）

■済生会松山乳児保育園の特色

当園は松山市郊外にあり、乳児保育のニーズが高まってきた昭和44年に開設された乳児保育園です。定員60名で産休あけから3歳未満児を受け入れています。良い環境（人的・物的）の中で、豊かな人間性を培い、生き生きと自分を表現し行動できる子どもに育てることを保育目標としてきました。子どもも大人も、ほっとできる家庭的な保育園を大事にしてきました。

乳児期は人間発達の基礎で、人間の根っこが育つ大事な時代です。特に0歳の頃は、離乳や歩行・話し言葉の開始はもちろん、心の発達の著しい時期です。子ども達のそのままの姿を受け入れ、おなかがすいたら「おなかすいたね」とミルクを飲ましてくれる、オムツがぬれたら「ぬれて気持ち悪かったね、おむつを替えようね」とオムツを替えてくれる。泣いたら抱っこしてくれる。初めて一歩がでて歩けた時は「歩けたね。すごい！すごい！」と一緒に喜んでくれる。どんな時も何があってもわかってもらえる。受け入れてくれる。そのように子ども一人ひとりが安心して生活できる豊かな環境の中で、愛着関係をつくり、保育士との信頼関係を大切にしてきました。

物的環境としても、「壁面装飾」はせず、芸術家の絵を飾り、プラスチックより木製の玩具を用意し、保育室にテレビは置かず、できるだけ外で

遊び、体験することを大事にし、子どもが自由に遊べる良い環境を考えて保育してきました。

■主任保育士として
　初代の故永田富美子園長が「創造美育協会」の会員だったこともあり、"人間の自由とは""創造力のある子どもの絵とは"などを問いながら保育に取り組んできました。そのようななかでベテラン保育士が多く、保護者の信頼を得てはいましたが、保育のマンネリ化も感じていました。そしてその頃、子ども達の不登校、引きこもり、考えられないような凶悪な犯罪などが社会問題となってきていました。そのような現象に対して子どもを育てる仕事をしている保育士として、「どのように育ったのか」「どのように育てられたのか」「どんな子ども時代を過ごしたのか」と一人の人間の育ちを考えると同時に今、何を大切に保育していかなければならないか私自身考えることが多くなりました。平成17年、私が主任になった頃です。

■出会い
　そんな時出会ったのが長谷光城先生です。保育誌『げんき』を愛読していたこともあり、長谷光城先生を招いて職員の研修をしたり、講演を聴いたりする機会がありました。その話の中で、人類500万年の歴史を一人の人間が体験しながら成長するように仕組まれている。つまり乳幼児期は原始時代にあたり、「原始に帰れ」「自然の中で群れて遊べ」という話は衝撃的であると同時にうなずけるものがありました。
　長谷光城先生が在住され20年以上前から「自然を形成する水、土、木、石…等の初源的な素材で遊び、自然の中で群れて遊ぶ保育」をしている福井県の保育園に見学に行きました。
　園庭は広々としていて、もちろん既成の遊具は何一つありません。あるのは小高い山と土山そして砂場でした。見ているとゆったり落ち着ける、そして遊びたくなる園庭だなと感じました。園庭の隅を見ると、裏山から切ってきたという自分のからだより大きな枝つきの木を引っ張ってきて、木の皮をただひたすら剥いでいる子がいました。そのうち樹液に気がつきまた皮を剥ぎと、かなりの長い時間をただの生木一本でこんなにも遊べるのかと、子どもの木に対する興味・関心、そして集中力に感心したのを覚えています。
　ホースから出る水で、ただひたすら遊んでいる子もいました。部屋のサッシの戸の溝に水を流し、その流れ方をじっと見てまた水を流しています。「部屋の中に水が入るからダメよ」という保育士はいません。保育士は子どもの遊んでいる姿を見守っていました。何をしても自由で、遊べる環境でした。
　未満児の部屋をのぞくと、保育士に抱かれて腕の中で気持ちよさそうに眠っている子がいました。当園の0歳児の部屋をのぞいた時と同じゆったり安心できる光景でした。ただ違うのは保育室の前には、幼児とは別の乳児専用の庭があり砂場があることでした。
　福井の保育園で子ども達がじっくりと自然の素材に向き合い、一人ひとりが生き生きと遊んでいる姿を目にして、私自身の心も解放されて自由になったような気持ちになっていました。ずっとここに居たいような自然に抱かれているような暖かさを感じました。当園にも土山を作りたい、自然の素材を用意したいと思いました。

■物的環境の整備から～生き生きとした子ども達の姿～
　そして平成19年7月。「子ども達が好奇心を発揮し、十分に遊ぶ」ために、園庭にあった玩具を片付けることから始めました。職員間で話し合いましたが賛否両論、玩具をなくして遊べるのか、一度にすべてなくすと子どもは戸惑うのでは、0歳児の子どもは玩具がなかったら何をして遊ぶのか…でも進まないと始まりません。まずは行動、玩具をなくしてそれからまた考えようということになりました。
　園庭に土山を作るために、乳児に適した砂を見つけるために、長谷先生と園長と保育士で松山、砥部、小田…の山、畑、川など0.1.2歳児に適した土や砂を探しました。感触が柔らかく、細かい、手で触って握ると気持ちの良い乳児に適した砂が見つかりました。気持ちの良い柔らかな松山の自然の温かさを感じる土が見つかりました。園庭に土山を作り、砂場の砂を入れ替えました。
　そして、玩具をなくしました。翌日、玩具のない園庭で「三輪車がない」「ままごと道具がない」と聞いてくる子どもや捜す子どもはいませんでした。それどころか、まったく抵抗なくその日から、水・砂・土等で遊んでいました。
　0歳児の子を保育士が抱いて園庭に出ると、風で揺ら揺ら揺れている葉っぱの動きを、じっと見ていました。"うんうん"と喃語が出ます。「風が

気持ちいいね」「葉っぱが揺れているね」と保育士が子どもに言葉をかけると、保育士と風を感じ、葉っぱの動きを感じているようでした。ハイハイ出来るようになった子は、園庭で這って自由にどこにでも行こうとします。砂や土があるとまず触ります。ときには口に入れて舐め確かめます。水溜りがあると手で触れぴちゃぴちゃ水面をたたき水の変化を感じている様子です、土山にハイハイで登ってみようとする子もいます。這えるようになったばかりの子が手と足と全身の力を使って自分で登っています。

見ていると周りのもの何もかもが初めてで、すべてのものに興味があって何でも触って試してみたいというような様子で自由です。そのような姿は人間の本能的な喜びを満たし、これから生きていくための源・基本的な力をしっかりと身につけていっていることを実感できました。

１歳児の歩けるようになった子は、園庭で探索活動をしながら２歳児のお兄ちゃんやお姉ちゃんが葉っぱで遊んでいるのを見て、自分も葉を取ろうとします。その葉を水たまりに落としたり浮かべたり、水たまりに自分の影が映っているのに気がつき不思議そうに眺めている子もいます。

２歳児の子は土や粘土で遊びながら最初は感触を楽しみ、だんだん遊びが拡がります。だんごにする時は、軟らかいだんごになりそうな土を自分で見つけます。スコップはないので、手で掘ります。土が固いと道具がないので水を口に含んで運ぶことも考えます。両手でコロコロ丸めるその手つきは職人のように器用で、ふと保育士が見とれることもあります。丸めた粘土を積み重ねたり、葉でくるんだり、枝を挿したりして造形作品ができてきます。

２歳児の子が、違う種類の葉の匂いを嗅ぎ「この葉っぱ、臭い」と葉の匂いの違いに気づくこともあります。乳児保育園の０・１・２歳児の子どもたちが自分で触って、舐めて、這って、歩いて自然を感じ、自分で遊びを発見し、遊びを拡げ深めていく子ども達の姿に保育士の方が感心したり、驚いたりの毎日でした。保育士は子ども達が生まれながらに持っている、感じる心、考える力、創り出す力を確かな力として感じてきました。子どもの変化から子ども本来の姿を感じてきたのです。

毎日登園すると、すぐに庭に出て遊ぶ子ども達ですが、どんどん遊んで暑くなると自分で上着を脱ぎすて、また遊びに行っていました。暑くなると自分で衣服を調節していました。１，２歳の子どもですから、今までは汗ばんでいる子どもの姿をみて、保育士が一人ひとり脱がせたり着せたりしていたことが多かったような気がします。

昼食前になり十分遊ぶと、室内に入って手を洗い机の前にちょこんと座っている子がいました。おなかがすいてきて、早く給食を食べたいようです。「ご飯よ」「部屋に入ろう」「手を洗ってからご飯にしようね」と保育士が声をかける前に、十分遊んでおなかがすいたから、部屋に入って食事の準備を自分でして待っていたようです。

自ら十分遊んで、おなかいっぱい食べて、自分の布団に横になるとぐっすり眠ります。熟睡です。朝起きるのが遅く眠りにくい子もいますが、遊んで食べて眠る、とても人間的な生活が自然に出来るようになってきています。一人ひとりの子どもの育ちに応じた手助けや援助が子どもの育ちをスムーズに進めているようでした。五感が刺激され心豊かに育ち、生活習慣も自然に身につき、生活する力も身についているという感じがします。

■**人的環境の整備〜意識改革〜**

保育者も園内外の研修を重ねました。全職員が交代で福井の保育園に見学に行きました。園内の研修はもちろん、長谷先生を招いての勉強会、「熊本創美」や徳島での研修にも参加しました。玩具をなくして自然の素材で遊ぶ保育に疑問をもっていた保育士も、意欲的に遊んでいる子どもの姿を見て少しずつ納得しました。研修を重ねることで、共通理解もできてきました。

子どもたちは自然との遊びに集中し深めることで、絵画、造形活動も充実し始め、意欲的で力強い創造的な絵も出始めました。

でもそんな中いろんな問題もでてきました。お

もちゃがなくなって子ども同士が生でぶつかることが多くなった為かトラブルが増えました。1、2歳児は自己主張をする時期です、トラブルも多い時なので、大人がゆっくり待つことを大事に保育していましたが、怪我をしては…と思って保育士は喧嘩を止めることも多くありました。トラブルは減らず、少し距離をおいてもう少し待って、見守ることにしました。時間はかかりましたが、力加減がわかったり、言葉で伝えたり、仲裁する子も出てきました。既成のおもちゃがないので、自分たちで工夫したり、友達と協力したりするという、2歳児の子どもたちに自らが考えて共に遊ぶ姿も見えてきました。

保育士が"見守る"ということもなかなか難しいことでした。一緒になって保育士が遊んでしまう。"危ない"からと子どもが試してみる前に止めてしまう。"危ない"と今までは園庭にある木に登ることを止めていましたが、子どもが興味をもち、やってみたいと思っていることはさせてやりたい、自然に抱かれ自然素材との遊びに集中し子どもなりに挑戦したり冒険しようとしている姿を励ましたい、と思う保育士の気持ちの変化もこの保育を始めて変わったことでした。でも木登りも、登れない子を抱いて上がらせている保育士、やっぱり危ないからと登るのを止めている保育士といろいろでした。

■子どもを主体とする保育

"見守る"という保育もクラスで話し合い、職員会議で討議を重ねました。木登りをさせ見守っている保育士から、自分で登れる子どもは何度も試み気をつけて登るから、木から落ちることはほとんどない。時には、ずるっと木からすべり落ちることもあるけれど、また何度も挑戦し自分自身の身体が覚え、手や足を上手く使って登ろうとしているという子どもの姿を聞き、じっくり子どもの姿を見ることで子どもの力も育っていたようです。子どもの発達段階を理解した上で、子ども自身が身に付けている力を認め、見守ることの大切さを感じました。今まではついつい、いろんな理由で遊びを止めていたことに気づきました。木に登れた時の、満足そうな自信ありげな表情はなんともいえません。そんな日は必ず、その子どもは親に木登りができるようになったことを見せて誇らしげです。子どもと親と保育士と子どもの育ちを感じる嬉しいひとときです。

そして子どもに寄り添いながら見守る保育を続ける中で、子どもの育ちが見えてきたり、ゆったり伸びやかな絵や、精一杯の力を発揮したスケールの大きい迫力のある絵が生み出されてくると保育士の確信、自信になりました。職員全員が話し、思いをぶつけるなかで考え共通理解もしていきました。「この子は、まだ木登りが出来始めたばかりだから、近くで見守ったほうがよい」「この子は、自分の力でしっかり登れるから、大丈夫」「この子は、今挑戦しようとしている時だから、じっと待とう」と子ども一人ひとりを、職員全員が理解して協力しながら見守りました。

ままごと道具や三輪車、自動車はなくしましたが、園庭にブランコと滑り台は残っていました。保育士達は「自然の素材で遊ぶ保育」を続ける中で、ブランコや滑り台が園庭にあることに疑問を持ち始め、平成21年の秋、とりあえず撤去してまた考えようということになりました。でもこの時は保護者から「自分で一段一段階段を上がり、やっと滑れるようになり子どもが毎日楽しんでいる滑り台を何故取り除くのか」「保育園に滑り台は必要では」という意見がありました。いままで、玩具を片付ける時もそのつど、前田中園長が園便りなどで伝え、保護者に理解を得てきたのですが、滑り台を撤去した時は少し違いました。担任も園長も自然の素材での遊びの大切さを伝えました。子どもの毎日の遊びの中からの育ちを伝えました。保護者の方も撤去した理由がわかり、子どもの育ちを感じる中で少しずつ「自然の素材で遊ぶ保育」の大切さをわかってもらえるようになった気がします。保護者の理解は嬉しいことです。

■今後の展望

「自然の素材で遊ぶ保育」を始めてから5年。私

が園長になってから2年目ですが、振り返ってみるといつも子どもの姿に、成長に励まされながら保育してきたような気がします。平成23年3月、東北で震災のあった春、2歳児のT君が自分の身長の4、5倍はある園庭の桜をじっと見て「あっ。ピンク色になっとる」と、保育士よりいち速く前日とは違う桜のつぼみの色の変化に気づき、春を感じている子どもの姿を担任から聞いた時、私自身がとても優しい暖かい気持ちになりました。いつもと変わりないことに幸せを感じる震災後だったので、なおさら子どもの豊かな感性を嬉しく思いました。こんな自然を感じる中から生きる力、生きる勇気を得ていくような気がします。

3歳児以上がいないため、真似て遊ぶ子どもがいない乳児保育園で0、1、2歳児は伸びないのではといわれましたが、上から抑圧されるものがなく、保育士に見守り励まされるなかで、自然素材とかかわり自らが遊ぶことで、遊びも深まり、子どもたちは自分の力を出し切って、想像を超える遊びを創り出しています。人として生きていくために大切な「意欲」と「社会性」が育とうとしています。友だちと共に遊び育ちあう姿も見え、友達を思いやるやさしさも芽生えているようです。

これからも乳児保育園の子どもの健やかな成長を考え、自然に抱かれる自然体験を人事に子ども主体の保育を続けていきたいと思っています。

まくらざき保育園の取り組み

俵積田 惠美子（まくらざき保育園園長）

■長谷光城先生との貴重な出逢い

エイデル研究所が出版する『げんき』の表紙絵で長谷光城先生を知り、2004年第41回鳴門全国セミナーの記念講師を依頼するために、福井まで訪ねていったのが最初の良き出逢いです。また、平成18年から開園するまくらざき保育園で、長谷先生が提唱している「子どもの造形活動を深めて創造的な絵を生み出す」保育を実践するために、先ず保護者の前で5歳児に絵画指導をお願いし、その後絵の重要性について保護者にわかりやすく説明をしていただきました。長谷先生のご尽力のおかげで、子どもが取り組む造形や生み出す絵について保護者から信頼を得ることができ、個人記録の事例研究やふれ愛タイム育児相談を5年間継続実践しています。

また、貴重な出逢いを後世に残すために、長谷先生に塀を兼ねた木製遊具のデザインをお願いしたところ、ご多忙にもかかわらず快く引き受けてくださり、木造公共施設整備事業として、平成23年3月に「海と山」と題した木製遊具が完成しました。その造形美が園の貴重なシンボルとなりました。

■公立保育所から民間移管しての保育改革
①5年間の保育改革

平成18年の開園当初から改定保育指針を目標に、全職員で5年をかけて、保育課程の内容を加筆訂正しながら保育改革を進めてきました。「子どもの造形活動を深めて創造的な絵を生み出す」事例研究は、長谷先生のご指導助言により、平成19年から毎月各年齢別に子どもの遊びをまとめて毎年冊子にしてきました。

また、入園から卒園までの個人記録「子どもの育ちのあゆみ」を作成し保護者と共有しています。子どもの心情としての絵を、年齢ごとに5枚の絵を選び、創造的な絵を生み出す過程として個人記録に保存しています。そして、子どもの遊びの意欲を捉える方法として、春、夏、秋、冬の期ごとに、子どもの遊んでいる姿を写真で記録して保存しています。さらに、子どもの育ちをより的確に把握するために、6ヶ月から6歳までの「発達チャート」を見やすく一覧表にしました。項目として、生活習慣・衛正・健康、運動、言語、人とのかかわり・自我の発達があります。

一年間の個人記録「子どもの育ちのあゆみ」は、養護と教育・遊びと絵の表現活動を一体的に捉え、連続して育ちの見通しができるように工夫していますので、子どもの心情・意欲・態度の「保育カルテ」として「ふれ愛タイム育児相談」で保護者への保育指導に役立っています。

② 「子どもの育ちのあゆみ」の事例研究

　「子どもの育ちのあゆみ」の個人記録には、入園から卒園までの絵を心情意欲態度として、年間5点を保存しています。年齢ごとに記録に残すことで、内面的な情緒の安定や表出・表現の成長を一目瞭然に示せます。今後益々保護者への個別支援が必要とされますので、心象表現の個人記録は大変重要だと思います。一人ひとりの子どもが、自ら造形活動を深め友だちと大きな造形作品を生みだせるように環境を整え、子どもの育ちのあゆみをもとに、造形作品と絵の見方を事例研究しながら、今日までの取り組みをより一層確かなものにしていきたいと思っています。

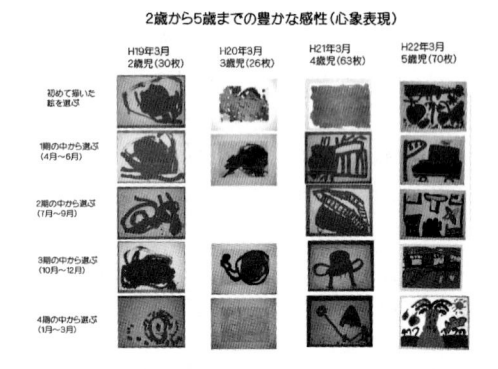

2歳から5歳までの豊かな感性（心象表現）

	H19年3月 2歳児(30枚)	H20年3月 3歳児(26枚)	H21年3月 4歳児(63枚)	H22年3月 5歳児(70枚)
初めて描いた絵を選ぶ				
1期の中から選ぶ (4月～6月)				
2期の中から選ぶ (7月～9月)				
3期の中から選ぶ (10月～12月)				
4期の中から選ぶ (1月～3月)				

③ 「子どもの育ちのあゆみ」を発行～保護者と共育ち共育て

　開園半年前に、保護者による調査アンケートを実施したところ「園での子どもの様子を知りたい」との要望が多いでした。そこで「子どもの育ちのあゆみ」は、入園当初の親子写真を表紙にしています。そして、春・夏・秋・冬の期別に年間4枚子どもの遊びの様子を写真で記録して、年度末に保護者に渡しています。保護者の感想として寄せられたのは、自然物や友だちといきいきと遊んでいる子どもの姿から、保育内容を具体的に理解することができたと大変好評です。その結果、一斉保育から五感をゆさぶる自然素材での子ども主体の遊びを、保護者が共感してくださり、子どもの造形活動を深めて創造的な絵を生み出す保育実践を継続することができました。

④ 地域へ創造美育の啓蒙運動

　枕崎には現代美術展「風のビエンナーレ」で有名な南溟館という美術館があります。3月上旬に、全園児の作品を1点白マット額に入れて展示しています。いきいき心の自己表出・心象表現（絵画）展とあそびの原体験（写真）展です。また、福井県の故木水氏が「我家の玄関に子どもの絵」を飾る運動を提唱したと知り、第1号の卒園児から、卒園式に絵を額に入れて展示し、家の玄関に飾ってもらえるように、卒園記念品としてプレゼントしています。また、地域の方へ絵画の表現活動を理解してもらう方法として、保護者会で卒園児全員の絵を壁面製作のパネルにして卒園記念作品として展示しています。創造美育の啓蒙運動の一貫になればとの願いからです。

⑤ ふれ愛タイム育児相談

　絵は、子どもの「心のつぶやき」です。ふれ愛タイム育児相談は、子どもの絵を保護者と共に見ながら、内面的な心情・意欲・態度について一緒に考え、視覚を通して子どもの感性を受けとめることができます。子どもの発達援助にも役立ち保護者への保育指導として活用できますので、保護者の子育て支援に効果的です。また、保護者と保育士が子どもの子育ての悩みを共有でき、保護者が自らの子育てをふり返ることで、自律した子育てができることになります。アンケートの結果から、7割以上の保護者が「よかった」「子育てに役立った」「心象表現は必要だ」と思い「これからも参加する」「他の人にも知らせる」という意見が多数寄せられ、よい結果となりました。また、夫婦で参加している方が3割いて、一緒に参加することで共通理解ができ、子育てについて話し合うよい機会となり協力してくれるようになったと喜ばれている実態を把握することができました。また、父親、母親としての役割や意識に変化があったことなど再確認でき、ふれ愛タイム育児相談の必要性をますます感じています。

◎平成19年4月～12月までアンケートを実施
（目的）心象表現（絵）を見ながらの「ふれ愛タイム」育児相談に全保護者が参加している実態から、3年間の実践の満足度を無記名でアンケート調査する
（対象）・全保護者　54世帯　・回収率　100％　・調査項目～6項目
（評価）
・次回はぜひ父親と一緒に参加したいと思った母親

からは「家に帰ってから、父親とお互いの子育てを話し、アドバイスしてもらった事を参考に、改めて子どもの個性や感性を大事にしてあげようと話し合いました。日々の生活に追われると、なかなか立ち止まってふり返ることもできないので、育児相談がいいきっかけとなりました」。(H18)
・夫婦で参加して、納得してくれた父親からの手紙として「絵には、子どもの未熟な言葉で表現できないたくさんのメッセージがあると思います。子どもの心を診る手段としてとても参考になります」。(H19)
・嫌々ながら参加して後悔した母親からは「入園して２年目、嫌々ながらの参加でした。ところが、もったいない！最初から参加すればよかったと後悔しています。言葉で伝えられない子どもの絵の表現力すごいです。自分のしつけの見直しや、今後のあり方、とても参考になります。子ども一人一人の成長がとても楽しみです」。(H20)

⑥保育課程の表現活動について、年齢別に子どもの心情・意欲・態度について個人記録「保育カルテ」の実践

保育所保育指針の表現は「感じたことや考えたことを自分なりに表現することを通して、豊かな感性や表現する力を養い、創造性を豊かにする」です。そのねらいとして、
1) いろいろな物の美しさなどに対する豊かな感性を持つ（心情）
2) 感じたことや考えたことを自分なりに表現して楽しむ（意欲）
3) 生活の中でイメージを豊かにし、様々な表現を楽しむ（態度）

絵は、子どもの「心のつぶやき」です。絵を描き表出することによって心理的な情緒の安定を図る活動です。子どもの絵による内面的な心情（思いや気持ち）・意欲（遊びの深まり）・態度（人との関わり）を、保護者と共に視覚を通して考えることができ、子どもの感性を受けとめる機会になります。子ども自らが自己実現していく心象表現を、年齢別に個人記録「保育カルテ」として残すことで、継続して事例検討ができる効果があり、ふれ愛タイム育児相談で保護者への保育指導として活用しています。子どもの内面的な育ちのあゆみを、入園から卒園まで保育歴のカルテとして事例研究しています。

■自然素材のあそびから造形活動の充実へ

開園１年半が過ぎてから、遊びの事例研究として「五感をゆさぶる自然素材と子どもの遊びの深まり」を年齢別に毎月記録に残し毎年まとめて冊子にしました。その実践を通して、子どもの遊んでいる様子や遊びの深まりを観察することができ、園の目標として掲げている「子どもから学ぶ」実践ができました。

そして、平成22年度の活動写真をもとに子ども達の造形活動と造形作品を７つに分類してまとめる事例研究を行いました。
◎保育士が一生懸命に実践を通して学んだことを、新しい担任が下記に簡単にまとめて報告します。

乳児
◎乳児にとって、水に触れた時の笑顔、発見、意欲、水との関わりがいかに重要かということを改めて感じました。個々の発達をふまえ、次の段階を予測して環境を工夫しながら、遊びを深めていきたいと思います。（笠畑裕子）

１歳児
◎７つの分類を学んだことで、子どもたちの遊びの様子を見ながら、どういう状態なのだろうと、深く考えるようになった。各年齢で遊んでいる様子を一覧表にすることで、年齢ごとの成長を改めて実感できた。（茶園順子）

２歳児
◎子どもたちは、様々な素材を工夫しながら遊びを深めていることに気づいた。遊びの展開として、一緒にやっていざなうことも大切だと感じた。私自身、分類を意識しながら取り組むことが大切だと思った。（竹山美紗子）

３歳児
◎分類に悩み、遊びの段階を捉えずに遊びの写真を撮っていた事を反省した。遊びも乏しい事に気づいた。分類を自分でしっかりと頭に入れながら、子どもの面白い遊びを見逃さないようにしていきたい。（山中涼子）

４歳児
◎初めは、どういう意味かわからずに戸惑ったが、試行錯誤していくうちに理解できるようになった。子どもの目線で、発見する子どもたちの姿を見逃

さず遊びの写真を撮ることの大切さを改めて実感した。（立石美紗）

5歳児
◎子どもたちは遊び込んでいると思ったが、行為・状態・配置．配列の遊びだけに偏っていることが分かった。遊びが深まるように環境を整えて、自ら遊び込んでいくようにしたい。（茅野優）

全園児の様子から
◎昨年は、新園舎の増築工事があり、子どもたちの遊べる環境として十分な条件ではありませんでした。11月に、新園舎に移り裸足で遊べる土山の環境を整えましたが、寒い季節となり戸外遊びも思いっきりできませんでした。また、7つの分類も意識して遊びの写真を撮っていなかったので、十分なまとめになりませんでした。新年度からは、水と土を中心に思いっきり遊ぶことをテーマに取り組んでいます。しかし、7つの分類に分けることで、保育士の自己意識が変わり、子どもの遊びも多種多様に変化してきたことは事実です。（中村英嗣）

■今後の課題として
①乳幼児に安心安全な木づかいの環境整備と生活と遊びを保障

　民間移管した鉄筋コンクリートの園舎は、亀裂、欠落、雨漏り等、老朽化していましたので、子どもの育ちを保障できる環境として、肌の触覚を考慮した木のぬくもりの木造園舎を、5周年の節目に増築することができました。木の感触は肌にやさしいです。木のぬくもりは心が落ち着きます。木の匂いや心地よさは体に安心安全です。木は子どもたちの生活の場にふさわしい環境であることを実感しています。また、保育内容に応じて、乳児棟（うみ組）1～2歳児棟（みず・つち組）3～5歳児棟（き・いし・たいよう組）の異年齢でチーム保育が実践できるように環境を整えました。これからは、特に乳児から2歳までの探索活動を十分に保障したいと思います。そして、生活や遊びを通して自我のめばえや自律心を育み、子ども達が造形と絵を生みだせるように人的、物的環境を整え、子どもの生活と遊びを保障していくことが今後の課題です。

②子どもの最善の利益保障の責務と保護者との連携

　5年前に、公立保育所の保育から独自な理念「子どもから学び、子どもの育ちを保障しながら、愛と感動と冒険のある思い合う保育」を掲げ、保育改革をしてきました。この改革を試行錯誤しながら今日まで実践できたのは、長谷先生のご指導と、職員が5年間必死で刻苦勉励して頑張ってくれた賜物だと、心から深謝しています。

　近年、子どもたちを取巻く生活環境が急激に変化して、気になる子どもたちが急増しています。このような現状だからこそ、早急にひとり一人の子どもの育ちのあゆみをもとに、より一層保護者と連携して共育てができるように、専門職として全職員が一丸となって研鑽を積まなければならないと強く思っています。

　今後も姉妹園の別府保育園と共同で、子どもの原体験の育て直しや、造形活動を深めて創造的な絵を生みだせるように努力し、子どもの最善の利益を保障していく所存です。

緑川保育園の取り組み

嵯峨 淳心（緑川保育園園長）

■ **市立保育所の民営化**

緑川保育園は、熊本県宇土市の保育園です。平成16年度までに宇土市の全ての公立保育園が民営化された中の一つです。

民営化の際、保育内容の急変による子どもと保護者の混乱を避けたいとする市の方針により、公立時代の保育・施設・行事をそのまま引き継ぎました。また、地域に根差した保育を行うために、公立時代からの職員数人にも残ってもらいました。しかし、ベテラン、中堅、新任と様々な経験を持つ保育士が一緒に仕事をすることになり、保育観の違いから、様々な課題が生まれていきました。

引き継いだ保育内容にも、子どもの利益に反すると思えるものもあり、少しずつ改革を行っていきました。

まず最初に目をつけたのはテレビでした。当時、全ての保育室にテレビが置いてあり、夕方5時以降になると子どもたちを一つの保育室に集めて、ビデオを見せて保護者の迎えを待たせていました。口は半開きにして指をくわえてボーと画面を眺める子どもの姿を見て、すぐに職員会議で問題提起しました。中には、保育の中でテレビもうまく使えばいいという意見もありましたが、当時、日米両小児学会から「3歳未満児にはテレビを見せるべきではない」と提言されていましたし、家に帰ればテレビは見られる（見過ぎる）という今の子どもの状況では、「保育園に必要ない」として、全てを撤去しました。

■ **自由画の取り組みを定着させるまで**

当時、私は3年ほど創美の研修に参加し学ばせて頂いたこともあり、子どもたちが自由に遊ぶことが育ちには大切だと考え、子どもたちがそのアイデアや閃きをすぐに実現できるように環境設定を整えることを目指していました。その為、素材や必要と思われる道具を子どもたちの年齢に応じて揃えました。

しかし、何のための環境設定なのか目的が伝わらず、子どもたちが自由に材料を使うことを勿体ないと制限したり、殆どの職員が一斉保育の経験が多かったため、学校の教科教育のような一斉指導型の保育が多く行われたりしていました。そこで子どもたちの自由な遊びの大切さや自由画の魅力について伝えたいと思い、最初の年に創美の会員の方をお招きして園内研修を行い、子どもにとって絵を描くことは大切なことを学び、自由画の活動を継続しました。しかし、子どもの絵を見ながらの心理判定により子どもたちが否定されていると感じる職員が出ていました。

そんな中、光輪保育園の山田園長に声をかけて頂いて全国創美鳴門セミに参加して、長谷光城氏の講演を聞きました。「子どもたちの遊んだ痕跡が造形作品になる」ということを実際の映像を交えながら話して頂き、目から鱗が落ちる思いでした。

それから暫くして長谷氏を定期的に熊本に招いての研究会が始まりました。その研究会の、子どもたちのいい絵を見る、いい遊びを見るという肯定的な雰囲気の中で保育士にも子どもの絵や遊びに出会う楽しさが大きくなっていったように思います。また、子どもたちの育ちと絵の関係がより具体的に明らかになってきたことも職員の抵抗感を無くしていった一因だと感じました。

保育が徐々に変わっていくにつれ、子どもたちの絵にも変化が見えるようになりました。最初は概念的で模倣的な絵が多かったのですが、年を追うごとに独創的で力強い絵が増えてきました。

■ **造形活動の充実**

定期的に研修会に参加することで、自分の保育観にも変化が起きました。また、職員も自分たちの保育の課題を考えるようになっていきました。そこで自分たちの園で何が要らないのか、何が足りないのか、何を整えれば保育が充実していくのか意見を出し合うようにしました。保育者が自由でなければ子どもたちは自由であり得ないという考えの元、不十分ではありますが、それぞれの職員が保育の充実のために自由闊達に意見を述べることができるようにと考えてきました。

そして園庭から遊具を減らし、不足している自然素材を補充するために、川へ石を拾いに行ったり、近所の山から切り出された木を使ったり、他の園が使っている粘土質の多い赤土を取り入れた

り、木を植えたりと徐々に環境を整えてきました。
　小さな改革の積み重ねの中で、子どもたちが群れて遊ぶ姿が増え、実にたくさんの魅力的な造形活動が見られるようになってきました。

■家庭も子育ちの場
　園全体の保育は充実してきましたが、当園でも気になる子が増えてきました。
　発達障害と思われる子どもたちの状態が生活習慣を整えることで随分改善されると聞き、子どもたちの意識づけと合わせて、定期的に生活習慣調査をすることにしました。すると園で生き生きと活動できない子どもたちのほとんどが夜更かしや朝食抜き等の生活の問題を抱えていました。保育士が親身に働きかけ生活改善するとその子たちの状態は驚くほど改善しました。
　校区内の保小中連携よる調査では、小学校低学年児よりも保育園児の方が夜更かしで、テレビの視聴も長いということもわかり、生活改善を促しながら保育を充実させる必要があると感じました。生活習慣が定着していないと子どもが元気に遊ぶことができません。生活習慣を整えることも子どもの育ちを保障する重要な要素だと確信しました。

■遊びを通して子どもが育つ
　この保育実践を通して遊びの中で育つ子どもの姿がより具体的になってきました。「行為的な造形活動」で実験・発見し、「状態としての造形活動」で素材の性質を楽しみ、素材との関わりの中で自己を発見していきます。素材と対峙し、自分と重ね合わせたり、団子を作ることができるようになったりすることは抽象的感覚の芽生えと言えるでしょう。「配置・配列としての造形活動」では、自分の世界を広げ、「構成としての造形活動」では、より大きな立体的なものを作り自分を入れ込んで遊び、自分をより深く感じます。素材と素材の関係性・バランス等自分なりの世界を感じ、無意識に表現していきます。その痕跡が「つくられた抽象的立体作品」であり、イメージがより具体的になり「つくられた具象的立体作品」へと繋がっていきます。
　子どもたちは、こういう遊びを繰り返していくことで、柔軟性や大らかさを獲得し、自信を持ち自己肯定感を高めます。より確かな自己アイデンティティが獲得されていくわけです。それが他者理解（思いやり）にも繋がり、仲間とダイナミックな「場としての造形活動」を生み出します。
　一連の子どもたちの遊びを見ていると、原始人が自然素材との関わりの中から文化を創造してきた姿そのものではないかと思えます。太古の昔、原始時代から人類は宇宙の真理に如何に出会い、表現するかという課題と共に生活してきたように思います。その課題に対する答えが、宗教であり、哲学であり、科学であり、また、芸術だと思います。
　子どもたちはいとも簡単に、無意識のうちに自然素材での遊びの中でこの真理を発見し、絵で表現します。自由な遊びの中で人類が普遍的に求める世界を素直に感得し表現しているのです。

■様々な疑問、課題
　今まで、子どもたちにとって健やかな育ちとは何か、遊びとは何か、絵とは何か、様々な事を手掛かりに子どもの姿から学んできました。しかし、特にここ4年ほどは国の保育制度の在り方に不安を感じた時期でもありました。子どもの気持ちや意思、育ちとは無関係に進められる保育制度改革。保育現場は常に政治の煽りを受けます。お金の問題や保育サービスなど、大人の都合を最優先に制度はつくられていきます。心身共に健やかに育つ子どもの姿がより具体的に見えるにしたがい、幼い子ほど、生活・人的環境、豊かな自然環境、自然素材体験の環境が重要だと思えてきたのです。
　民営化時に引き継いだ行事で最も悩んできたのがマーチングでした。公立時代から30年以上続き、小学校・地区の運動会で披露され、地域では"おなじみの活動"でした。しかし、この保育実践を通して、子どもの自由な遊びを最大限保障するためには、マーチングは必要ないと職員が発信しはじめたので、やめることにしました。

■出会いとこれからの学び
　この実践を通して、非常に貴重な出会いを頂きました。熊本、徳島、福井での出会い…。若輩者の私に、先輩方は声をかけてくださり、素晴らしい体験に導いてくださいました。私たちが持つ保育観、発達観を確信させてくださったのが長谷氏でした。
　まだまだ未熟な実践ではありますが、子どもたちの素晴らしい美術文化の充実を目指して力を尽くしていきたいと思います。

▼今日までの歩みと取り組み

⑤ 創造的な自由画を求めて

光輪保育園での取り組み

山田 温子（光輪保育園主任保育士）

■園庭から物を失くす

平成15年、福井の保育園を視察して翌日、じっと座りこんで園庭を眺めました。子どもも職員も園長先生も私もチャボも山羊も大好きな園庭です。こんな良い遊び場・空間はないと思っていました。湧水の川が流れ木々が緑陰を作り自由の風が吹き泥場がある。土が太陽に赤く染まっていました。しかし、まあ、色んなものがごちゃごちゃと置いてあることあること。まがった鉄棒、太鼓橋、登はん棒、三輪車、押し車、リヤカー、プール、象の滑り台、砂場の道具、まだまだあったことでしょう。お金をためて買ったもの、保護者から寄付して頂いたもの、あったらいいなと望んだものばかりです。

土・日にブルトーザーを入れ、鉄製の固定遊具を除き、泥場の木枠をとると園庭の表情が変わりました。ポカポカと空間が生まれてきたのです。

それからベランダに並べてあった廃材入れの大きな木箱を捨てました。中にはプラスチックの皿、紙箱、瓶のふた、など様々な物が集めてありました。子どもが思いついたらすぐ作れるようにと集めておいたものです。この廃材で作ったものが園庭の隅にポイと捨ててあり土にまみれたり、草花の蔭で朽ちていることが目に付きました。それを拾い上げる度にこれでいいのだろうかと自問していました。保育者の管理が悪いと言われればそうなのですが、物を大事にすること、モノを作ること、廃材とは？制作物がなぜ捨ててあるのか？本当に必要なものは何？など多くの問題を提起してくれた出来事でした。

心の掃除をしたのでしょうか？トラック何台も処分したことでしょう。もっと遊び場の空間がほしいとコンクリートの立派なプールも埋め立てたらと提案しましたが誰も賛成しませんでした。しかし、これは正解でした。こんなに、温暖化が進むと熊本の夏はプールなしでは過ごせません。水と、木、草花、土、時を見ての石、木材など自然物が主の園庭となりました。

■職員の思い

朝来てみると園庭が変わっている。そして職員会議で「保育を変えていきたい」と伝えられた職員たちはどう思ったでしょうか。

わがままな経営者、思いつきでやられたら困ると思う人もいたかもしれません。その頃のことを保育士西村綾子さんに振り返ってもらいました。

　　　　　　※　※　※

平成15年11月の福井保育ルネッサンス幼児画大講評会に参加した時、壁にずらっとかけられた子どもの絵を見て、全然違うと感じたことを覚えています。ちょうど保育が変わった頃でした。職員会議で今日から保育を変えていきたいと話を聞いた時には受け入れられませんでした。それまでは、色んな素材がいつも用意されていて、やりたい事がいつでも出来る環境だったのに、全くなくしてしまうなんて、自由を奪うのではないか？と不安に思っていました。

〝物を失くす〟環境はあっという間に変わりました。でも、その中で保育をしていく自分の気持ちは簡単に切り換えることは出来ませんでした。迷いや戸惑いを感じながら過ごしていたと思います。そんな中、初めは戸惑っていた子ども達の様子が少しずつ変わり始めました。泥んこになって遊ぶ時も、バケツがなければ手に汲んだり、口に含んで運んだり、自分で考え工夫していく姿を見てい

るうちに、だんだん保育の中で感動していく事が増えていきました。保育者の間でも〝こんなことしていたよ〟と喜び合う事も増えていきました。

遊びの様子が変わってくると子どもの絵も変わっていきました。いままで見た事の無いような絵が産み出されてきて感動したことを思い出します。それから、絵に対する自分の気持にも変化がありました。子ども達の遊ぶ姿を見たり思いを感じながら、少しずつ保育にやりがいを感じ面白くなっていきました。これでいいのかと迷うこともたくさんありました。でも、その都度に立ち止まって考え、仲間と話す事で保育を深めてこれたのだと思います。

※　※　※

説明や配慮が足りなくて保護者に心配をかけたことや、木や石などの自然物で遊ぶより投げたり叩いたりという破壊行為が先にたったりと決して平たんな道のりではありませんでした。

■保護者への啓蒙

２年後、平成17年9月、長谷先生を迎えて保護者会講演会を開きました。園庭を変えた理由を説明し、子どもの遊びのスライドを用意しました。

変革するということは心身のエネルギーを使います。私は心労と過労（父の死、母の転居、園長の肺癌と痛風発見、創美全国セミナール準備など）が募り一過性全健忘症になりました。どんな説明をしたのか、講演の内容など、記憶がまだらになりほとんどのことをよく覚えていません。

かすかな記憶の中で心に残った言葉がありました。写真を選んでいた時、「泥んこ以外の土遊びはないの？」と問われたことです。心の解放で終わりがちであった保育を問うていかねばならないということです。

その後も講演会を開き、非常勤の先生方も参加します。長谷先生の嚙み砕いたような保護者向けのお話はわかりやすく好評です。造形展に、子どもの遊びの写真を展示したり、保育室にその日描いた絵を貼ったり、保育士が保護者と遊びの様子を交えて会話したりと子どもの絵と遊びの関係を伝えるよう心がけています。

私にとって何より良かったのは平成22年の保護者向けの講演会で、次のお話を保護者と共有出来たことです。

子ども時代は文字文化以前の美術文化の時代である。子どもの遊びは美術文化であり、子どもの絵は子どもの話し言葉だと考えてよい。子どもの話すことは多種多様である。経験したこと、見たこと、聞いたこと、喜怒哀楽の感情、何でも描くから理解が難しいのです。子どもの自由画は描くことを通して自分を確認し成長している、つまり彼らの生活の中で必然性を持つということです。

このことは、保育に携わる者として地に足をつけた思いでした。

■解放から創造への第一歩

平成19年3月の研修会で子どもの遊びを分類して次のことに気付きました。
・意外と水の遊びが少なかった。
・土の遊びももう一つ深まりがない。遊びを深める段階で個人個人の造り物へはしりがちで、仲間と肩組んでの土木作業的な遊びがない。

水と土の関係を子どもたちが自ら発見して遊びを展開していく姿をイメージすることが必要でした。泥んこという心の解放に重きを置いていました。というより解放の後につながる土の遊びがイメージできずにままごとや個人の制作物で終わっていました。土は大地と繋がると容積を持ちます。そこに挑むという大きな遊び、子どもが全身を使って遊びこむ視点が弱かったと言えます。それはとても創造的な遊びで仲間と物語を紡がねばなりません。この課題に対して保育者は次のように研修復命書に書いています。

※　※　※

保育士Ｙ…日常の物事をちゃんと感じる。どんな小さな出来事、風景なども意識して心に刻んでいくことを積み重ねていく。

保育士Ｓ…子どもが日常生活の中で何気なくしている行為にも目を向けて造形活動のスタートとして見逃さないようにする。大地に働きかける遊びを見ていく中で出来上がったものだけに目を向けるのではなく、過程での会話、イメージの共有等にも注目する。

保育士Ｏ…全体を見るだけ、あるいはよく遊ぶ子を見るだけでなく、その日に誰に目を向けるかを決め、一人一人の遊びにつなげる。何度も振

り返りながらやっていきたい。

※　※　※

　保育士は子どもへの寄り添いの視点を見出そうと努力しました。

　子どもの絵が変わると喜びですが変化がないと悩み苦しみます。保育士Mはそこのところを「自分の中での子どもらしいという姿が偏っていると言われたので、すべての子どもの姿をしっかりと見て、子どもを自分の中で無意識のうちに区別しないようにしよう。先入観なくみていかなければならない」と自己課題をみつけました。新任保育士Oは「一番大切にしたいことは子どもが絵を描くことが嫌にならないようにすることです。絵は生活の一部であり、絵を上手く描くことが目的ではないことを頭に入れておきたい」と初めの一歩を記しています。

■大まかに振り返ると

　物を失くすことから始まった保育は次のような過程を経ました。
　○物を失くす〜何をしてよいかわからなくなる〜子どもが自然物で遊びだす〜保育者はそのことで勇気づけられる〜子どもの遊びの展開で悩む〜保育者の子どもへのかかわり（援助、環境設定）を志向する〜子どもの遊びをどう保育者がイメージ出来るか、そのイメージにぶち当たる〜子どもの遊びを分類、構造化する視点を得ることで遊びや環境へのイメージが描きやすくなる〜子どもの遊びと絵を保育の中から拾い上げ視覚化（遊びの写真と絵）・言語化することで遊びと絵を子どもの美術文化として捉える自信を得る。

　これからは、一人一人の遊びの充実、育ちの確認が課題となってくるでしょう。また、スケールの大きい自然の中での遊び場の確保も考えねばなりません。研修する仲間がいたこと、理論の展開を得る良き指導者に出会えたこと、一歩先を着実に歩んでいた福井の保育があったことがとても幸いでした。

■子どもに自由を

　子どもに自由を！は保育園のパンフレットに載っている言葉です。私はこれまで○○からの自由に重きを求めてきたのではないかと思います。例えば、権威からの自由、モノがないことからの自由、しがらみからの自由、規則からの自由といった具合に。育った時代が求めさせた面もありますが。

　「自由とは自らに由る」というお葉書を長谷先生よりいただきました。自らに由るという視点は不思議なことに保育を生き生きさせました。自由が目標となるのでなく、由る母体自らを育てることが保育の目標となったからです。自らの体には目、鼻、口、偉大な手、足、耳、皮膚、などたくさんのその人を育てる器官が備わっているのです。それらをフルに使って生活することは子どもにとって遊ぶということです。

　「名のない遊び」ということで塩川寿平（元淑徳大学助教授・現大里保育園園長）先生達と保育学会で発表したことがあります。自由保育形態と設定保育形態がせめぎ合う中での子どもの行動で、何ともユニークで面白い独創的な遊びを考察しようとする試みではなかったでしょうか。塩川先生は自由でないと名のない遊びは生まれてこないと書いておられます。今、子どもの遊びを見ているとこの名のない遊びがよく出てくるのです。自分の体に泥を塗り木に抱きついて型を取る、光の影で遊ぶ、雨水が落ちてくるのを口で受ける、など沢山あります。自由な雰囲気が溢れているからこそ様々な遊びが生まれてくる。そして、自由を標榜しなくても子どもは十分自由なものを持ち合わせているのです。

　仲間と群れて遊ぶということ、共同制作といった安価な社会性ではなく、共同してこそできる達成感を遊びの中で体験していくのが子どもの遊びで、群れて遊ぶ中で規律や決まりが内面化していくことも教えられました。このことは保育をダイナミックにし、好き勝手、わがまま、などの問題を解決する糸口になりました。

　これからも、「子どもに自由を」は、時代に由り、保育者集団に由り、新たな「自からに由る」課題を提議してくることでしょう。

　この保育園はお寺が建てました。このことは深い意味があります。仏教における自由が問われるからです。子どもが自然に抱かれているような瞬間、子どもがしっとりと遊んでいてある調和を感じる時、子どもがいい顔をしている時、大いなるものを感じます。この宗教的な一瞬の空間は自由な風が吹いていると呼んでもいいのではないでしょうか。

大矢野あゆみ保育園での取り組み

千原 とも子（大矢野あゆみ保育園副園長）

■今までの保育での問題点・疑問

　創美との出会いにより、今までの設定保育を止め子ども主体の遊びを中心にしました。毎日泥んこ遊びや、水や木を使っての造形遊びに取り組み、いつも元気いっぱいの子ども達を見守り続けてきました。しかし、なぜか子どもの姿と絵が一致しない現状に疑問が生じていました。こんなにいっぱい遊んでいるのに、困惑するばかりでした。

　1～3歳まではとても力強い、ダイナミックな生き生きした絵が生まれるのに、4～5歳になると自信のない線の絵になったり、画用紙に遠慮がちに描かれたような絵だったり、概念画ばかりが出てきたりと課題を持っていたころに、福井の幼児画研修を知りました。長谷先生との出会いがあり、今も研修を重ねていますが、少しづつわかってきたのです。

■今までの保育内容

　土山を用意し、どろんこになっていつでも遊べる環境を整え、水も使いたいだけ使い園庭も広々と使えるように園舎の裏を貸して頂いていました。そして、固定遊具もたくさんあり三輪車やスクータもところ狭しと使用しておりました。ですから、子どもの歓声がいつも響きわたり、元気がいい子どもたちだと言われていました。

■出会い

　子どもにとって大切なことは、豊かな自然の中で五感をフルに使って、自然素材が十分に用意された環境が必要であることがまずわかりました。思うまま自由に主体的に色んな遊びを発見し、広げ、深め、共に遊ぶ姿を求めなければならないこともわかりました。今日までの私たちは子どもの遊びのなかみを、しっかり見ていなかったのだと気づきました。

　既製のおもちゃを何の躊躇もなくたくさん与え、遊んでいれば安心していたのです。子どもの好奇心や意欲が充分に刺激される環境を準備していなかったのです。まず固定遊具を取り除き、自然に囲まれた環境を生かし自由に何度も作り直し出来る土や水、木、石、植物を意識して整えてきています。

　子どもの姿を写真に撮りながら、それらの写真をもとに研修を進めてきました。その結果、一人一人の遊びがよく見え、バランスよく自然物と関わりをもって遊べているか、その段階はどのあたりになるのか、チェックしていくことができるようになり、より子どもの遊びを理解することができるようにまで成長しました。一人一人の子どもにどのように関わり、遊びへといざなうか、そのことがとても大切なことに気づかせて頂き、実践はなかなか難しかったのですが取り組んでいくうちに、少しづついざなうこと＝支援することができるようになりました。一年目より二年目と写真の撮り方もポイントを押さえて撮れるようになり、項目別に土、水、石、木を横軸に年齢を縦軸の表を作成し、写真を貼っていくと項目に偏りがあり水と石の経験が少ないのがはっきりしてきました。それらをもとに意識して多種多様に体験ができるよう配慮しているところです。

　遊びの分類表も卒園展の際、共に研修を行う園合同で作成することで、しっかりとした内容あるものになってきています。

　子どもの遊びから絵が生まれてくるということに気づかされ、絵の展示の下に、その子どもの遊びの写真を貼りました。見に来てくださった方々も子どもの遊びをもとに絵をより理解され、保育者にも好評で、これまで以上に嬉しく保育に取り組めるようになりました。

■現在の自然素材を取り入れた保育

　今までになかった絵と出会い感動しているなかで子どもの絵は、その子どもの生活する力や育ちと深く関わっていることに気づかされ、いい絵を生み出させるためには、日々の保育が大切で真剣に向かうことの大事さを学び、現在も研鑽に努めているところです。

　たくさんの大きい土山での遊びは、大胆で迫力のあるものとなり、子どもの目が輝きます。子どもたち同士が夢中になって遊ぶ姿はすごい造形物へとつながり、子どもの遊びと生活と絵に私達はとり肌が立つ思いを体験させてもらっています。

子どもの絵が変わり、スケールの大きな力強い表出や知的リアリズムの出現に感動し、子どもと一緒に保育に携われ喜びを全職員、保護者の方々とともに味わっています。これからも新しい発見や拡がりや深まりを多くの方々に共有して頂けるよう、外へ発信していきたいと思います。熊本県立美術館分館での展示や町内ギャラリーでの展示で子どもの絵のファンも増え嬉しい限りです。

■ 現在の課題

創美の先生方との出会いがあり、子ども本来持っている力を十分発揮できるようできるだけ自由を与え、自分の気持ちを伝えられ、逞しく生きる力を持った子どもへ成長するよう、保育に取り組んできました。しかし喜田先生より『粗野な子どもを作ってはいけないよ』『発散・破壊だけで終わらない保育をしなくてはいけない。次へ繋がる建設的な構成力をもって作品作りへと向かうことが大切だよ』と助言を頂き、なかなか実践の中で方法が解らずにいました。

しかし長谷先生との出会いで少し前へ進めたのです。一年ごとに研修内容が充実する中で、このことを喜田先生は、教えてくださっていたんだとわかった気がします。お元気な頃、大変お世話になった喜田先生や山本卓先生に今の保育園、子どもの絵を見て頂きたいと思います。

子どもたちが群れてより大きい造形活動に取り組み、新しい空間と豊かな時間を感じさせるより創造的な4～5歳児の絵を生み出させることが現在の当園の課題です。労をおしまず、汗を流す全職員に深く感謝を持って、一緒に取り組み続けたいと思います。

もぐし保育園での取り組み

福岡 桂子（もぐし保育園主任保育士）

■ 群れて遊ぶ保育との出会い

この保育に出会って、6年の月日が経とうとしています。当初、一緒に勉強している保育園の先生方と福井県に「幼児画の勉強会」を見学に行った時、福井県の保育園の絵の色彩、スケールの大きさ、力強さに大変驚きました。そしてもぐし保育園とは、何が違うかを振り返ってみた時、もぐし保育園の絵は、こぢんまりとして自己主張が出来てない絵や線の弱々しい絵、概念画が何点か見られました。この違いは一体どこにあるのかという思いが胸の中にあり、保育改革当初から保育の指導をして頂いている長谷光城先生に園児の絵を見て頂くと先生からは、「遊んでないから」という言葉を頂きました。

「遊び」と言ってもどういうものか具体的に分らず、福井県若狭町の保育園を見学させて頂くことにしました。見学して感じたことは、子ども達がしっとりとした自然の環境の中で、落ち着いて遊びに熱中している姿でした。

その時は、小雨が降っていて砂場で男の子が数人穴掘りをして基地作りをしていて、保育士さんは、「気の済むまでご飯も食べずにしている時もあります」と話しておられました。

遊具は自然の素材以外何もなく、保育士さんの声も聞かれず、ただ夢中に遊んでいました。

その後、一緒に勉強している5ヶ園で遊びの素材別の表づくり（どんな遊びをしているか）、個人個人の遊びの表づくりをし、もぐし保育園の実態を（子ども達が実際どこまで遊んでいるか）把握しました。その間に保育園同士の経過の情報を交換し、もぐし保育園でのやり方の参考にしたりしました。また、年に1～2回、環境の整備、保育の姿勢、保育の内容について長谷先生の指導を受けながら保育の改革を進めてきました。

1年目、2年目と自然を取り入れた形の園庭の環境を大きく変え整備されてきました。しかし職員間では、まだまだ新しい保育に対しての理解も不十分で子ども一人一人のとらえ方、言葉のかけ方、関わり方等の食い違いが目につくようになり、言うに言われぬもやもやしたものが残るような時もありました。

例えば、自然物の扱い方で水の場合、
①子どもの気持ちが落ち着くならどんどん使わせよう
②時間を決めて使わせていこう
③あまり使いすぎるのを見たら止めよう
など長谷先生の話を一緒に聞いていても、様々な関わり方が出てきました。

■絵を描くことについて

　絵を描く事は、以前は一斉に丸くなって描いたり、5、6人ずつまとまって描いたりしていて、じっくりと子どもと寄り添って描かせるという状態ではありませんでした。だから子どもが、どんな心で描いているか、後から、絵を見ても分らないという状況でした。

　そのころは、職員会議の時に絵を並べて子ども達の様子を話し合い、良い絵を選ぶ機会を作っていましたが、職員の中では絵を描かせること自体、抵抗があり絵をみて全体で話し合う時も「分らない」「こういうことはしたくない」との意見もあり、感情も入ってきて一つのことを全体で徹底して話し合うというところまで行きませんでした。もう一方でこの保育に肯定的な職員は、新しいこと、新しいやり方を試したいという動きもありましたが、以前の保育を守ろうとする勢いに負かされてしまうことがありました。

　保育を改革する以前は、子ども達が描いた絵の指導を受けていた先生に絵を見て頂き、育児相談の様な事を行っていました。その場では家庭での躾のあり方、保育士の指導のあり方などカウンセリングのような形で行われていましたので、子ども達の遊び自体は変わりませんでした。しかしこの保育に出会ってから、保育士は随分見方が変わり、子ども達の生活（遊び）を大切に子どもに寄り添うようになり、絵の描かせ方も子ども達が「描きたい」と言ってきた時に描けるように準備をしていたり、2〜3人ずつ、じっくり描けるような働きかけが出来るようになり、それに伴って子どもの心の動きが分るようになってきています。

　保育士のそういう関わりから、子ども達は遊びを発見し、遊びを拡げ、遊びを豊かなものにできるようになりました。それとともに創造的な造形作品が生み出されるようになり、それが絵にも反映されるようになり保育士も納得できる部分が増え成長を楽しみに思うようになってきています。

■保護者の理解

　保護者には、講演会やお便り等で、保育方針の説明は行ってきましたが、実際に赤土のついた衣類（下洗いをしてお返ししている）が、家の方で洗濯するものの汚れが落ちないという苦情も聞かれるようになりました。

　具体策としては園用の泥んこパンツを用意して園で管理したりして、思いっきり遊べる工夫をしたり、子ども達の遊びの様子をお便りでお知らせする等、その時々で保護者の気持ちを大切にしながら理解が得られるように対応してきています。

■職員の理解

　1年目は、保育姿勢や内容と共に職員全体に理解が十分でなく、まとまりが見られませんでした。保育士は、子ども達の遊びを「見守る」「寄り添う」ということの意味がまだしっかりつかめず、一緒に腰を下ろして目線を合わせるというところまで徹底せず、立って子どもの安全を確認していることが多く見られました。

　以上、述べてきたように、1年目は環境が整備されつつあるものの、それを十分生かせませんでした。2年目になり、自然をとり入れた環境整備がさらに進められていきました。旧家屋が取り壊されて、さらに遊びの空間が拡がり、このころから職員に少しずつ変化が見られ始めました。玄関、下駄箱の上に野の花が飾られ、通路にも子どもたちの作った作品、絵が飾られるようになりました。また、子ども達の汚れた洋服をきれいに洗いながら、「子ども達が、お母さん達に色々言われずに思い切り遊べるようにしてやりたい」と話す姿に、保育の理解の深まりを感じました。もう一歩踏み込むために、この保育を進めて行くに当たっての当初の課題をもう一度考え直してみました。

■保育姿勢について

　①待ちの保育をしていく中で、子ども一人一人の状況を園全体で共通理解してきめ細かい支援、指導のあり方を共有することに努めてきました。

　毎日、子どもの様子を話し合うと共に、月一回の職員会議ではより深く話し合いを持ち、遊べない子や支援の必要な子の事なども職員全体が理解を深めてきました。また、その時に（園内研修の時も含む）絵を見て、子ども達の遊びの様子、生活状況も併せて話し合うようにしてきました。その結果、少しずつではありますが、保育に対して理解が深まり、絵に対しても説明ができるようになってきました。

　②子どもを主体とする保育を推進する職員集団の形成に努めてきました。

　月2回の会議の中でこの方向に向くように話し合いを重ね、「親と教師に語る」（ホーマーレイン）や「子育てルネッサンス」（長谷光城）などをテキストに研修してきています。

③自然素材を使っての遊びの姿を把握し、保育士自身が子どもの次の遊びの展開をイメージ出来るまでに力量を高める。

今までは子どもの遊ぶ姿をただ写真に撮っていましたが、子ども達一人一人の遊んだ記録を、素材別に7つの視点に定めて写真を撮ることで、遊びの深まりが徐々に見えてきました。

④遊びと絵のつながり

この保育を始めた当初は、遊びと絵が繋がらなくて、絵は絵、造形は造形でした。月2回子どもの絵を並べ、子どもの今の様子（遊び）を話し合い、良いと思われる絵を選んできました。このことが軌道に乗り始めたのは、熊本創美の研修会で他の園との良い意味での競争心が大きな励みになりました。一番勉強のきっかけになったと思われるのが、平成22年6月の一泊二日の小国町での研修でした。「子どもの造形活動、造形作品を種類別に見て7つに分類する」という内容の研修で、各園の遊びの表を夜中までかかって全員で作り上げ、園の特徴をつかむことができました。

2番目が22年11月三角での研修で他の保育園の写真、絵を見て発表を聞くことにより職員の理解がより一層深まりさらに前進できた様に思います。このことについては、「行為としての立体、状態としての立体」など言葉の内容、意味がはっきりつかめないままに進めてきましたが、明らかに職員が子どもの遊びのどこを見て行くか、どこに焦点を合わせ、写真に撮ればよいか分りかけてきた時でした。そのことで意識が高まり、絵も徐々に変わりつながりも見えてきました。そして、それは子ども達の造形写真を撮るということを通して、子どもの遊びの様子をしっかりと見つめ寄り添うことに繋がってきました。

■現在の、もぐし保育園の絵について

0、1～3歳までのアクション画においては、身体全体を使って力強く大きな身体的空間を表す絵が増えてきています。

3～4歳にかけてのシンボル画においては自分を画面の中に入れ込み自分を表す大きな円が描かれるようになってきています。また大きな円に小さな円が寄り添う友だち関係を表す絵も多く出てきています。

4～5歳については、生活体験・自然体験が生きて話し言葉と作用し合って主体的イメージを膨らませての感情豊かな絵が多く産み出されるようになってきています。すべてがこの様に良くなったとはいいがたいところもありますが今後、子どもの個々の特性をよく理解してきめ細かな支援、指導を深めていきたいと思います。

■生活面について

保育所の役割と共に家庭での役割を考えより連携するようにつとめたいと思っています。そのなかでなにを大事にしていくのかお互いに共通理解することが大事です。

①よく遊び、よく食べ、よく寝るという基本的生活習慣の確立。

②卒園までには、時を守り（早寝早起き）、礼を正し（挨拶をする）場を清める（身の回りの整理整頓）等の生活力を身につける。

③お互いに子どもの当たり前の生活を大事にし合う。

食事（3食しっかり食べる）、テレビ（親子共々いい番組のみを見る。出来るだけ見ないようにする）、お手伝い、コミュニケーション（常に子どもの目線で話す）等。

④保護者に園の方針や保育内容を伝え、家庭の役割、園の役割を共通理解し真の連携を図っていく。

⑤子どものことで驚き、発見や工夫などの成長が見られた時、お便り、口頭などで保護者に伝え、保護者とともに子どもの成長を喜び合う関係を構築する。

以上を掲げて実行してきましたが、まず職員自身がこの保育の意義をしっかりと理解していなければなりません。

保護者に説明するときなど、自信を持って対応できるまでに職員が自己研鑽を積み、園全体での意識を高めなければと思っています。

■子ども達の育ち

23年4月現在の小学1年生（当時5歳児）は、この保育を始めた当初、乳児クラス（0．1歳児）でした。自然物に囲まれた環境で育ち、年小・年中・年長さんの遊びを見て育ち、一緒に遊んだりして少し大きくなりました。自分たちが同じ事を試してみるとき「どうしてだろう？」という疑問を持って、何度も「やってみよう」ということを担任と一緒に積み重ねてきました。その積み重ねがあるためか、この保育を始めた当初の遊びよりも随分

創造的な遊びが多く見られます。

　また、それに伴って保育士の寄り添い方にも変化が出てきて、次の遊びを見通せる力が出てきました。次はこういう遊びになるだろうと子ども達の興味を持っていることを理解でき、見通せる力がついてきています。

　この年齢の子の絵は、こうした積み重ねがある為か力強さがあり、日々遊んでいる姿にもそれが表れており、絵と造形の写真のつながりを見る時しっかりとそれが見られるようになってきています。

■保護者より
・20年度から、卒園の時、保護者の方に額を購入して頂き、その園児の一番良い絵を入れて、今まで描いた絵を一緒にお返ししています。今年、幼児画展で保護者の方が「先生、絵を飾っていますよ。家の中がとても明るくなります」という話を聞きました。子ども一人一人が、大切にされているというという事を感じ、少しずつ保護者の方の理解が出てきているということも実感しています。
・「在園中は、後数ヶ月で小学校に入学するのに遊んでばかり居て全く文字に興味が持てなくてこのままで大丈夫だろうかと思っていたが、ほんの何週間かで文字に興味を持つようになり良かった。今では、たいていの文字は書けて読めるようになりました」というお話をお聞きしました。この子どもは、じっくりと遊びを発見し、創造的な遊びをよくして、絵にもそれが表われてきた子どもで、遊びに夢中になれる子どもは、何事においても熱中でき集中力も発揮できるということを実感させて頂いた事例でした。

■おわりに
　最後に長谷先生が「げんき124号」で書かれている言葉をもう一度読み返し、これからの保育と自由画活動を充実させていきたいと思います。
　造形活動と絵を一緒に展示すると絵の意味を明らかにしやすい。園が共に素晴らしい絵を展示できるようになるには、5ヶ園が手を取り合った展覧会開催が大きな力となる。他園と自園を比較する好ましい競争と調和のあり方がお互いに学び合い仲間としての絆を深め保育士の力量を高めていく。造形活動（遊び）を拡げ、深め、子ども達の自尊感情を高め自信を持てば自らの主体的なイメージで素晴らしい絵を産み出す。等です。
　今後とも他園ともぐし保育園の絵とを比較し、もぐし保育園の絵をじっくり見つめなおして一人一人の子ども達の確かな育ちを願って頑張っていきたいと思います。

かもと乳児保育園での取り組み

佐々木 珠美（かもと乳児保育園主任保育士）

■絵をみる
　「なにはともあれ子どもの絵を見ることです。子どもの絵を見るということは、その子どもの心と出会うことです。子どもの心と出会うためには、その子の心を理解できる人間でなければなりません。せめて子どもに接する時や子どもの絵を見る時には、そういう心を持つように努力しなければなりません。子どもの心を理解出来る心とは、その心と子どもの心が喜んで会ってくれる心です。」保育誌「園と家庭を結ぶ『げんき』」にあった言葉が印象的です。
　当園の園長と保育士達は、子どもの絵を前に一人一人の成長を一喜一憂しながら子どもの心と出会うことを楽しみに語り合い、学びあっています。そして私は、皆の後に付いて学んでいっている主任保育士です。

■共に学び合う
　子どもの心と自由画に対する思いの深い「光輪保育園」、自然環境づくりがすばらしい「もぐし保育園」、子どもの表情や造形活動を写真で捉えて見せてくださる「大矢野あゆみ保育園」、論理的ですぐれた文章力でまとめてくださる「緑川保育園」そして私たちの「かもと乳児保育園」と、地域の離れた五つの保育園が集まって研修を行っています。これは地域のつながりではなく純粋な保育の思いで繋がっている仲間です。
　年に一度は卒園児の合同作品展も行い、自由画や日頃の遊びの様子＝「造形」の写真などを協力して展示しています。それらは、皆の保育に対す

る思いや園同士の絵の感動や感想を語り合う貴重な場でもあります。

そんな中ある時、子どもの自由画と造形遊びの様子が繋がっているのではないかという意見がでてきました。実際作品を並べてみると、その子の絵と土、水、木、石などの遊びの関係の中で、通じるような形が出ていることを私たちは見ることができました。そこで2回目からは、自由画の下にその絵と関係する自然遊びや造形の写真を並べることになりました。そのことにより「へぇ、そうだったんですね！」と保育士達も再発見です。

しっかり遊び込まれた作品には、子どもの世界の美しさがよく表れており、作品展を重ねるごとに保育士達の喜びも年々大きくなっていくようでした。

■難しい自由画の捉え方

久々に会う卒園児の保護者から「まだ絵をやっているのですか？」と聞かれることがあります。「一度始めたことには責任がある」と園長は言います。

ずいぶん長く取り組んでいるのですが、「自由画をどう捉え、保育をどう行ってよいか」とこれまで頭を悩ませることばかりでした。「抑圧と放任」の見極めが難しく、捉えどころがない。創造性や感性を大切にしようという思いはあるものの中途半端な保育の日々が流れていきました。

その中でも保育士達が一番緊張していたのが、研修会で絵を見てもらうことでした。自分の園やクラスの保育をどう手厳しく言われるのかドキドキの瞬間です。しかし、これはかなりの勉強になっているようで、自分の保育を振り返る良い機会となっています。先生方と私たちの感覚、知識には、かなりの差もあります。

特に「模倣と創造」という論議は、ハイレベルでした。しかし私たちの生き方にも関係している様な気がして、ちょっと興味がありました。自由画についても、かなりレベルを下げて説明や指導されている様子が伺えます。

■自分自身の感動や感性

たしかに子どもの自由画は、すばらしいと思います。しかし大人の抽象画（具象画を経ての抽象画）もそうですが、自分が良きものをたくさん見てゆかないと「これはいい！」というような感性は育たないし、感動も当てにならないような気がします。だから私は、絵に対しての感想が言えないのだと思います。

ある保育園の木や石を並べた作品の写真を目にしたときのことです。「あっ、これ好きだなぁ」と大変新鮮な発見と美しさを感じたことがありました。それは、（長谷先生の指導による）動き出すようなダイナミックな子ども達の遊び、造形の様子の写真だったかと思います。良いも悪いも分からない私でしたが、人の心を動かすとうことは、その中にすごい力が働いているのかもしれません。

平成16年頃からの研修会では「子どもがいい絵を産み出すには」というテーマや「子どもの育ちを考え、今求められている子どもの本質に根ざす保育」「群れて遊ぶ」そして「美術の歴史」などを具体的に教えてもらうようになりました。今までの学習と本質的には違わないのですが、具体的に教えてもらうようになり美術と保育の関係が身近に感じられるようになりました。

■身近なものからの関心と興味

熊本県山鹿市は、何の魅力もない所と私たちは決めつけていました。

平成20年度の研修によって山鹿は、チブサン古墳、オブサン古墳など美術歴史の中でも古い古墳が散在し、菊池川流域周辺は、古墳の宝庫であることが分かりました。そして我が保育園の子ども達がなにげなく遊んでいる土が、なんと縄文、弥生土器という歴史上の文化を創ってきたものと繋がる、粘りのよい土であるということが分かってきました。そのことは、私たちの身近な素材への関心や愛着となりました。それを環境においた自分達なりの保育ができるのかもしれないと勇気付けられる思いでした。

■「黙ってみておこう」

平成20年の初夏、長谷先生に保育を見てもらった時のことです。その日は、園庭の築山（泥山）に新しい土を追加したばかりでした。

大小さまざまな土の塊がゴロゴロした、たっぷり積まれた泥山に子ども達は歓声をあげ一斉に走りながら登り始めました。そしてその中には、いつも荒っぽく行動する子どもの姿もありました。「あっ、またあの子…」と私は遠くでその様子を見ながらちょっと心配でした。5歳児の男の子でとてもよい子なのですが、力が強く泥山に行くと日頃の不満を発散するかの様によく土を投げる子でした。他の子に土が当たり目に入らなければよいが

とハラハラしていたのですが、案の定しばらくしてその子は、土の塊を投げ始めたのです。私はもう黙っていられず走り寄り「友達に当てないよう」と注意しました。すると突然、長谷先生の声がしました。「しばらく黙って見ておこう。ねっ、そのままにしておこう…。」と他の保育士達にも呼びかけられました。保育士たちは長谷先生のアドバイスなので私の方を見ながらもどうすることもできず、しばらく見守ることになったのです。後から思うとそれが、子ども達の遊びに夢中になっていく始まりの時だったのでしょう。「さあ、これから遊ぶぞ！」というエネルギー上昇の瞬間だったのかもしれません。その後子ども達は、思い思いの遊びに夢中になっていきました。

　先生から後で教えてもらったことですが、子ども達が土で遊び始める時、まず大きな塊を崩し小さくしようとする。そして細かくしたところで子ども達の遊びやもの造りが始ってゆくそうです。その子の投げる行動の中には、そういった意味も含まれていたのでしょう（しかし注意しなければならないことは、新任保育士などに伝えるときです。一見放任のようで放任ではないという配慮やその違いを、自分たち自身もしっかり理解し学んでいかなければならないと思います）。

　これまで私たちには、そういった細かい読み取りができていなかった。子どもの遊びの継続を願っていながら、遊びの入り口でいつも止めてしまっていたのかもしれません。以前先生から「全体的にヒステリックな絵だね」と言われたことがありました。遊びの始る前に行動を途切れさせ、子ども達のエネルギーを不完全燃焼させていたのかもしれません。

　私たちが気付いていない子どもの遊びの世界を見せてもらったような気がします。それから後になってその子が描いた自由画は、園長曰く「縄文時代中期の土器や古墳の中にあるような絵」だったのです。

■保育で大切なことは、80％が準備です

　子どもの遊びの展開を観察したり、かかわりも大切ですが、環境づくりを含む準備の大切さも共に教えて頂きました。この片寄らない具体的配慮やバランスのよい指導が、私は好きです。そして、それをきっかけに保育士達は、今までに分からなかった保育のポイントを少しずつ得ていったような気がします。しかし、一つ保育がうまくいったからといってその保育の形態や考えに子どもを合わせることは出来ません。子ども達は、一人一人違った環境に育ち、違った個性をもっています。また人は色々なものが複雑に絡み合って生きているので、目の前の子どもに今どういった関わりがベストなのか模索しながら保育していかなければならないと思います。狭い知識の中で子どもを決め付けることなく、回りの人たちの協力に感謝しながら学んでいきたいと思います。

　保育園の子どもの絵は、その時代々で変化していくようで、今年度の合同作品展の自由画の変化は、各園目を見張るものがありました。残念ながら私はまだ一枚一枚の絵の良さが分かりませんが、回りの方々の意見を聞き少しずつ進歩させてもらっています。保育士間でもその学習や経験したことを先輩保育士から次の保育士に伝え積み重ねていくということが大切で、そこをどう繋いでいくかが課題でもあります。言葉だけでなく園内の空気や肌に感じるものもあるかもしれませんが、それは園の歴史を作っていく上での貴重な財産でもあります。

■先輩保育士の一言

「保育士達は今、一生懸命に絵の勉強や保育に取り組んでいますが、その中で何か保育士達の競争心みたいなものを感じます。良い絵を出したいという思いでしょうか…でも本来そういうことではないのではないでしょうか」と、ある保育士が話しにきました。私はある時、長谷先生にお尋ねしたことがあります。「芸術家は、どうしてこんなにも苦しみながら新しいものを創りたがるのでしょうか」とすると先生は「それは、欲だね」と一言おっしゃいました。私は「あゝ、先生も欲の一人なのか」と一瞬思ったのですが、その後その言葉の重みに気付かされハッとしました（芸術家の場合、創造欲ではあるのでしょうが…）。「我欲」というのはなかなか自分自身で気付くことは難しいことです。それを客観的に見ることができるという先生は凄い方だと改めて感じたことでした。

　さて私は、その先輩保育士にこう伝えました。「人の心理としては当然、競争心とか欲は出てくる気持ちかもしれない。だからそれをダメと考えるのではなく、一つの入り口、何かが分かる通過点と考えたらどうだろう。学習や経験を重ねていく内に、きっとそれを経て解る世界（境地）があるのかもしれない…」と。

我々にとって保育園の歴史を作り伝えていく先輩保育士の意見や存在は貴重なものです。

■自然の遊びの充実へ

原始時代　私たちの祖先は、豊かで厳しい自然の中で文化、文明を創り出してきました。たしか最初に作り出したものは、自然の神々（宇宙）への畏敬の念を表す絵だったり、土器などではなかったでしょうか。長谷先生が、合掌してチブサン古墳に入られた時の気持ちがわかります。また、福井の岡保（おかぼ）保育園の園児等が森の遊びに入る前に「山の神様、遊ばせてください」と手を合わせている姿を見て感心しました。

自然を利用することばかりでなく、自然を大切にする心や恵に感謝する心も私たちは学ばなければならないと思います。教育の中でも自分達人間の力の及ばない世界があるということを忘れてはならないと思います。

さて、人類の進化の歴史と人間の成長を重ね合わせてみると、人間の乳幼児期は人類の原始時代に当たるといわれています。子どもが成長するなかで、人類が進化の過程で獲得してきた能力を開花させるには、自然と関わりその獲得してきた場面を追体験していく必要があると研修会で学びました。

かもと乳児保育園でも泥山の横に、子ども達がその土や木で遊べるようにと木工の家を作りました。他の保育園にも学びながら少しずつ自然の遊びを深めていきたいと思っています。

■最後に

私たち大人は、既成の概念にとらわれ子ども達の未来を決めつけがちです。それは、つい今の時代からものごとを発想してしまうからだと思います。しかし子ども達は、これから私たち大人が思いもよらぬ時代や出来事に直面しながら生きていかなければなりません。

古い時代からの大切なものや心は、残していかなければならないけれど、人生の難関に直面しながら自分なりにどう生きていくかという力も大切だと思います。"子どもたちが充実して遊び込み、それを自分なりにまとめ表現することができる"そんな創造的造形活動や自由画活動が、子ども達の生きていく上でのエネルギー源になってくれればと願っています。

ひまわり保育園での取り組み

阿部 和美（ひまわり保育園副園長）

ひまわり保育園は、昭和49年4月1日、財団法人立として開設しました。3歳未満児、定員30名の小規模保育園でした。その後、平成9年、社会福祉法人「蒼生会」を設立し、全面改築をし、平成10年、定員45名（3歳児まで）、平成11年、定員60名（就学前まで）、平成16年、定員90名に増員し、現在に至っています。

開園から平成9年までの26年間は、3歳未満児30名定員で、旧保育指針に添った保育を進めてきました。望ましい子ども像を設定し、発達段階を月齢や年齢別に細かく区切り、それを目指して、きめ細かく教え導くという保育方法でした。

平成2年の保育指針改訂の時は、3才未満児のみの保育を継続しておりましたので、保育方法を変更する必要を感じませんでした。平成11年に保育指針が改訂された年は、就学前までの保育が始まった年と重なりましたので、保育内容にどのように反映させるか検討を始めました。

新保育指針では、望ましい環境を用意し、自己発揮を促すことが求められました。しかし、私たちは、3歳以上児の保育を始めたばかりで戸惑っておりましたし、旧保育指針での保育が長かったため、その精神を根底に持ちつつ自主性や主体性を育むという相反する目標を持つジレンマに悩むことになりました。

そんな悩みに応えてくれる保育方法を求めて、いろいろな研修会に参加したり保育園見学をさせて頂いたりしておりました。その中に富田喜代子先生が中心になってお世話をされていた「徳島創造美育協会」の研修会がありました。初めは話を聞いても子どもの絵を見てもよく分かりませんでしたが、見よう見まねでポスターカラーでの描画を保育内容に取り入れることにしました。

■自由画と初めて出会う

　その頃にA児が在園しておりました。2歳児で入園したA児は、3歳児時代、時々不安な様子を見せるが、活発な面もあり、お友達や妹の世話をよくする、所謂、お利口さんタイプの子どもでした（私たちにはそのように見えていました）。

　4歳児になってしばらくして、突然、円形脱毛が始まり、その後、どんどん髪の毛が抜け落ちていきました。その頃、彼女は絵をよく描いています。当園としても自由画を取り入れて間もない頃で、子どもの要望に応え、絵の具を用意し、自由に描かせることが精一杯の状態でした。その中で、A児の絵は、彼女の心情をよく表現しているということで、富田先生の薦めもあり、創造美育協会の全国セミナールで、事例を報告することになりました。その報告で会場は騒然となりました。全国から集まった先生方や会員の方々から、様々な辛口のご意見、ご指導を頂くことになりました。

　全国セミナーから帰ってから、A児への配慮をより細やかにしたり、保護者と話し合ったりして、彼女の心の負担を少なくするように努めました。また、脱毛した頃、A児の家庭では、大変忙しくなり子どものことに注意を向けられなくなるという特殊な事情があったのですが、そのことが解消されたこともあり、頭髪は次第に元に戻り、描く絵もすっきりして力強く前向きな絵になっていきました。

　この体験は私たちにとって大変衝撃的な出来事でした。子どもを理解する上での自由画の威力を見せつけられたとの思いがしました。その後、それまで以上に熱心に自由画に取り組むようになりました。また、創造美育協会が主催する研修会にも可能な限り職員を派遣するようにしました。中でも、野中保育園の主催する大地保育セミナーへの参加や造形まつりの見学は、少なからず私たちに影響を与えました。

　その自然豊かで広大な保育環境や保育技術の高さに圧倒されました。そのどれをとっても私たちの持つ保育環境や保育技術との差は大きく、手が届きそうもなく疲労感が広がりましたが、何か取り入れることができないか模索しました。私たちがまず出来ることとして、園庭の片隅にささやかな泥場を造りました。そして、子どもの心の解放や浄化を求めて、どろんこ保育に取り組み始めました。また、保育園周辺の山・川・公園などへの散歩にもよく出かけました。

　他方で、保護者の要望に応える形で、様々な行事を行い、それが段々とエスカレートし、「行事のために日々の保育を計画する」ようなことになっていきました。また、生活習慣の自立に向けて、その発達に合わせた細やかな誘導・指導することも重要な保育内容として位置づけておりました。

　子どもが描いた自由画については、私たちには、それを読み解く力はないので、全国セミナーで評価して頂いたり、個人指導して頂いたりしました。また、保育園に先生をお招きして園内研修をしたり、保護者への子育て相談（絵を見ながら）をして頂いたりして、子どもの内面に寄り添おうとしたり、自由画を見る力をつけようとしました。

　セミナーなどでよい絵として選んでいただくと素直にうれしく思い、よい評価を生む保育内容はどうあるべきかについての試行錯誤が始まりました。徳島県内外の講演会や施設見学など機会がある毎に参加し、共感ができるところがあると、取り入れようとしました。

　このように保育士はかなり頑張り、低年齢児の子どもについては、ある程度の評価をいただくことがありましたが、年齢が上がると、幼い・生活感がない・自信がない・概念的であるなどの評価から抜け出すことが出来ませんでした（当園に限ったことではなかったのですが）。それは子どもたちの体験不足によるのではないかとの指摘をいただき、保育士たちは様々な遊びを用意し素材を提供して、体験を増やそうと努力していきました。

　また、望ましい生活習慣形成に向けて、きめ細やかな配慮をして少しでも早い自立を目指しました。保育士を含め、周りの大人が、遊びやすい環境を整え、遊びやすく配慮された遊具や玩具を用意し、その扱い方やルールを教えながら一緒に遊んであげることが、子どもが生きる力をつける早道だと信じていたのです。しかし、思うように子どもは育たず、当時、全国的に保育の現場で、様々な気になる子の増加が取り沙汰されておりましたが、当園でも御多分に洩れず、そのような気になる子どもが増加していました。また、気になる程度も高くなり、ついに、切れて暴力的な行動をする子が出現し、その対応に苦慮していました。

　このような悪循環に陥ってしまい、この他に何をすればいいのかと行き詰まりを感じ始め、保育士たちの心労も重なり、自由画を進めていくエネルギーが切れそうになった時、長谷光城先生の「子育てルネッサンス」に出会いました。

創造美育協会の全国セミナールが鳴門で開催された時、「せめて、手間隙のかかる自由画から保育士を解放しよう。創美への参加ももう終わりにしようかな」と思いつつ、地元開催であったので、大勢で参加しました。

　記念講演で長谷光城先生のお話を聞きながら、いつの間にか引き込まれておりました。

　「目から鱗が落ちる」とはこんなことを言うのかと思いました。この理論で保育すると、その時まで悩まされていた様々な問題が解決するかも知れないと、直感的に思いました。旧保育指針を内蔵しながら、その上にいろいろな方法を加えようとしてきたこと、そこに矛盾があったということに気づきました。古い鎧は脱ぎ捨てなければいけないのだ、と全身から力が抜けていくような思いに駆られました。

　しかし、セミナールが終わって熱がさめ、落ち着いて考えたとき、「今まで長い間掛けて積み上げてきたものを簡単には捨てられない」「今までのやり方で、結構、保護者にも受け容れられているのに」など様々なことが頭をよぎりました。そして、方針転換するとき何が起こるかを想像し、ことの重大さに押しつぶされ、とても転換に踏み切る勇気は出ませんでした。

　その後、しばらくして、福井県の若狭町で開催された幼児画の研修会に参加する機会に恵まれました。

■自由画と再び出会う

　幼児画がいっぱいに展示された広い会場に足を踏み入れた時、その迫力に圧倒されました。それまでに見てきた絵とは大きく違っていました。まだまだ、絵のことを語ることが出来ない私にも存在感をもって迫ってきたのです。自由画との2度目の衝撃的な出会いでした。

　この出会いで、消えかけていた自由画への思いに火がつきました。このような絵を生み出す子どもはどんな子ども？　その保育は？　環境は？等々、次々疑問が膨らみ、その保育現場を見てみたいと強く思うようになりました。それから福井県への見学が始まりました。若狭町、大野市、福井市の保育所を訪問させて頂きました。岐阜県安八町にも伺いました。

　保育の環境を見せて頂き、そこで育つ子どもの様子、卒園後の子どもの育ちなど執拗なまでに尋ねました。不安だったのです。自由の中で育つ子どもの姿が、なかなか想像出来ませんでした。

　訪問先で出会った方々は、そうした私どものいわば稚拙とも言うべき質問に一つ一つ丁寧に応えて下さいました。本当に有り難く、感謝の気持ちでいっぱいです。このような方々のご指導や励ましに勇気を得て、職員会で何度も話し合い、なお、不安は残るものの、「保育方針を変える以外に進むべき道はない」という結論に到達したのです。

　しかし、なんと言っても決定的に背中を押したのは、幼児の描く自由画の力です。あまりにも異なる私たちの保育園の子どもの絵と若狭町の研修会で見た絵。それはそのまま子どもたちの生活力の差、保育力の差。そういう思いに至った時、信頼して子どもを預けて下さっている保護者に、そして、何よりも子どもに申し訳ないと言う気持ちになりました。

　自由画を迷いながら、折れそうになりながらも、徳島創造美育協会のメンバーに支えられ、細々と続けてきたから、子どもの描く絵を見つめてきたから、私たちにとっては、かなりハードルの高い保育改革に向かうことが出来たと思うのです。

■子どもの発見（像派から観派へ）

　平成2年、平成11年と改訂された保育指針は、適切な環境を用意し、子どもが自己発揮出来るようにすることや、乳幼児期にふさわしい体験が得られるように遊びを通して総合的に保育することなどを求めました。このことを知識としては頭に入れ、現場でも子どもの主体性・自主性を大切に保育しているつもりでした。しかし、子どもの絵は内に古い服を着たまま、新しい服を次々重ね着していくような保育を見逃してはくれませんでした。

　それから「子育てルネッサンス」を参考に子ども探しを始めたのです。まず、躾と称して子どもに課してきた様々な縛りを解いていきました。遊具や玩具も少しずつ撤去していきました。そして、子どもがすることを可能な限り、認めるようにしました。

　しばらくは様子を見ていた子どもたちでしたが、間もなく堰を切ったようにドドッと動きだしました。当時の子どもたちの、大河が押し寄せるような勢い、躍動感を忘れることができません。走る、飛ぶ、登る、すべる、破る、壊す、喧嘩するなど凄まじいまでの動きでした。そんな子どもたちの活動を認めるためには、保育士たちの大きな忍耐

と施設の修繕が度々必要でした。子どもとの根比べ、知恵比べの始まりです。

　自由度を少しずつ高めようと思ったのですが、私たちの思うようには進みませんでした。予想以上に自由を求める子どもの勢いが強く、また、子どもの行動の先が読めないこともあり、戸惑うことが多く、「どこまで認めるのか。どれだけ忍耐するのか」など、保育士たちの悩みはつきませんでした。当時、このように、子どもたちへの対応に追われ、保護者への説明や了解を得ることが後手になり、不安にさせたり誤解をまねくことになったりして、かなり保育活動が混乱しました。関係機関にもいろいろとご迷惑をかけました。私たちの甘さや準備不足があったことは否めません。とはいえ、自分たちで生きることを始めた子どもたちの勢い・流れは止めることは出来ませんでした。

　次に、それまで、「遊びは出来るだけ自由に、しかし、生活は発達段階を追いながら丁寧に誘導・指導する」としていた方針を「子どもの生活はすべてが遊びである」という観点に立ち、あそび＝生活という考え方に変えることにしました。

　　心が解放されれば、生活・遊びが本物に変わる。
　　生活・遊びが本物に変われば、おのずと生活習慣が身に付く。
　　おのずと付いた生活習慣が、人間としての成長を約束する。
　　　　　　　　　　　　　「子育てルネッサンス」より

　この言葉をしっかり受け止め、不安になりがちな私たちの心の拠り所としました（しかし、この内容が実感できたのはかなり後になってからです）。

　このように、私たちが変わることで子どもたちも少しずつ変わっていきました。いつの間にか、「つぎ　何　するん？」と指示を待ったり、「テープ貼って」と少しの傷も気にして救急絆創膏を要求したり、「○○君が　あんな事　しよる」と大人の目を気にして告げ口をするなどの依存的な言葉が減っていました。顔つき、体型も変わりました。そして、自由になり心が解放された子どもたちは、その子本来の姿を見せるようになりました。自然の中で自由に生きる子どもの姿が見えてきたのです。様々な感情や意志を率直に表現する子どもが多くなりました。現代の文明や大人の干渉から解放された、いわゆる子どもらしい子どもを見る思

いです。一方で、様々な生育歴によって、いろいろな不具合を表現する子どもがいることも事実です。しかし、その原因が分かりやすく、その子に合った対応も出来やすくなっています。

　子どもが描く自由画も変わりました。概念的な絵や神経質な絵は少なくなり、力強い線やどっしりした面を描いた絵が多くなっています。

■これからの保育活動について

　熊本県創造美育協会の研修会に参加させて頂くようになり、自由画のとらえ方が変わりつつあります。子どもの生活＝遊びすべてが創造活動であるとする考え方は、私たちにとって新鮮で、保育活動が新たな領域に入りつつあることを感じさせてくれます。子どもが遊ぶ行為、遊んだ痕跡、造形物、絵画などすべてを造形活動としてみた時、子どもたちの行動一つ一つがいとおしく見えてきます。

　大自然に挑んだり、自然素材（土、水、木、石など）や身近な小動物（ザリガニ、カメ、ウシガエル、ヘビなど）と深く関わったり、また、人類がその発生から現代に至るまでに培った生活のプロセスを追体験する時、子どもたちは内から湧き起こる興奮で満たされながら、好奇心に後押しされ、みずみずしい子ども本来の姿を現します。

　そんな子どもたちのそばに寄り添い、そっと見守ることで、私たちは子どもたちから多くのことを学んできました。そして、だんだんと子どもを信じて待つことができるようになってきました。そのことが子どもの心を楽にし、自由な自己表出ができる一因になっていると思います。

　子どもたちが、このように生き生き生活するなかで、その時々に新鮮で創造的な造形が生まれるのではないかと期待しています

　私たちは、子どもが生む子ども文化（絵や造形）に注目し、今後、さらに研修を積み、子どもたちが原始体験を深めることが出来る自然環境を整え、主体的に遊ぶ意欲を育み、活発な創造活動を促がしたいと思っています。

別府福祉会合同絵画展までの回顧録

俵積田 修治（別府保育園園長）

　別府保育園は、創立45周年となりました。平成7年から実施している絵画展も16年目となり、姉妹園のまくらざき保育園と第2回合同絵画展を南溟館で開催しました。今まで、創造美育全国セミナーでさまざまな先人達との出逢いがあり、オークションで一流の画家の絵画を観賞でき、大きな影響を受けました。その創美仲間の協力で、沢山の同時企画展も開催することができました。

第1回絵画展《講師：高森俊氏（神奈川県）》（H 7年1月 ）
第2回絵画展《講師：大野元明氏（埼玉県）》（H 8年1月）
第4回絵画展《講師：喜田康仁氏（大阪府）山本卓氏（広島県）、山本昌辰氏（静岡県）》（H10年3月）
第5回絵画展（同時企画:山口長男、池田満寿夫、鸚鵡 展）（H11年3月）
第6回絵画展（同時企画：瑛九、オノサトトシノブ 展）（H12年3月）
第7回絵画展（同時企画：野田哲也 展）（H13年3月）
第9回絵画展（同時企画：草間彌生 展）（H15年3月）
第10回（同時企画：北川民次 展）《講師：長谷光城氏（福井県）》（H16年3月）
第11回（同時企画：竹田鎭三郎 展）（H17年3月）
第14回（同時企画：元永定正 展）（H20年3月）
第1回　別府福祉会　合同絵画展、いきいき心象表現（絵画）展、あそびの原体験（写真）展（H22年3月、長谷先生との出会いで、別府福祉会の合同絵画展を開催する。）

■必然的な長谷先生との出会いに感謝！

　全国創造美育で出会った先人達に、育児相談で大変お世話になったのですが、高齢化を心配していた矢先に、必然的に長谷先生との出会いがあり大変感謝しています。子どもの絵だけでなく、五感をゆさぶる自然素材での保育実践の大切さを教えていただき、子どものあそぶ力が生きる力の土台になっていることを再認識できました。
　45周年事業として岩戸荘で、保護者、職員、小学校、中学校の先生方を対象に長谷光城先生が、「子どもの美術文化について」の演題で記念講演をしてくださいました。「子どもは、独自の知識、感覚、感情、想像力をもつ完全な人間である」「生活体験や自然体験は、脳の回路を開く」「絵を描くことによって、人間としての根本的な能力や創造性が育つ」等、法人の理事・監事・評議員も参加することができ大変勉強になりました。

■一園二校（小学校・中学校）連絡協議会研修会で地域との連携！

　別府地区は、保育園、小学校、中学校の一園二校があり20年以上も連絡協議会が運営され、地域の連携が図られています。長谷先生が合同職員研修会で講演をした後に、中学校の柳田校長先生が学校だよりに「今の中学生も、土台作りをする必要性を強く感じた」との感想がありました。長谷先生のおかげで、別府地区の保護者や教職員に、この研修会を通して「保・小・中の一貫教育の重要性」を周知できる良い機会になったと確信しています。

■「子どもの絵（心）」と真剣に向き合う事例研究の始まり

　創造美育の「子どもの創造力を尊び、絵（美術教育）を通して、子どもを健全に育てる」実践を始めて3年目の平成10年の夏、愛知教育大学教授の黒川健一先生が園に視察に来て、『教育美術』の保育実践講座の原稿を依頼されたので、試行錯誤しながら2歳児の対照的な子ども事例をまとめて紙上発表しました。

■子どもの表出（絵画）表現で、自我の受けとめかたの保護者の対応による事例検討

　平成13年から17年までの5年間の事例検討を通して、絵による「心の自我描出」について1歳から5歳までの男女児12名の事例中2名を比較事例として保育学会で発表しました。「自我」を拡大しながら「自分づくり」を達成する2歳の大切な時期に、「自我」を丁寧に受けとめていた保護者の対応と、「自我」を受けながしていた保護者の対応について比較したものです。当然ながら二人には、絵による「心の自我描出」に違いが現れ、その後のイメージを表現する成長にも影響を及ぼしていました。子どもの「自我」は、保護者が「自我を受けとめては、切り返す」「受けとめては、意味づける」という関係を根気よく続けることが大切です。しかし、一般的に子どもの「自我」に大人が振り回されているのが現状です。子どもの絵を見るということは、子どもが絵を通して語る「心のつぶやき」を心理的に意味づけ、子どもの自我発達を共感的に受けとめる活動です。また、「絵による心の自我描出」を見ながらの育児相談では、保護者と共に視覚で感情の起伏の表出を把握する

【事例1 ● 2歳3カ月男児（1回に描く枚数／1～2枚）】

〔子どもの姿〕保護者の仕事の都合で不定期に登園するので、園生活に慣れにくく、自ら遊具で遊ぼうとせず、入園当初は緊張した表情で過ごすことが多く、保護者から水遊びや汚れることを禁止される。

〔絵を描く様子〕
① 5月22日　緊張した表情で、おそるおそる筆を持ち、保母の顔を気にしながら紙の右隅に細い線で描く。手に少し絵の具がつくと「あ～あ～」と言って泣きだしやめる。
② 5月28日　自ら黒を選び描く。前回に比べると、絵の具に対して恐がらなくなっているが、線は細い。保育者を気にしながら描き、ときどき見ながら描くことを繰り返す。
③ 11月13日　絵の具を準備すると、自分もすると言い、自分で白色を選び、うれしそうに描く。

〔考察と配慮〕年が離れた4人兄弟の末っ子で、周りの兄弟がいろいろと面倒をみることが当然のようになっている。このことから、過保護になってしまい、自分の意志で行動する機会が少ないために、いろいろなことを挑戦することに消極的になっている。
　興味を示した遊びを十分に満足するまで経験させ、どんなささいなことでもしっかりと認め、ほめたりすることで自信をもたせ、自らの意志で行動できるように、意欲を育てたい。

【事例2 ● 2歳11カ月男児（1回に描く枚数／8枚）】

〔子どもの姿〕途中入園のために、園生活に慣れない様子も見られるが、おやつを食べるよりも戸外遊びが大好きで、水遊びや泥んこ遊びを全身汚れても気にせずに、夢中になって遊んでいる。

〔絵を描く様子〕
① 11月16日　絵の具を見て「なにこれ？」と興味を示す。「鉛筆？」と言いながらスーッと腕を横に動かし、「なんだこれ？こいつすげぇ！」とうれしそうに力強く描き「できた！もう1回」と言ってまた描く。
② 11月16日　2枚め、筆を振ってみたり、手についた絵の具を紙につける。筆を大きく動かし描き「おわり！もう1回する」と言いながら繰り返し7枚描く。
③ 11月16日　最後の8枚めの絵で、手や足につけたり、床に描いたり絵の具でフィンガー遊びを楽しんだ後「紙ちょうだい」と一気に描き「おーわった」と言って、戸外へ遊びに行く。

〔考察と配慮〕入園して一ヵ月足らずで、午睡時は「ママ！」と泣くことはあるが、戸外での自然物遊びが大好きで、毎日たくましく遊んでいる。遊んでいるときも、いろんなことに挑戦しようとする意欲がみられる。その意欲が絵画の表出手段でもみられ、筆のタッチや動きに力強さやたくましさを感じる。これからも、気持ちを素直に表出できる意欲をしっかり認め、自信をもたせたい。

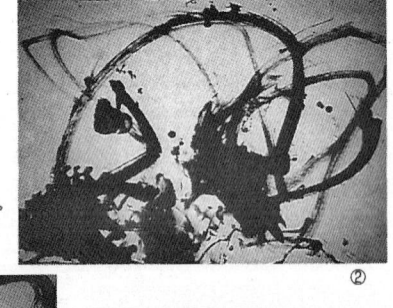

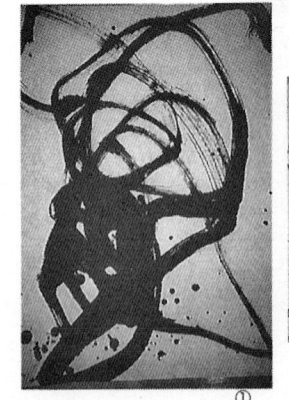

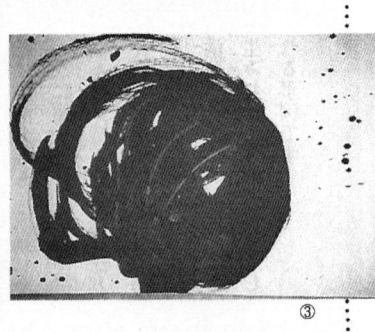

　　上記の2歳児の事例は、探索意欲の育ちが感情表出の育ちとして一目瞭然対照的に確認できた事例です。

214

ことができるので、子どもの「自我」を受けとめる大切さを、保護者に伝えられる最良の方法だと思います。1年間描いた絵の中から、最初に描いた絵を一番上に選び、3ヶ月毎各期に1枚ずつ担任が選び、入園から卒園まで保育録のカルテとして事例検討しています。

■ これからの「子どもが生み出す絵と造形」の学びと今後の課題

　子どもの造形活動を、発見→拡げる→深める→共に遊ぶと段階的に素材別にとらえてきました。その上に立って今回子どもが生み出す造形作品を活動形態から素材別に、7つに分類する実践を行い、保育士が沢山学んだことを報告してくれています。
・自由保育は、一歩間違えると放任になる。
・泥んこをしているからいいと、遊びの深まりを勘違いしていた。
・人的、物的環境の大切さを痛感した。
・遊びの展開があればそれでいいと思っていた。
・保育士の意識が大切。
・素材が足りないと言われても、どうしたらいいのか模索して考えるだけで終わっていた。
・実行力がなかった。
・7つに分類してまとめてみて、目からウロコ！如何に今まで「子どもから学んでいなかった」のか深く反省した。
・子どもの自然素材での遊びの深まりを、具体的に知ることができ感動した。
・遊ぶ力が生きる力の土台となっていることを改めて感じた。全職員で再確認しながら楽しく実践できた。
・子どもの自然素材での遊びの深まりを、具体的に知ることができ感動した。
・保育士が子どもの遊びを観察して、何を、どれだけ準備すればいいのか、素材の必要性を考え共通認識しながら積極的に動けるようになった。

　保育所の目的は「入所する子どもの最善の利益を考慮し、その福祉を積極的に邁進することに最もふさわしい生活の場でなければならない」と明記されています。園庭が狭いので、徒歩3分でいける近くの畑や山で遊べるように環境を工夫しています。これからも職員が一丸となり、「子どもが生み出す絵と造形」をより一層充実させ、豊かな保育内容のもと保育園の社会的責任と責務を果たしていきたいとおもっています。

あとがき

　熊本の5つの保育園（かもと乳児、光輪、大矢野あゆみ、もぐし、緑川）は、子どもの遊びと絵について共に研究活動を行っており、平成20年度からは、5園の卒園児全員の絵や造形活動の写真を美術館やギャラリーに展示しています。一年一年の保育実践・研究の集大成として、子どもたちの絵や遊びの中で生み出す造形の素晴らしさ、子どもの育つ喜びを一緒に感じて楽しんで欲しいと取り組んできました。

　平成22年11月、子どもの絵と造形活動の写真を持ち寄っての研究会の後、この実践を子ども美術文化として本にまとめようという話が出ました。その中で、ここ数年実践研究を共にしている、徳島のひまわり保育園、愛媛の済生会松山乳児保育園、鹿児島のまくらざき保育園、別府保育園にも加わって頂き、内容の充実を図ることになりました。また、この研究実践に欠かせない出会いを頂いた福井と岐阜と徳島の皆さんにも寄稿頂きました。

　実践研究を共にしている9園の保育園から、主に平成22年度の保育実践で得られた子どもたちの遊びや絵のデータが大量に集まりました。子どもの生き生きした姿と、子どもたちがつくり出した素敵な作品が沢山ありました。まとめた保育士の皆さんにとっては一つ一つが子どもと同じく、愛おしいものだと思いますが、紙面の都合上、厳選し編集しました。

　骨格となる本文については、熊本等の複数回にわたる研修会における、長谷光城氏の講義内容から構成しました。

　この本の出版についてもですが、研究会や作品展などの活動内容も時として酒の席で決定することもありました。中には酒の勢いで決まったと思えることもありました。しかし、どのような時でも、子どもたちの生き生きとした姿を、嬉々としながら語り合う先生方の姿がありました。

　保育園に、子育てに関わる人間として、子どもたちの姿から共に学びを深めることのできる仲間がいるということは本当に嬉しいことです。改めて、一つ一つの出来事は得難い出遇いによって紡がれているということを痛感しています。

　今回執筆頂いた皆様、造形活動や絵の写真のデータ整理に関わって頂いた皆様、有難うございました。

　また、大切なお子さんを預けて頂き、私たちの保育に深い御理解と御協力を頂いております保護者の皆様、子どもたちとの素敵な出会いを有難うございました。

　最後に、編集長を任せられながら十分な働きができず多方面にご心配をおかけしましたが、エイデル研究所の皆様、特に長谷吉洋氏の御尽力を頂き、このように出版できました。厚く御礼申し上げます。

　本書を手にされる皆様が、子ども達の素晴らしい造形活動や絵に感動し、子もたちの生き生きとした姿を感じて、子ども美術文化を大事に育んで頂けたら幸いです。

　今後共、大勢の子どもたちに出会い、その子どもたちの素晴らしい作品に数多く出合えることを心から願っています。

緑川保育園園長　嵯峨淳心

執筆者

阿部 和美（ひまわり保育園副園長）「ひまわり保育園での取り組み」
阿部 浩紀（ひまわり保育園副園長）「ひまわり保育園の取り組み」
小川 豊子（元若狭町立保育園園長、元若狭町子育て支援課長）「旧上中町立保育所での取り組み」
後藤 優（(有)岐阜こどものとも社社長）「福井・岐阜から全国へ『保育ルネッサンス』」
齊藤 準子（岡保育園園長）「岡保育園の取り組み」
嵯峨 淳心（緑川保育園園長）「緑川保育園の取り組み」「あとがき」
佐々木 珠美（かもと乳児保育園主任保育士）「かもと乳児保育園での取り組み」
佐々木 法音（かもと乳児保育園園長）「ふるさと再発見―肥後古代の森」
武智 孝子（済生会松山乳児保育園園長）「済生会松山乳児保育園の取り組み」
田中 美紀（前済生会松山乳児保育園園長）「愛媛での創美活動と私」
俵積田 惠美子（まくらざき保育園園長）「まくらざき保育園の取り組み」「かごしま創造美育15年の実践」
俵積田 修治（別府保育園園長）「別府福祉会合同絵画展までの回顧録」
千原 嘉介（大矢野あゆみ保育園園長）「創美と大矢野あゆみ保育園」
千原 とも子（大矢野あゆみ保育園副園長）「大矢野あゆみ保育園での取り組み」
富田 喜代子（四国大学准教授）「徳島での創美活動と私」
長谷 光城（現代美術作家）「子ども文化は美術文化」「遊び＝造形活動」「子どもの絵」「造形活動と絵」「一人ひとりの絵を見る」
西 比佐子（元大野市立義景保育園園長）「大野市公立保育園の取り組み」
福岡 桂子（もぐし保育園主任保育士）「もぐし保育園での取り組み」
福岡 得史（もぐし保育園園長）「もぐし保育園の取り組み」
山田 温子（光輪保育園主任保育士）「福井の活動と熊本創美の出会い」「光輪保育園での取り組み」
山田 星史（光輪保育園園長）「創美活動の経緯―事務局長としての活動」

保育実践・執筆協力者

大矢野あゆみ保育園
千原 嘉介
千原 とも子
山口 智子
木村 恵美子
川口 朱里
佐伯 奈保
杉本 佐知子
田添 恵
豊島 美智子
千原 嘉美
永田 美和
水野 麻美
松本 喜美子
森田 真奈美
山口 茜
山崎 ふくみ
山下 優喜

かもと乳児保育園
佐々木 法音
佐々木 珠美
佐々木 法爾
古荘 久美
冨田 由紀
太田 秀子
大仁田 幸子
北本 佐知子
倉原 良恵
古賀 由紀
佐々木 信恵
関我 秀美
宗 友恵
園川 八代子
髙木 尚美
高山 枝里子
冨岡 恵美子
中川 亜紀
萩尾 明美
平野 和枝
藤永 富美子
増田 孝子
宮本 美佐
村上 八寿美
安武 優子

光輪保育園
山田 星史
山田 温子
石原 麻紀
市原 清美
大塚 啓子
小田 愛
可児 久枝
木村 香織
佐藤 香代
潮谷 美由紀
島田 美咲
瀬井 千絵
中村 しのぶ
西 千昌
西村 綾与
西本 典子
藤崎 春子
松本 真佐子
村松 紗耶香
森 歩
山田 益帆
山崎 渚
吉田 純子

済生会松山乳児保育園
武智 孝子
稲葉 雅美
阿部 舞子
石井 直子
石﨑 ユミエ
井上 みほ
小黒 祥子
久保 祥子
後藤 奈穂子
塩野 理恵
乗松 恵理子
藤本 文子
水野 明子
光宗 明日美
宮岡 美登里
廣江 由美子
別府 絵里
渡部 早苗
渡邊 千恵

ひまわり保育園
阿部 好宣
阿部 和美
阿部 浩紀
佐々木 恵子
石川 佐弥香
上田 克枝
小川 明美
掛尾 佳代子
兼中 真弓
金松 優希
川野 矩子
河村 佐代子
黒澤 恭子
齋藤 千鶴
髙橋 惠子
田中 敏雄
都築 彩
長尾 明子
中屋 静江
藤本 絵梨子
細川 真美
松尾 佳代子
的場 恭子
宮本 由紀子
盛 貴子
柳本 由香里
山下 啓子
吉田 早苗
渡邊 早紀

別府保育園
俵積田 修治
白澤 和代
板敷 百合子
上園 るり子
浮辺 慶子
大薗 加代子
大塚 和代
茅野 洋子
茅野 喜子
紺屋 明子
崎出 健幸
下舞 富士子
白澤 絵里子
白澤 朋実
白澤 ひとみ
竹之内 薫
積山 祥
水流 香織
豊留 みちよ
中釜 果菜
永留 光代
西垂水 香里
畑野 佐和佳
松野下 雅
山口 清佳
山下 啓子

まくらざき保育園
俵積田 惠美子
中村 英嗣
織田 保代
小野 美也子
茅野 優
久保 めぐみ
栗野 珠子
黒瀬 由香
小湊 加奈
小湊 ヒロ子
笠畑 裕子
城森 チトミ
瀬戸 口果恵
薗田 啓子
台場 富恵美
竹山 美紗子
田代 昌子
立石 美紗
俵積田 圭
俵積田 サユリ
茶園 順子
永留 和子
中野 朋子
中原 有枝
福永 美佐子
三浦 文子
山﨑 妙子
山中 涼子

緑川保育園
嵯峨 淳心
宮本 順子
池田 晶子
井澤 英子
岩本 雅美
植田 俊子
大渕 和恵
片山 淳子
川副 悦子
川田 由実
清田 美幸
清田 優子
栗崎 由美
嵯峨 歌織
嵯峨 真理
坂田 小雪
鯖江 里子
小路永 奈美
舩場 紀子
田島 美智子
永井 睦美
中山 あけみ
中山 久美
那須 和子
前田 頼子
松本 ちえ子
山本 和子
吉武 秀美
吉富 光

もぐし保育園
福岡 得史
福岡 桂子
岩﨑 ひとみ
岩下 伸子
宇佐美 トモ子
榎田 美由紀
岡﨑 香代子
小川 恵子
楠本 裕美
久保 茜
久保 千幸
坂越 瑞紀
瀬﨑 真紀子
竹中 典子
藤川 博美
雪見 由美子
脇﨑 ゆかり

子どもが生み出す絵と造形──子ども文化は美術文化

2012年4月1日　第1版　第1刷発行
2015年9月1日　第1版　第2刷発行

編　者	子ども美術文化研究会
発行者	大塚　智孝
発行所	エイデル研究所
	102-0073　東京都千代田区九段北4-1-9
	TEL.03-3234-4641 FAX.03-3234-4644

印刷製本	中央精版印刷株式会社
表紙写真	光輪保育園
裏表紙絵	竹嶌　美貴
題　字	嵯峨　淳心
編集制作	長谷　吉洋

ISBN　978-4-87168-503-0